HISTOIRE
GENERALE
DES
ANT-ISLES
DE L'AMERIQVE.
TOME III. ET IV.

HISTOIRE GENERALE DES ANT-ISLES HABITE'ES PAR LES FRANCOIS.

Enrichie de Cartes & de Figures.

TOME III.

DANS LEQUEL IL EST TRAITE'
Du changement des Proprietaires des Ant-Isles.
De l'Etablissement de la Compagnie Royale des
Indes Occidentales : Et de son Gouvernement
jusqu'à la guerre entre la France & l'Angleterre.

Par le R. P. JEAN BAPTISTE DU TERTRE, *de l'Ordre
des FF. Preschcurs de la Province de S. Loüis,
Missionnaire Apostolique dans les Ant-Isles.*

A PARIS,
Chez THOMAS JOLLY, au Palais, en la Salle des Merciers, au coin de la
Gallerie des prisonniers, à la Palme, & aux Armes d'Hollande ; & en
son Magasin rue S. Jacques, entre les Eglises S. Severin & S.
Yves, à l'Enseigne des Armes d'Hollande.

M. DC. LXXI.
AVEC PRIVILEGE.

AVIS AU LECTEUR.

Mon Cher Lecteur, Quoy que j'aye suffisamment discouru dans ma Preface tant du sujet que de l'ordre de cette troisiéme Partie de mon Histoire; je suis encore obligé de vous avertir icy de plusieurs choses, qui sans cette precaution vous pourroient donner de la peine, ou diminuer la satisfaction que vous pourriez recevoir, tant dans la lecture de cette troisiéme Partie, que dans la quatriéme de cette Histoire.

La premiere est un adveu ingenu que je fais de ne m'estre jamais piqué d'éloquence : de sorte qu'il faut que vous ayez la bonté de vous contenter de la sincerité de mes expressions ; & j'espere que si vous ne rencontrez pas dans la lecture de ces deux Livres, le plaisir d'un discours fort poly, vous y trouverez au moins une Histoire autant seure qu'elle se puisse donner en ce temps. Je l'ay tirée des Registres, des Memoires & des Lettres Originales de plus de cent personnes tant Ecclesiastiques que seculieres ; du Roy, des Ministres, des Lieutenants Generaux, de tous les

Gouverneurs des Isles, des Directeurs de la Compagnie des Indes Occidentales, des Intendans de leurs affaires, des Commis generaux & particuliers, de plusieurs Officiers & Habitans des Isles, & generalement de toutes les personnes qui ont ou qui ont eu des interests tant soit peu considerables dans les Isles : & je garde en mes mains tous ces memoires en originaux ou en copies, pour justifier quand il sera besoin toutes les choses que j'ay avancées dans ces deux Livres.

Je doute qu'il y ait eu un homme au monde qui ait pris plus de soin & de peine que moy pour débroüiller les interests des uns & des autres, & pour tirer la verité de tous ces memoires; qui estans assez souvent déguisez, & quelquesfois contraires, ne m'ont pas donné peu de peine à les accorder : je les ay examiné les uns par les autres, & j'ay toûjours suivi ce qui m'a paru le plus juste & le plus probable : J'ay fait mesme plusieurs voyages au Havre de Grace, à Hontfleur, à Dieppe & à d'autres ports de mer pour m'éclaircir de mes doutes, avec des Capitaines de navires, avec des pilotes, avec divers avanturiers, & avec des habitans des Isles que j'ay crû les plus dignes de foy, & témoins oculaires des choses dont mes mémoires ne me pouvoient pas instruire parfaitement.

J'ay tâché de donner sans passion & sans interest la gloire à tous ceux à qui j'ay crû qu'elle étoit deuë, sans les flater : & si j'ay obmis des choses qui m'ont paru odieuses & dangereuses, j'ay neantmoins toûjours

A MONSEIGNEVR HIEROME BIGNON,

CONSEILLER DV ROY EN SES Conseils d'Estat & Privé, son Avocat General au Parlement de Paris, & Maistre de sa Bibliotheque.

MONSEIGNEVR,

Je confesse qu'en mettant un Nom & des Armes autant illustres que les vostres à la teste d'un Ouvrage si peu élevé que le mien, & qu'en ex-

á iij

AU LECTEUR.

Gouverneurs des Isles, des Directeurs de la Compagnie des Indes Occidentales, des Intendans de leurs affaires, des Commis generaux & particuliers, de plusieurs Officiers & Habitans des Isles, & generalement de toutes les personnes qui ont ou qui ont eu des interests tant soit peu considerables dans les Isles: & je garde en mes mains tous ces memoires en originaux ou en copies, pour justifier quand il sera besoin toutes les choses que j'ay avancées dans ces deux Livres.

Je doute qu'il y ait eu un homme au monde qui ait pris plus de soin & de peine que moy pour débroüiller les interests des uns & des autres, & pour tirer la verité de tous ces memoires; qui estans assez souvent déguisez, & quelquesfois contraires, ne m'ont pas donné peu de peine à les accorder: je les ay examiné les uns par les autres, & j'ay toûjours suivi ce qui m'a paru le plus juste & le plus probable: J'ay fait mesme plusieurs voyages au Havre de Grace, à Honfleur, à Dieppe & à d'autres ports de mer pour m'éclaircir de mes doutes, avec des Capitaines de navires, avec des pilotes, avec divers avanturiers, & avec des habitans des Isles que j'ay crû les plus dignes de foy, & témoins oculaires des choses dont mes memoires ne me pouvoient pas instruire parfaitement.

J'ay tâché de donner sans passion & sans interest la gloire à tous ceux à qui j'ay crû qu'elle étoit deuë, sans les flater: & si j'ay obmis des choses qui m'ont paru odieuses & dangereuses, j'ay neantmoins toûjours

A MONSEIGNEVR HIEROME BIGNON,

CONSEILLER DV ROY EN SES
Conseils d'Estat & Privé, son Avocat
General au Parlement de Paris, &
Maistre de sa Bibliotheque.

ONSEIGNEVR,

Je confesse qu'en mettant un Nom & des Armes autant illustres que les vostres à la teste d'un Ouvrage si peu élevé que le mien, & qu'en ex-

á iij

EPISTRE.

posant ses deffauts aux brillantes lumieres de vostre Esprit, je suis plus digne de vostre censure que de vostre Approbation : mais je me suis persuadé MONSEIGNEUR, que vous avez autorisé la liberté que je prends aujourd'huy, par la generosité avec laquelle vous m'avez tant de fois comblé de vos faveurs, & le bon accueil que vous m'avez tousjours fait, m'a obligé de croire que vous n'en feriez pas un moindre au livre que je vous presente.

Je sçay MONSEIGNEUR, que vous avez pour Ayeul ce Grand homme Roland Bignon, si versé dans les belles lettres, si grave dans ses jugemens, & si integre dans ses mœurs, qu'il a servy d'exemple aux hommes les plus parfaits de son temps, & qui par une humilité vraiment Chrestienne, s'est fait enterrer dans le Cymetiere des pauvres aux pieds d'une Croix : Je sçay aussi MONSEIGNEUR, que vous estes le fils de ce prodige en vertu, de nostre siecle, dont les rares qualitez contenuës en ce paroles, Hieronimus Bignon sui sæculi Amor, Decus, Exemplum, Miraculum, ne me sembleroient pas suffisamment gravées sur ce Marbre qui sert de Monument à la posterité ; si l'expression vivante que vos actions en donnent, ne m'obligeoient dés-à-present à dire de Vous, ce que l'on n'a dit de luy qu'apres sa mort ;

EPISTRE.

C'est MONSEIGNEVR, de ces cendres toutes éclatantes de gloire, que la France a veu sortir ces deux illustres Familles d'un Advocat General au Parlement de Paris, & d'un President au Grand Conseil ; & l'on ne sçauroit douter que ces deux rejettons ne se provignent & ne s'éternisent comme on le voit déja dans vostre maison, par cette jeunesse fleurissante élevée à l'école de la Sagesse, & dont la Religion attend des Deffenseurs, les Souverains des Magistrats, & toute l'Europe des parfaits imitateurs de leurs Ancestres.

Il est vray MONSEIGNEVR, que tant de belles prerogatives ne servent qu'à me faire connoistre la hardiesse de mon choix, & la petitesse de mon Ouvrage : Mais comme je sçay que vous estes l'oracle & le Protecteur de la verité, & qu'elle affecte de paroistre toute nuë ; je me persuade qu'encore que mon histoire soit sans ornement & sans éloquence, vous ne refuserez pas l'autorité de vostre Nom à sa simplicité ; Surtout en la recevant d'vne personne qui n'a rien de plus cher que l'honneur de vostre bien-veillance, & qui fait gloire d'estre avec une parfaite reconnoissance,

MONSEIGNEVR,

Vostre tres-humble, & tres-obeyssant serviteur, F. I. B. DV TERTRE, de l'Ordre des Freres Prescheurs.

Nos Frater JOANNES THOMAS DE ROCABERTI S. *Theologiæ Professor Ordinis Fratrum Prædicatorum humilis Magister Generalis & Servus.*

Tenore præsentium, nostrique authoritate officii, tibi Reverendo Patri Fratri JOANNI BAPTISTÆ DV TERTRE, Provinciæ nostræ Sancti Ludovici, licentiam facimus typis mandandi duos posteriores Tomos Historiæ Generalis Americæ Insularum; dummodo à duobus Patribus, à Reverendo admodum Patre Provinciali tuo bene visis & ab eodem designandis revisi fuerint & approbati, servatisque aliis de jure servandis. In quorum fidem &c. Datum Romæ die 18. Novembris, 1670.

Fr. JOANNES THOMAS DE ROCABERTI.
Magister Ordinis.

Reg. fol. 2.
F. STEPHANUS DE THORO *Magister & socius.*

Nos Frater ANTONINUS MOUSSET, *Provinciæ Sancti Ludovici strictioris Observantiæ Ordinis Fratrum Prædicatorum humilis Prior Provincialis*

TEnore præsentium, nostrique authoritate officii, Reverendos Patres Franciscum Combefis & Iulianum à S. Ioseph, sacræ Theologiæ Professores nominamus & instituimus Censores Tomorum tertii & quarti Historiæ Insularum Americæ Septentrionalis sub ditione Regis Christianissimi sitarum, quos Honorandus P. F. JOANNES BAPTISTA DV TERTRE ejusdem Ordinis & Provinciæ Sacerdos in lucem editurus est sub hoc titulo, Histoire generale des Ant-Isles de l'Amerique. In quorum fidem nostrum hisce sigillum adhibuimus & Chirographum Parisiis in Conventu nostro Sanctissimæ Mariæ Annunciatæ ad Sanctum Honoratum, die quinta Maii anni millesimi sexcentesimi septuagesimi primi.

F. ANTONINVS MOUSSET *Prior Provincialis*.
Registrata fol. 10.
F. JOANNES BAPTISTA FEÜILLET, *socius.*

APPROBATION.

NOUS fouffignez Profeffeurs en Theologie, de l'Ordre des FF. Prefcheurs du Convent de la ruë neuve faint Honoré, de la Province de faint Louys; Certifions avoir leû par l'ordre de noftre Reverend Pere Provincial, le reverend Pere ANTONIN MOUSSET, la troifiéme & quatriéme Partie de l'Hiftoire Generale des Ant-Isles de l'Amerique du Reverend Pere DU TERTRE du mefme ordre; dans lefquelles, outre que nous n'avons rien trouvé qui bleffe ou la foy, ou les mœurs, nous avons reconnu l'efprit & la conduite de l'Auteur, qui s'eftant dé-ja fignalé dans la premiere & feconde Partie de la mefme Hiftoire, ne le dement en rien dans cette fuite, faifant voir avec beaucoup d'ingenuité & de juftice, fur quantité de bons memoires, avec des obfervations iudicieufes, tout l'eftat prefent de ce païs, & l'acheminement des affaires, tant pour ce qui regarde la Religion, & les Miffions, que pour ce qui touche le fervice du Roy & la gloire de la France; & rendant l'honneur deû au merite de ceux qui de nos iours (mefmement dans ces derniers rencontres) ont paru avec gloire fur ce Theatre & dans ce Nouveau Monde; defquels la pieté, la vertu, la force (la fidelité à Dieu & au Roy) pourra fervir d'exemple à la pofterité. En foy dequoy avons figné dans le Convent que deffus, ce quatriéme Juillet, de la prefente année 1671.

F. FRANÇOIS COMBEFIS.
F. JULIEN DE S. JOSEPH.

PRIVILEGE DV ROY.

LOUIS PAR LA GRACE DE DIEV ROY de France & de Navarre, A nos amez & Feaux Conseillers les gens tenans nos Cours de Parlement, & Maîtres des Requeftes de noftre Hoftel, Prevoft de Paris ou son Lieutenant, Baillifs, Senechaux, Prevofts, leurs Lieutenans, & tous autres nos Jufticiers & Officiers qu'il appartiendra, Salut Le Reverend Pere JEAN BAPTISTE DV TERTRE, Jacobin Reformé, Nous a tres-humblement fait remontrer qu'il auroit compofé *La fuitte de l'Hiftoire generale des Ant-Isles, qui a efté leuë par le fieur Mezeray de l'Academie Françoife, & noftre Confeiller & Hiftoriographe*, qu'il defireroit faire imprimer & donner au public, s'il nous plaifoit luy en accorder la permiffion, & icelle interdire à tous autres pendant le temps qui luy fera accordé, & requerant nos Lettres à ce neceffaires. A CES CAVSES, voulant favorablement traiter l'Expofant, Nous luy avons permis & permettons par ces prefentes, d'imprimer ou faire imprimer la fuite de l'Hiftoire generale des Ant-Isles, par tels Imprimeurs que bon luy femblera *du nombre des refervez*, en telle marge, grandeur, forme & caractere, & autant de fois que bon luy femblera, pendant l'efpace de 7. années entieres & confecutives ; à commencer du jour que le livre de ladite Hiftoire fera achevé d'imprimer pour la premiere fois. Faifant tres expreffes inhibitions & défenfes à tous Imprimeurs, Libraires, & autres perfonnes de quelle qualité & condition qu'elles foient, de l'imprimer, faire imprimer, vendre ni debiter durant ledit temps, en aucun lieu de noftre Royaume, fans le confentement de l'Expofant, ou de ceux qui auront droit de luy, fous pretexte d'augmentation, correction, changement de titre, fauffes marques ou autrement, en quelque forte & maniere que ce foit ; à peine de trois mil livres

ẽ ij

d'amende, payables fans déport par chacun des contrevenans, applicable un tiers à Nous, un tiers à l'Hopital general de noftre ville de Paris, & l'autre tiers à l'expofant, de confifcation des Exemplaires contrefaits, & de tous dépens, dommages & interefts: à la charge qu'auparavant qu'il foit expofé en vente, il en fera mis deux exemplaires en noftre Bibliotheque, un en celle du cabinet de Noftre Louvre, & un en celle de noftre amé & feal Chevalier Chancelier de France, le fieur Seguier. Si vovs mandons que du contenu en ces prefentes, vous faffiez joüir & ufer l'Expofant, & ceux qui auront droit de luy, pleinement & paifiblement, ceffant & faifant ceffer tous troubles & empechemens au cõtraire. Voulons qu'en inferant ces prefentes ou extraits d'icelles en chacun des exemplaires, elles foient tenuës pour bien & deuëment fignifiées. Commandons au premier noftre Huiffier ou Sergent fur ce requis, faire pour l'execution des prefentes tous exploits à ce neceffaires, fans demander autre permiffion : CAR TEL EST NOSTRE PLAISIR. Donné à Paris le onziéme jour de Juin, l'an de grace mil fix cent foixantedix, Et de noftre regne le vingt-huitiéme. Signé par le Roy en fon Confeil, LABORIE.

Et ledit Reverend Pere JEAN BAPTISTE DU TERTRE a cedé fon droit du prefent Privilege à THOMAS JOLLY, Marchand Libraire à Paris, pour en joüir fuivant l'accord fait entre-eux.

Regiftré fur le Livre de la Communauté des Imprimeurs & Marchands Libraires de Paris, fuivant l'Arreft de la Cour de Parlement du 8. Avril 1653. aux charges & conditions portées és prefentes Lettres, le 26. Iuin 1671. Signé LOUYS SEVESTRE, *Syndic.*

Achevé d'imprimer pour la premiere fois le 31. iour de Juillet 1671.

AVIS
AV LECTEVR.

JE suis obligé, mon cher Lecteur, de vous avertir de plusieurs choses qui sans cette precaution, vous pourroient donner de la peine, ou au moins diminuer la satisfaction que vous pourriez recevoir dans la lecture de cette Histoire. La premiere est que j'ay esté obligé (je ne vous puis dire ni par qui ni comment) de retrancher, tant au commencement qu'en divers endroits de cette troisiéme Partie, plusieurs choses qui auroient fort enrichi cette Histoire, laquelle sans doute vous paroistra en ces endroits peu complete; parce que quelque soin que j'aye pris pour rajuster toutes ces matieres, je n'ay pas eu assez d'adresse pour leur donner (en conservant la verité) toute la liaison qu'elles auroient euës si elles n'avoient pas esté tronquées.

J'avoüe aussi franchement que je ne me pique point d'Eloquence; & je supplie le Lecteur de se contenter de la simplicité & sincerité de mes expressions, me confiant que s'il n'y rencontre pas la satisfaction qu'il tireroit d'un discours plus poly, qu'il y trouvera au moins une Histoire autant seure qu'elle se puisse donner en ce temps : puifque je l'ay tirée des Regiftres, des Memoires & des Lettres originales de plus de cent perfonnes tant Ecclefiaftiques que feculieres: du Roy, des Miniftres, des Lieutenants Generaux, de tous les Gouverneurs des Ifles, des Directeurs de la Compagnie des Indes Occidentales, des Intendans de leurs affaires, des Commis generaux & particuliers, de plufieurs Officiers & Habitans des Isles, & generalement de toutes les perfonnes qui ont eu des interefts confiderables dans les Isles : & je garde en mes mains tous ces memoires en originaux ou en copies, pour juftifier quand il fera befoin toutes les chofes que j'ay avancées.

Je doute fort qu'il y ait eu homme au monde qui ayt pris plus de foin & de peine que moy pour débroüiller les interefts des uns & des autres, & pour tirer la verité de tous ces memoires affez fouvent déguifez, & quelquefois tout contraires ; je les ay examinés les uns par les autres, & j'ay toûjours fuivi ce qui m'a paru le plus jufte & le plus probable : j'ay fait mefme plufieurs voyages au Havre de grace, à Hontfleur, à Dieppe & à d'autres ports de mer pour m'éclaircir de mes doutes, avec des Capitaines de navires, & des habitans des Ifles que j'ay crû les plus dignes de foy, & témoins oculaires des chofes dont mes memoires ne me pouvoient pas inftruire parfaitement.

J'ay tâché de donner fans paffion & fans intereft la gloire à tous ceux à qui j'ay crû qu'elle eftoit deuë, fans les flater : & fi j'ay obmis des chofes qui m'ont paru odieufes & dangereufes, j'ay neantmoins toûjours

AU LECTEUR.

conservé fidellement la verité & la substance de l'Histoire. Si aprés tout cela il s'estoit échapé quelque chose à mes soins ou à mes propres lumieres qui ne soit pas conforme à la verité, je supplie celuy qui les découvrira de me les faire connoistre, & je les corrigeray à mesme temps.

J'ay esté obligé d'inserer dans ce livre diverses pieces, dont quelques-unes sont fort longues, mais absolument necessaires : le Lecteur qui s'en rebutera, pourra passer pardessus, suivre le cours de l'histoire, & y avoir recours quand il en aura besoin.

Les moyens que l'on avoit pris pour rétablir les affaires de la Compagnie, & le commerce des Isles, lors que je fis imprimer la premiere feüille de ma troisiéme Partie me parurent si efficaces, que je ne hesitay point à écrire que *Le commerce n'y pouvoit estre plus asseuré ni en meilleure posture* ; mais le succéz n'ayant pas entierement correspondu à mes pensées, je suis obligé de prier le Lecteur de ne se pas arrester rigoureusement à ces paroles, & d'attendre que l'Histoire soit poussée jusqu'à ce temps, pour voir ce qui s'y est fait.

Pour ce qui regarde les fautes survenuës dans l'impression, je l'avertis que n'y ayant pû vaquer aussi exactement que je l'aurois desiré, il s'y est glissé plusieurs fautes qui pourroient faire prendre le change au Lecteur, & jetter de la confusion dans son esprit, s'il n'en estoit averti ; car il trouvera que le Compositeur ayant trouvé dans ma copie les mots de sainte Lucie, & de sainte Alouzie, qui ne signifient qu'une

AVIS

mesme Isle; il s'est servi en divers endroits de l'un & de l'autre pour signifier cette mesme Isle. Il en est de mesme des noms d'Antigue ou d'Antigoa, de S. Dominique & de S. Domingue, qui signifie la grande Isle Espagnole, qu'il ne faut pas confondre avec l'Isle de la Dominique où habitent les Sauvages Careïbes, lesquels il a nommé quelquefois Careïbes, d'autres Karibes & Kareybes. Je fais icy un petit Errata du reste des fautes, dont la plus grande partie n'estant que des lettres obmises ou ajoûtées, ne changent peu ou point du tout le sens; à la reserve de deux ou trois que je marqueray selon leur ordre.

FAUTES SURVENUES DANS L'IMPRESSION.

Page 2. lig. 19. lisez qu'il y a peu par. 11. lig. 13. lisez Colonies, ibidem lig. 35. lisez Marivaut. pag. 25. lig. 17. lisez Fonchal. pag. 69. lig. 6. lisez toutes ces. pag. lig. 4. lisez 76. Laubiere. pag. 85. lig. 4. lisez Nieve, Mont-Sarra Antigoa. pag. 88. lig. 23. lisez la. pag. 89. lig. 27. lisez les. pag. 93. lig. 24. lisez des interests pag. 110. lig. 8. pag. 100. pag. 127. lig. 27. lisez tuënt. pag. 131. lig. 4, & 13. lisez S. Domingue, & lig. 27. lisez Argonautes. pag. 133. lig. 16. lisez marchoient devant. pag. 138. lig. 20. lisez mis. pag. 144. lig. 16. lisez esperances. pag. 157. lig. 13. lisez Rouvelet. pag. 161. lig. 19. lisez de Janvier. pag. 171. lig. 32. lisez le fort S. Pierre. pag. 175. lig. 3. lisez Messieurs de la Compagnie. pag. 195. lig. 9. lisez si peu. & lig. 20. lisez Saintes. pag. 197. lig. 6. lisez qui pretendant. pag. 219. lig. 27. lisez barque. pag. 251. lig. derniere lisez Grimault. pag. 295. lig. 35. lisez 400. pag. 300. lig. 12. lisez combat. pag. 301. lig. 22. lisez la.

J'avertis aussi le Lecteur, que dans la premiere partie de mon Histoire à la page 538. j'ay dit que Monsieur de Courcelas avoit esté querir Madame du Parquet pour l'amener au Conseil, où elle fut arrestée, ayant esté trompé par quelques memoires; il faut lire Monsieur le Comte au lieu de Courcels. J'ay aussi dit à la page 545. que Monsieur de Laubiere fut par mer à la défaite des Sauvages de la Cabesterre de la Martinique; mais j'ay sçeu du depuis qu'il commandoit les troupes de terre, & que c'est à luy que la gloire de cette action est deuë.

HISTOIRE

HISTOIRE GENERALE DES ANT-ISLES DE L'AMERIQVE.

TOME TROISIEME
Où il est traité

Du changement des Seigneurs Propriétaires de ces Isles. De l'établissement de la Compagnie des Indes Occidentales, & de son gouvernement iusqu'à la guerre entre la France & l'Angleterre.

PREFACE.

CEUX qui ont leu la premiere partie de mon Histoire generale des Ant-Isles de l'Amerique, ont pû remarquer que les commencemens de toutes nos Colonies Françoises dans ce nouveau monde, ont esté traversez par mille évenemens imprévûs, qui les ont reduits autant de fois,

A

PREFACE.

à la veille de les voir ensevelies dans leurs berceaux; & que tous les genereux efforts, que nos premiers François y ont fait pour reüssir dans ces glorieuses entreprises, ont toûjours esté contrecarrez par des obstacles presqu'invincibles, & qui estoient capables de rebuter des ames moins résoluës, que celles de ces Heros qui en ont jetté les premiers fondemens.

Leurs progrez ne leur ont guere paru plus heureux. Car bien que ces terres, qui n'ont esté habitées qu'aprés tant de travaux & qui ont esté cultivées avec tant de sueurs, ayent produit quelques fleurs, & mesme des fruits ; & que les fortunes de quelques personnes, qui s'y sont enrichies, & de beaucoup d'autres qui se sont tirées de la derniere necessité, soient comme autant de marques visibles de l'abondance & de la richesse de ces Isles : toutefois on a découvert en mesme temps que ces biens, qui ne sont que mediocres, ont esté acquis par des travaux si grands, qu'il y a eu peu de personnes qui les voulussent posseder à ce prix : & on a reconnu que les divisions des Chefs, les guerres civiles & étrangeres, les concussions & les pilleries y ont fait cent fois plus de miserables, qu'on y a veu de personnes enrichies.

Si cette Histoire leur fait voir toutes ces belles Colonies subsister comme par un miracle, au milieu de leurs desordres & de leurs malheurs ; elle leur découvre incontinent aprés la cheute & la ruine de la premiere Compagnie, causée par la mauvaise conduite, & par la perfidie de ceux auſquels ces illuſtres Seigneurs avoient confié leurs intereſts; & que cette meſme Compagnie aprés y avoir conſumé des ſommes ſuffiſantes pour leur faire produire les grands biens qu'ils en devoient eſperer, s'eſt veuë malheureuſement contrainte de tout abandonner, & de vendre à vil prix, à leurs propres ſujets, toutes ces belles terres, dont ils n'ont jamais connu la valeur.

L'on a pû encore remarquer dans tout le cours de cette Hiſtoire, que tous ces Gouverneurs, dans le deſſein de devenir eux-meſmes les Seigneurs & les Proprietaires de toutes ces Iſles, s'eſtoient adroitement ſervi de l'averſion que les habitans avoient conceuë contre la Compagnie, & contre leurs Commis; que pour parvenir à leur deſſein, ils n'avoient laiſſé échapper aucune occaſion de la fomenter, & de l'accroiſtre en toutes ſortes de rencontres; & qu'ils y avoient ſi bien reüſſi, que la Compagnie ne ſe fut pas pluſtoſt dépouïllée de la proprieté & de la Seigneurie de ces Iſles, que les noms de Compagnie, & de Commis y devinrent ſi horribles, que la ſeule penſée de les y voir jamais rétablis, n'y pouvoit paſſer que pour une pure folie.

La fin du premier livre de cette Hiſtoire a fait auſſi connoiſtre, que le déplorable eſtat de l'Iſle de la Guadeloupe, cauſé par la diviſion de ſes Gouverneurs, & de ſes Proprietaires: celuy de la Martinique, qui eſtoit gouverné par des Tuteurs, qui avoient plus de ſoin de leurs propres intereſts, que de celuy de leurs pupils & du bonheur de cette Iſle; auſſi-bien que celuy

A ij

de l'Isle de la Grenade gemissante sous l'oppression de celuy qui l'avoit acquise, menaçoient ces trois Isles d'un bouleversement entier. Les Isles dépendantes de la Seigneurie de Malthe, n'y estoient pas en meilleure posture; puis que celles de sainte Croix, de saint Martin, & de saint Barthelemy ne faisoient que languir; & bien que celle de saint Christophle se pût réputer heureuse d'estre sous la conduite de cet illustre Commandeur de Sales, il est neantmoins veritable qu'elles auroient toutes infailliblement peri dans cette derniere guerre, si elles n'avoient changé de main.

Les Colonies du Continent de la terre ferme, sembloient participer aux malheureuses influences des Ant-Isles, & mesme recevoir de plus funestes atteintes du Ciel. Les ruines de tant de belles entreprises faites avec de grandes dépenses pour ces belles terres, & particulierement pour l'Isle de Cayenne, en font foy: les morts toutes tragiques de MM. de Bretigny & de Royville, le naufrage de M. de Bragelonne, & la perte des Colonies de M. le Baron d'Ormeille, & de celle du sieur de la Vigne pour Oüanatigo, estoient plus que suffisantes pour rebuter, & pour abatre les courages de tous ceux, qui auroient pû concevoir des desseins de former de nouvelles entreprises pour des terres décriées par tant de funestes succés.

Mais Dieu qui avoit conduit comme par la main, ces premiers Colons parmy leurs égarements, & qui avoit fait naistre de leurs malheurs, & de leurs dé-

PREFACE.

bris, ces belles Colonies, qui ont dans cette dernie-re guerre si glorieusement triomphé de la Nation Angloise (qui sous pretexte de se voir plus nombreuse de six contre un, avoit conspiré leur ruine,) choisit un precieux moment en 1663. pour les secourir d'une maniere si peu esperée, & si avantageuse, qu'il nous donne lieu d'esperer qu'il prendra un soin particulier de nos Colonies; & que nonobstant le chancellement des affaires de la Compagnie, & le mauvais estat auquel on a crû qu'elles estoient, il les fera reüssir à sa gloire, & au bien de l'Estat de la France ; puis que déja par les soins de Monsieur Colbert, les affaires y ont tellement changé de face, par l'union qu'il a fait de leur direction à celle des cinq grosses fermes de France, que le commerce n'y peut jamais estre plus asseuré, ny en meilleure posture.

Tout ce que je viens de dire a esté le sujet du premier Livre de mon Histoire generale des Ant Isles; & celuy-cy aura pour but tout ce qui s'est passé depuis ce temps, tant en France qu'en l'Amerique, concernant le gouvernement de ce païs. Mais comme c'est une matiere fort ample, & qui embrasse necessairement les Histoires de dix ou douze Colonies tout à la fois; pour éviter la confusion, j'ay divisé ce Livre en quatre Traitez, & les Traitez en Chapitres, que j'ay encore subdivisez par des Articles ou Paragraphes, qui est l'ordre que j'ay gardé dans mes deux premiers Livres.

Le Lecteur verra dans le premier Traité l'entreprise que Monsieur de la Barre a faite pour l'Isle de

Cayenne, que je ne touche que par occasion, & seulement à cause qu'elle a servy de base & de fondement à l'établissement de la Compagnie des Indes Occidentales, & pour conduire dans ce païs M. de Tracy, que le Roy avoit fait Lieutenant general dans toute l'Amerique dépendante de son authorité.

Dans le second Traité l'on verra l'établissement de la Compagnie des Indes Occidentales, le changement des Seigneurs, & leur renvoy en France. L'on y verra le soulagement des peuples par la suppression des impôts, l'usurpation de l'Isle de Sainte Lucie par les Anglois, & l'estat de toutes les Isles, depuis l'arrivée de Monsieur de Tracy jusques à la prise de possession par la Compagnie.

L'on verra dans le troisiéme Traité, les Directeurs de la Compagnie occupez à créer des Officiers, & à disposer leur premier embarquement : le voyage de la premiere flote; la prise de possession des Isles indépendantes des Chevaliers de Malthe; les mutineries & les seditions de l'Isle de la Martinique; le passage de l'Amiral Ruitter dans les Isles; la guerre faite aux negres fugitifs; les érections des Hôspitaux; & les pilleries des Vaisseaux & des Barques de la Compagnie, par les Anglois.

L'on verra dans le quatriéme Traité, l'acquisition & la prise de possession des Isles dépendantes des Chevaliers de Malthe; quelque mécontentement des peuples contre la Compagnie, qui change de conduite, & se reduit aux réglemens de Monsieur

PREFACE. 7

de Tracy. L'on y verra aussi les anciens concordats renouvellez entre la Nation Françoise & Angloise, & la députation de Monsieur du Blanc vers le Milord Willougby pour leur confirmation, & pour luy demander justice des torts faits à la Compagnie par les Anglois.

Il y aura sur la fin, un Chapitre particulier de l'estat de l'Eglise de nos Ant-Isles.

HISTOIRE GENERALE
DES ANT-ISLES DE L'AMERIQVE.
TRAITÉ I.
ESTABLISSEMENT DE LA COMPAGNIE
De la France Equinoctiale.

CHAPITRE PREMIER.

Monsieur de la Barre voulant établir vne Colonie dans l'Isle de Cayenne, forme par ordre du Roy, vne Compagnie.

§ I.

Il ne faut pas chercher bien loin le premier Mobile, qui donne le branle à toutes les entreprises qui se font pour toutes les terres étrangeres, & qui fait naître une infinité de desirs, qui sont pour l'ordinaire, les bourreaux du cœur humain. Car l'homme n'ayant point d'autre fin qu'vne felicité accomplie, qui ne se peut rencontrer qu'en Dieu seul:

dés le moment qu'il fut assez malheureux pour prendre le change, & croire par l'inspiration de Satan, qu'il rencontreroit ce bonheur dans les moyens de l'acquerir ; il s'est veu reduit à le chercher sans relasche, dans toutes les creatures, lesquelles n'ayant pas dequoy remplir la capacité infinie de son cœur, le laissent vuide, & beaucoup plus affamé, aprés qu'il en a joüy, qu'il ne l'estoit avant qu'il les eusse possedées.

De là vient que toutes les choses nouvelles luy plaisent; & qu'elles ne luy sont pas plûtost proposées avec quelque sorte d'éclat & de plaisir, que par un aveuglement déplorable, il se persuade qu'il y rencontrera sa felicité, ou au moins quelque chose qui le rendra plus heureux qu'il ne l'est dans sa condition presente. D'où il arrive que ceux qui sont les premiers Moteurs interessez de toutes les nouvelles entreprises, ne faisant ordinairement paroistre que le beau costé de la medaille, en étallent toutes les richesses, en exagerent tous les bonheurs, & en déguisent à mesme temps toutes les peines & toutes les infortunes : de sorte qu'ils engagent facilement dans l'execution de ces nouveaux projets, des hommes naturellement disposez à y rechercher des biens qu'ils ne possedent pas, & ces projets n'estant bien souvent établis que sur des fondemens déguisez, exagerez, ou faux, ils ressentent quelquefois des bouleversemens horribles, qui ensevelissent toutes ces fortunes imaginaires avec la vie de ceux qui les ont trop legerement embrassées, dans la pensée de devenir plus riches, & plus heureux qu'ils ne l'estoient auparavant.

L'Isle de Cayenne, qui est située à l'embouchure d'une Riviere portant ce nom, entre celles des Amasones & de Lorenoc, à 4. degrez 36. minutes au Nord de la ligne Equinoctiale, s'est veuë le funeste theatre de deux horribles tragedies, qui autorisent fort ma pensée : Et bien que je n'aye aucun dessein d'arrester le Lecteur sur les entreprises malheureuses de MM. de Bretigny & de Royville (Paris estant remply des Livres que l'on a fait de ces Histoires,) je ne puis neantmoins me dispenser d'en dire quelque chose, pour donner à la mienne vn jour qui luy est necessaire.

Dés l'année 1633. quelques François qui s'estoient établis dans l'Isle de Cayenne, & aux environs, & qui y avoient fait des habitations ; (quoy-que sans aveu, & sans commission du Roy, ny d'aucune Compagnie) vinrent en France, où ils étalerent avec tant d'adresse & d'exageration, les merveilleux avantages de cette Isle, & de la coste du Continent voisin, que Monsieur de Bretigny, Gentilhomme de naissance, repaissant son esprit de la vaste étenduë du beau champ que ces Ameriquains offroient à sa vanité, donna dans le panneau, vendit tout son bien, qui étoit assez considerable, fit par l'inspiration de ces Relateurs, des dépenses excessives & ridicules, leva vne Compagnie de quatre cens hommes, & alla s'établir dans l'Isle de Cayenne avec vne bonne commission du Roy, en l'année 1643.

Il n'y fut pas plûtost étably, qu'il prit toutes les marques de la puissance souveraine, & il regna avec tant de cruauté & de tyrannie, qu'il obligea ses propres sujets à le mettre aux fers, dans le dessein de l'envoyer rendre compte de sa conduite à celuy dont il avoit secoüé le joug. Mais la division s'estant mise entre-eux, Monsieur de Bretigny qui estoit vn homme rusé & éloquent, en gagna la plus grande partie, qui l'ayant mis en liberté, donnerent l'épouvente à plusieurs, lesquels prirent incontinent la fuite : & pour comble du dernier malheur de cette Colonie infortunée, Monsieur de Bretigny ayant imprudemment écarté, ce qui luy restoit de Soldats, en divers lieux fort éloignez les uns des autres, entreprit de faire la guerre aux Sauvages. Il les alla chercher chez eux pour les détruire : mais les Sauvages s'estant assemblez, un d'eux qui estoit borgne, luy tira vn coup de fléche entre les deux yeux, dont il mourut. Les Sauvages massacrerent ceux qui estoient avec luy, & toute cette Colonie fut mise en déroute & entierement dissipée.

L'Histoire de l'entreprise de M. l'Abbé de l'Isle Mariveau, faite en l'année 1652. & conduite par Monsieur de Royville, nous marque le naufrage de ce premier avant que de sortir du Port, & nous apprend que la division des associez & des Commandans causa le massacre de M. de Royville leur General, & fit en suite regner le crime, la méfiance, la jalousie, & l'envie parmy des gens qui vouloient tous estre les Maistres. Plusieurs y perirent par le fer, entre lesquels se trouva le sieur Isambert : d'autres n'eurent point d'autre salut que la fuite : & les Chefs s'estants cantonnez, au lieu de s'appliquer à faire subsister la Colonie, ne songerent plus qu'à empêcher le progrez de leurs compagnons: Et la catastrophe fut, que les Sauvages profitans de ces desordres, les contraignirent de se sauver, & d'abandonner le Canon, les munitions, & presque tout leur équipage: & ainsi cette Colonie ne fut pas plus heureuse que celle de Monsieur de Bretigny.

Peu de temps aprés que l'Isle de Cayenne fut abandonnée par les François, quelques Hollandois & Iuifs qui avoient esté chassez du Bresil par les Portugais, y arriverent; & y ayant trouvé des Iardins tout faits, & un bon Fort muny de canon, ils ne firent point de difficulté de s'y établir, & de demander une commission à la Compagnie d'Oestinde de Hollande. Elle l'accorda à quelques-uns, & en suite au sieur Guirin Spranger, dont la bonne conduite mit bien-tost cette Isle dans une fort haute reputation: & Monsieur de la Barre cy-devant Maistre des Requestes, & Intendant dans le Bourbonnois, en ayant entendu discourir à la maniere ordinaire, forma le dessein de s'y aller établir, d'y mener une Colonie, & d'enlever ce poste des mains des Hollandois, parce qu'il avoit appartenu à la France.

Ie ne me veux pas ingerer d'aller chercher dans la vie, & dans les affaires de Monsieur de la Barre, les motifs qui l'ont engagé à vne entreprise si surprenante pour vn homme de sa qualité : & je me persuade que le Lecteur se contentera aussi-bien que moy, de ceux qu'il nous a donnez dans son Livre ; où il asseure que le desir de la gloire, & celuy de faire voir aux nations de l'Europe, que les François estoient capables de faire reüssir les entreprises les plus difficiles, luy ont fait naître les pensées de rétablir l'honneur de la nation Françoise, que le mauvais succez de deux entreprises faites pour la terre ferme, luy avoit fait perdre avec honte & avec dommage. J'aurois neantmoins desiré qu'il se fust un peu plus étendu sur la formation de sa Compagnie, sur les particularitez de son voyage, & sur la prise de possession de l'Isle de Cayenne; (Car il nous auroit sans doute décrit toutes ces choses avec plus d'éloquence & d'exactitude que moy, qui suis obligé de les donner sous la bonne foy de ceux qui ont fait le voyage avec luy :) afin de faire voir sur quel fondement a esté établie cette celebre Compagnie des Indes Occidentales, qui a esté revestuë des Seigneuries des Ant-Isles, & qui en a pris possession en l'année 1665.

Il est constant que M. de la Barre, a presque tiré toute l'instruction de cette entreprise, du sieur Bouchardeau, homme d'honneur & d'esprit; qui dans les voyages qu'il avoit faits en la terre ferme & aux Isles, s'en estoit acquis quelques connoissances, qui le faisoient estimer en ce temps-là, comme un homme fort éclairé dans les affaires de l'Amerique.

L'on en fit un projet qui fut presenté à M. Colbert, qui pour lors s'appliquoit au rétablissement du commerce, & qui ne laissoit perdre aucune occasion de l'étendre dans les terres étrangeres; Celle-cy luy parut si belle, & si conforme à ses genereux desseins, qu'après l'avoir examinée, il luy donna son approbation; & l'ayant fait voir au Roy, il en tira aussi celle de cet Auguste Monarque. Quelques jours après il dit à M. de la Barre, & au sieur Bouchardeau, qu'il faloit faire une Compagnie, & que sa Majesté l'appuyeroit de son autorité, la protegeroit de sa puissance, & l'assisteroit d'hommes, d'argent, & de ses Vaisseaux.

M. de la Barre animé par de si solides esperances, communiqua son dessein à M. Pellisary, Tresorier de la Marine, qui en parla à M. Bibaut ; & après quelques conferences qu'ils eurent avec le sieur Bouchardeau, ils demeurerent d'accord que cette affaire estoit bonne, & sur le champ ils en furent parler à M M. Bechameil, & Matarel, qui en peu de temps engagerent leurs amis, & formerent la Compagnie de la France Equinoctiale.

M. Colbert du Terron, qui arriva de Portugal pendant que l'on negotioit cette affaire, en ayant esté instruit, la trouva bonne; & en ayant dit son sentimeut à M. Colbert, il luy donna ordre de prendre la conduite du premier embarquement : & comme il estoit Intendant du païs d'Auny, & Commissaire general des Armemens des Vaisseaux du Roy, il servit infiniment pour faciliter les équippemens de ceux que sa Majesté presta à cette nouvelle Compagnie.

La Compagnie fut composée de vingt personnes, qui d'abord mirent en fond chacun dix mille livres. Il ne se passa point de contracts ; mais seulement des actes particuliers d'association, qui furent passez au mois d'Aoust 1663. pardevant Foin Notaire au Chastelet : & cette clause fut inserée dans chacuns de ces actes ; Que s'il estoit necessaire, les associez s'obligeroient à fournir jusqu'à la somme de 20000. livres, & chacun retira un double de l'acte par devers soy.

---

§. II.

Le Roy établit M. de la Barre Lieutenant general de cette Colonie; & fait ensuite M. de Tracy Lieutenant general sur toute l'Amerique, & luy donne ordre de commander toute la Flotte.

LA Compagnie de la France Equinoctiale en terre ferme de l'Amerique, fut agreée du Roy, & les Lettres Patentes de son établissement furent expediées au mois d'Octobre de l'an 1663. Mais comme nous la verrons bientost changer de nom & de puissance, il m'a semblé inutile de les inferer icy : & il me suffit de dire, que M. de la Barre fut presenté au Roy par les Seigneurs de cette nouvelle Compagnie, & que sa Majesté l'honora de la commission de son Lieutenant general sur toutes les terres de l'Amerique Meridionale, depuis la Riviere des Amazones, jusqu'à celle de Lorenoc.

Le Roy qui en ce temps avoit choisi Messire Alexandre Prouville de Tracy, homme d'vne rare vertu, d'vne admirable prudence & conduite, & qui avoit blanchy dans les plus beaux emplois de ses Armées ; & l'avoit étably son Lieutenant general sur toutes les Terres de son obeïssance situées dans l'Amerique Meridionale & Septentrionale, luy donna ordre de conduire & de commander toute la Flotte, & toutes les troupes qui y seroient embarquées, tout le long du voyage, & mesme dans la descente de Cayenne, en cas que les Hollandois y fissent quelque resistance.

La Commission de M. de Tracy fut expediée le 19. d'Octobre 1663. & parce qu'elle est la plus honorable, & la plus ample de toutes celles qui ont esté données à ceux qui l'ont precedé dans cette Charge, je crois estre obligé de la mettre icy, aussi-bien qu'une Lettre de Cachet, qui ordonne à M. de la Barre d'obeïr à M. de Tracy, jusqu'à ce qu'il soit établi dans Cayenne.

Commission de M. de Tracy.

LOUIS PAR LA GRACE DE DIEU, ROY DE France & de Navarre ; A tous ceux qui ces presentes Lettres verront, SALUT. Ayant consideré que pendant que le Sieur Comte d'Estrades, Vice-Roy & nostre Lieutenant General en l'Amerique, est en Hollande en qualité de nostre Ambassadeur, occupé pour nos affaires en ce païs-là; pour satisfaire au desir que nous avons, non seulement de veiller à la conservation des lieux qui sont sous nostre obeïssance dans l'Amerique, mais d'y faire de nouvelles découvertes & de nouvelles Colonies, il est necessaire d'y établir quelque personne d'autorité, qui en l'absence dudit Sieur

Comte d'Estrades puisse regir, augmenter & conserver lesdits lieux, & puisse en attendant nostre domination dans le Païs, y servir principalement à l'accroissement du Christianisme & à l'amelioration du Commerce: Et sçachant que le sieur de Prouville Tracy, Conseiller en nos Conseils d'Estat & Privé, cy-devant Commissaire General de nostre Armée d'Allemagne, & Lieutenant General en nos Armées, a toutes les qualitez propres pour s'acquiter dignement de cet employ ; & qu'après les preuves qu'il a données de sa valeur, dans les Commandemens qu'il a eus sur nos Troupes en Allemagne & ailleurs, & de sa prudence dans les Negotiations qui luy ont esté commises, Nous avons tout sujet de croire que nous ne pouvions faire un meilleur choix que de luy pour commander audit Païs. A CES CAVSES, & autres considerations à ce nous mouvans, Nous avons ledit sieur Prouville de Tracy, constitué, ordonné & estably, constituons, ordonnons & establissons par ces presentes signées de nostre main, nostre Lieutenant General dans toute l'étenduë des Terres de nostre obeïssance, situées en l'Amerique Meridionale & Septentrionale de terre ferme, & des Isles, Rivieres, Ports, Havres & Costes découvertes & à découvrir par nosdits Sujets, pour en l'absence dudit sieur Comte d'Estrades Vice-Roy, avoir commandement sur tous les Gouverneurs & Lieutenans Generaux par nous établis dans toutes lesdites Isles de terre ferme de Canada, Acadie, Terre-neuve, Isles des Ant. Isles, & autres: comme aussi sur tous les Officiers & Conseils Souverains établis dans toutes lesdites Isles, & sur les Vaisseaux François qui navigeront audit Païs, soit de Guerre à Nous appartenans, soit Marchands ; faire prester nouveau serment de fidelité, tant aux Gouverneurs & Conseils souverains, qu'aux trois Ordres desdites Isles. Enjoignons ausdits Gouverneurs, Officiers & Conseils souverains, & autres, de reconnoistre ledit sieur Prouville de Tracy, & de luy obeïr en tout ce qu'il leur ordonnera, assembler quand besoin sera les Communautez, leur faire prendre les armes, prendre connoissance, composer & accommoder tous differents qui
pourroient

Des Ant-Isles de l'Amerique.

pourroient estre nez & à naistre dans lesdits Païs, soit entre les Seigneurs & principaux d'iceux, soit entre les particuliers Habitans ; Assieger & prendre des Places & Chasteaux selon la necessité qu'il y aura de le faire, y faire conduire des pieces d'Artillerie, & les faire exploiter, établir des Garnisons où l'importance des lieux le demandera, faire selon les occurrences Paix ou Tréves, soit avec les autres Nations de l'Europe établies dans ledit Païs, soit avec les Barbares ; faire descente, soit en terre ferme, soit dans les Isles pour s'emparer de nouveaux Païs, & pour établir de nouvelles Colonies, & pour cet effet donner combats & se servir des autres moyens qu'il jugera à propos pour telles entreprises : Commander tant aux peuples dudit Païs, qu'à tous nos autres Sujets, Ecclesiastiques, Nobles, Gens de Guerre, & autres de quelque condition qu'ils soient y demeurant, tant & si avant qu'il pourra faire étendre nos limites & nostre Nom, avec plein pouvoir d'y établir nostre authorité, & d'assujettir, soûmettre, & faire obeïr tous les Peuples desdites Terres, les appellans par toutes les voyes les plus douces qu'il se pourra, à la connoissance de Dieu & lumiere de la Foy & de la Religion Catholique Apostolique & Romaine, & en établir l'exercice à l'exclusion de toute autre, deffendre lesdits lieux de tout son pouvoir, maintenir & conserver lesdits Peuples en paix, repos & tranquillité, & commander tant par Mer que par Terre ; Ordonner & faire executer tout ce que luy ou ceux qu'il commettra, jugeront le devoir, & pouvoir faire pour l'étenduë & conservation desd. lieux sous nostre Authorité & nostre obeïssance : & generalement faire & ordonner par luy, en l'absence dudit Comte d'Estrades Vice-Roy, tout ce qui appartient à ladite Charge de nostre Lieutenant General audit Païs, la tenir & exercer, en joüir & user aux honneurs, pouvoirs, authoritez, prerogatives, prééminences, franchises, libertez, droits, fruits, profits, revenus, & émolumens y appartenans, & aux gages & appointemens qui luy seront attribuez. SI DONNONS en mandement à tous les Gouverneurs & nos Lieutenans Generaux dans toutes lesdites Isles & terre ferme de Canada, Acadie, Terre-neuve, Isles des Ant. Isles, & autres, aux Officiers des Conseils Souverains établis dans toutes ces Isles, & à tous nos autres Justiciers & Officiers chacun en droit soy ainsi qu'il appartiendra, que ledit sieur Prouville de Tracy, duquel nous avons receu le serment en tel cas requis & accoûtumé, ils ayent à reconnoistre & luy obeyr, & faire souffrir & laisser joüir & user dudit Estat & Charge. Voulons que par les Tresoriers de nostre Espargne ou autres Officiers comptables qu'il appartiendra, il soit payé comptant desdits gages & appointement par chacun an, aux termes & en la maniere accoûtumée, suivant les ordres & estats qui en seront par Nous expediez & signez, rapportant lesquels avec ces presentes ou coppies d'icelles deuëment collationnées pour une fois seulement, & quittances sur ce suffisantes, Nous voulons que tout ce qui luy aura esté payé à cette occasion, soit passé & alloüé aux comptes de ceux qui en auront fait le payement, par nos Amez & Feaux les Gens de nos Comptes à Paris, ausquels nous enjoignons ainsi le faire sans difficulté, Cessant & faisant cesser tous troubles & empéchemens au contraire; MANDONS & ordonnons à nostre Tres-cher & bien Amé Oncle le Duc de Vandosme, Pair, Grand Maistre, Chef & Sur-Intendant General de la Navigation & Commerce de France, ses Lieutenans & autres qu'il appartiendra, qu'ils ayent à donner audit sieur de Prouville Tracy, ou à ceux qui seront par eux commis ou envoyez en l'Amerique, tous Congez & Passeports que les Navires & Vaisseaux sont obligez de prendre allant en mer, pour aller & venir esdites Terres, Costes & Isles, avec les marchandises dont ils seront chargez, & les hommes & femmes qu'on y voudra transporter, sans qu'il leur soit fait, mis ou donné aucun trouble ny empéchement: Mandons en outre, & enjoignons à tous nos autres Officiers & Sujets qu'il appartiendra, estant audit Pays de l'Amerique, de reconnoistre ledit sieur de Prouville Tracy en ladite qualité de nostre Lieutenant General esdits Pays, & de luy obeyr & entendre esdites choses concernant ladite Charge, à peine de desobeyssance; CAR tel est nostre plaisir. PRIONS, &

requerons tous Rois, Potentats, Princes, Eſtats, & autres nos bons Amis, Alliez & Confederez, leurs Miniſtres & Officiers, & tous autres à Nous non ſujets, de luy donner, & à ceux qui ſeront par luy commis & deleguez, toute aide, faveur & aſſiſtance dont ils ſeront requis pour l'execution de ce que deſſus, offrant en cas pareil de faire le ſemblable pour ceux qui nous ſeront ainſi recommandez de leur part; En témoin dequoy, Nous avons fait mettre noſtre Scel à ceſ-dites preſentes. Donné à Paris le dix-neufiéme jour de Novembre l'an de grace mil ſix cens ſoixante-trois, Et de noſtre Regne le vingt-uniéme. Signé, LOVIS, Et ſur le reply, Par le Roy, DE LIONNE.

CESAR Duc de Vandoſme, de Mercœur, de Beaufort, de Penthievre, & d'Eſtampes, Prince d'Anet & de Martigues, Pair, Grand Maiſtre, Chef, & Sur-Intendant General de la Navigation & Commerce de France: A tous ceux qui ces preſentes Lettres verront, Salut. Sçavoir faiſons: que veu par Nous les Lettres Patentes du Roy, données à Paris le dix-neufiéme Novembre dernier, Signées LOVIS, Et ſur le reply, Par le Roy, DE LIONNE, Et ſcellées du grand Sceau de cire jaune; par leſquelles & pour les cauſes y contenuës, Sa Majeſté conſtituë, ordonne, & établit le ſieur Prouville de Tracy ſon Lieutenant General dans toutes les Terres de ſon obeyſſance, ſituées en l'Amerique Meridionale & Septentrionale de terre ferme, & des Iſles, Rivieres, Ports, Havres, & Coſtes découvertes & à découvrir par les Sujets de Sadite Majeſté, pour en l'abſence du ſieur Comte d'Eſtrades Vice-Roy de l'Amerique, avoir commandement ſur tous les Gouverneurs & Lieutenans Generaux par Elle établis dans toutes les Iſles de terre ferme de Canada, Acadie, Terre-neuve, Iſles des Ant-Iſles, & autres: Comme auſſi ſur tous les Officiers & Conſeils Souverains établis dans toutes leſdites Iſles, & ſur les Vaiſſeaux

C ij

François qui navigeront audit Pays, soit de Guerre appartenans à sa Majesté, soit Marchands; faire prester nouveau serment de fidelité, tant aux Gouverneurs & Conseils Souverains, qu'aux trois Ordres desdites Isles; Enjoignant sadite Majesté ausdits Gouverneurs, Officiers, & Conseils souverains, & autres, de reconnoistre ledit sieur Prouville de Tracy; & de luy obeyr en tout ce qu'il leur ordonnera; assembler quand besoin sera les Communautez, leur faire prendre les Armes, prendre connoissance, composer & accommoder tous differents qui pourroient estre nez & à naistre dans lesdits Pays, soit entre les Seigneurs & principaux d'iceux, soit entre les particuliers Habitans; assieger & prendre des Places & Chasteaux selon la necessité qu'il y aura de le faire, y faire conduire des pieces d'Artillerie, & les faire exploiter, & établir des Garnisons, où l'importance des lieux le demandera, faire selon les occurrences Paix ou Tréves, soit avec les autres Nations de l'Europe établies dans lesdits Pays, soit avec les Barbares; faire descente, soit en terre ferme, soit dans les Isles pour s'emparer de nouveaux Pays, & pour établir de nouvelles Colonies, & pour cet effet donner combats & se servir des autres moyens qu'il jugera à propos pour telles entreprises: Commander tant aux Peuples dudit Pays, qu'à tous nos autres Sujets, Ecclesiastiques, Nobles, Gens de Guerre, & autres de quelque condition qu'ils soient y demeurant, tant & si avant qu'il pourra faire étendre nos limites & nostre Nom, avec plein pouvoir d'y établir nostre authorité, & d'assujettir, soûmettre, & faire obeyr tous les Peuples desdites Terres, les appellans par toutes les voyes les plus douces qu'il se pourra, à la connoissance de Dieu & lumiere de la Foy & de la Religion Catholique Apostolique & Romaine, & en établir l'exercice à l'exclusion de toute autre; deffendre lesdits lieux de tout son pouvoir, maintenir & conserver lesdits Peuples en paix, repos & tranquillité, & commander tant par Mer que par Terre; ordonner & faire executer tout ce que luy ou ceux qu'il commettra jugeront le devoir & pouvoir faire pour l'étenduë & conservation desdits lieux sous l'authorité de sadite Majesté & son obeïssance : & generalement faire & ordonner par ledit sieur Prouville de Tracy, en l'absence dudit sieur Comte d'Estrades Vice-Roy, tout ce qui appartient à ladite Charge de Lieutenant General audit païs, la tenir & exercer, en joüir & user aux honneurs, pouvoirs, authoritez, prerogatives, preéminences, franchises, libertez, droits, fruits, revenus, & émolumens y appartenans, & aux gages & appointemens qui luy seront attribuez, & ainsi qu'il est plus au long contenu esdites Lettres; Nous en vertu du pouvoir & authorité attribué à nostredite Charge de Grand-Maistre, Chef, & Sur-Intendant General de la Navigation & Commerce de ce Royaume, avons consenty & accordé, consentons & accordons par ces presentes, que lesdites Lettres sortent leur plein & entier effet, & soient executées selon leur forme & teneur. A la charge de prendre par tous les Vaisseaux qui iront audit païs, & pour chacun voyage qu'ils y feront, nos Congez & Passeports en la maniere accoûtumée, de garder par ledit sieur de Tracy, & faire garder par ceux qu'il pourra commettre, les Ordonnances de la Marine, & que le pouvoir qui luy est attribué par lesdites Lettres, de commander par Mer esdits pays, ne pourra estre exercé par luy, que sous l'authorité de nostredite Charge : Mandons & ordonnons à tous Lieutenans Generaux des Armées Navales de sa Majesté, Chefs d'Escadres, Capitaines de ses Vaisseaux, Commissaires de la Marine, Lieutenans Generaux & Particuliers és Sieges de l'Admirauté, & tous autres sur lesquels nostre pouvoir s'étend; Prions & requerons tous ceux qu'il appartiendra, de ne faire, ny souffrir qu'il soit fait ou donné aucun trouble ny empéchement audit sieur de Tracy, ny à ceux qui seront commis & députez par luy pour l'établissement, fonction, & exercice de ladite Charge de Lieutenant General de l'Amerique, ains leur donner toute l'aide & assistance dont ils auront besoin ; En témoin de quoy Nous avons signé ces Presentes, icelles fait contresigner & sceller par le Secretaire General de la Marine, A Paris le dixiéme jour de Decembre mil six cens soixante-trois. Signé, CESAR DE VANDOSME, Et sur le reply, Par Monseigneur, MATHAREL.

La Lettre de Cachet du Roy.

MONSIEVR de la Barre, j'envoye en l'Amerique le sieur de Prouville Tracy, pour en l'absence du sieur Comte d'Estrade, qui en est le Vice-Roy, commander en ce pays-là, en qualité de mon Lieutenant General : & quoyque le pouvoir que je luy fais expedier, ne fasse exception d'aucun lieu, où il ne doive s'étendre ; mon intention est neantmoins que ledit sieur de Tracy ne commande point en la nouvelle habitation, qui doit estre faite en l'Isle de Cayenne, en laquelle je vous ay étably pour Gouverneur, & mon Lieutenant General : si ce n'estoit qu'il fust necessaire de faire descente dans ladite Isle, & dans la terre ferme voisine, pour en chasser, ou les Barbares, ou d'autres Nations qui pourroient s'en estre saisies ; parce qu'en ces cas, je veux qu'il commande toutes les troupes qui feront employées en ladite descente, & que mesme vous luy obeyssiez, mais en cette occasion-là seulement ; d'autant que j'entends qu'aussi-tost que l'établissement sera fait, il vous laisse le commandement entier. J'explique la mesme chose audit sieur de Prouville Tracy, afin qu'il se conforme à mon intention, & je vous fais cette Lettre pour vous en informer, & pour vous dire qu'en agissant tous deux de concert, j'espere du bon ordre que vous tiendrez, des effets dignes de vostre obeyssance, & de vostre application à tout ce qui regarde nostre service audit pays ; sur ce, je prie Dieu qu'il vous ait M. de la Barre, en sa sainte garde. Ecrite à Paris le 6. Novembre mil six cens soixante & trois. Signé LOVIS, & plus bas, DE LIONNE.

Au commencement de Septembre, la Compagnie delivra ses Instructions à M. de la Barre, & à M. Bouchardeau les siennes, qui luy mettoient en main le soin de leurs interests, tant dans les negotiations, qui se devoient faire à Madere, que dans les Isles de l'Amerique, de concert avec M. de la Barre, & par une déliberation particuliere (en cas de mort de Monsieur de la Barre) elle luy remettoit la direction entiere de toutes choses, jusqu'à ce que le Roy y eust pourveu : & par cette mesme deliberation elle luy accorde, outre la part qu'elle croyoit qu'il avoit prise dans la societé, un tiers de part dans toutes les terres, habitations, & droits, qui devoient estre estimez par la Compagnie au bout de 3. ans à 10000. livres au choix de la Compagnie. Mais M. Bouchardeau ayant declaré que les deniers avancez pour sa part ne luy appartenoient pas, cela causa des broüilleries entre eux, dont je diray bien-tost ce qui sera précisément necessaire à mon Histoire, sans vouloir approfondir leurs démélez, ny juger de leurs differends.

Tous ces Messieurs estant pourveus de leurs ordres, arriverent à la Rochelle au plus fort de l'Hyver, & M. Colbert du Terron y fit incontinent le triage des hommes, qui avoient esté levez pour la Compagnie, & renvoya tous ceux qui furent jugez incapables de faire le voyage, ou de rendre du service dans le païs. Il se fit en suite une reveuë generale en presence de M. de Tracy, & il se trouva environ 1200. hommes sains & gaillards, & gens aussi bien choisis, qu'on le pouvoit desirer, pour faire reüssir cette entreprise.

§ III.

Départ de la Flotte, son arrivée à Madere, & ce qui s'y passa.

LE Roy avoit presté à la Compagnie, deux de ses Vaisseaux. Le plus grand, qui se nommoit le Brezé, estoit de huit cens Tonneaux, & portoit le Pavillon d'Amiral. Ce fut sur celuy-là que s'embarquerent Messieurs de Tracy & de la Barre, & le sieur Bouchardeau, plusieurs Chevaliers & Gentils-hommes, & quatre Compagnies des Regimens d'Orleans, de la Liere ou Estrade, de Chambelay, & de Poitou, commandez par le sieur Vincent, qui depuis a esté Gouverneur de la Grenade, le sieur Bertier, le sieur Chevalier de Couvrant, & le sieur de Montel. Le reste de la Colonie de Cayenne monta sur le Terron, Navire du Roy, & sur les quatre autres Vaisseaux de la Compagnie, qui estoient deux Flutes de trois cens Tonneaux, un Flibot de 120. une Fregate de 150. appellée la Daufine.

Cette Flotte fit voile le vingt-sixiéme de Février 1664. avec un vent assez favorable, qui fut neantmoins deux jours aprés traversé par une bourasque de vent de peu de durée, mais qui ne laissa pas de separer une des grandes Flutes de la Compagnie, qui ne fut reveuë qu'à Madere, où cette Flotte arriva le 15. de Mars.

Les Vaisseaux ne pouvant aborder à cause du calme, M. de Tracy qui avoit ordre du Roy de faire rendre le salut égal aux Vaisseaux de sa Majesté, lors qu'il moüilleroit dans des Rades ou devant des Forteresses dépendantes des testes couronnées, envoya un Officier de ses Gardes au Consul des François avec cette Lettre, pour luy faire connoistre qui il estoit, & luy apprendre sa volonté, avant que de s'approcher davantage de la Rade.

Monsieur

MONSIEVR,

Ayant deſſein de faire moüiller les Vaiſſeaux du Roy à la Rade de Madere, pour y prendre des rafraichiſſemens, ie vous dépéche ce Garde, pour vous prier de voir M. le Gouverneur de la Place, afin de ſçavoir de luy, s'il ne rendra pas coup pour coup du ſalut que nous ferons à la Forteresse de ſa Majeſté Portugaiſe, & ſi lors que nous ferons pour partir, il ne ſaluëra pas auſſi, le premier le Pavillon du Roy, ainſi que c'eſt la couſtume; & que nous luy rendrons coup pour coup, parce que ſans cette condition nous ferons voile droit aux Canaries, ſans moüiller à la Rade de Madere. J'attends là-deſſus voſtre réponſe ſans delay.

MONSIEVR,

Voſtre tres-affectionné ſerviteur, Tracy.

Du bord du Brezé le 15. Mars 1664.

Le Conſul ayant communiqué cette Lettre à Don Diego de Mendoſa Furtado Gouverneur de l'Iſle de Madere, des Forts & Ville de Fouchal, écrivit de ſa part à M. de Tracy, une Lettre pleine de civilitez & d'offre de ſervice : mais concluant que ce n'eſtoit point la coûtume que les Vaiſſeaux des autres Rois moüillants en des Rades, ou devant des Forteresses Portugaiſes, receuſſent le ſalut égal, ny qu'ils fuſſent ſaluëz les premiers en partant, & que le Prince Robert ayant depuis peu moüillé dans cette Rade avec une Eſcadre du Roy d'Angleterre, n'avoit eu que onze coups de canon pour treize qu'il en avoit tiré en ſaluant la Forteresse, & que tout preſentement deux petites Fregattes du meſme Roy, ayant ſalüé le Fort de ſept coups, on ne leur avoit répondu que de 5. & que neantmoins en ſa conſideration il paſſeroit ſes ordres.

D

Le lendemain dés la pointe du jour M. de Tracy fut pressé par les Principaux qui l'accompagnoient, de saluer le Fort ; l'asseurant qu'il recevroit le salut reciproque: mais leurs raisons luy paroissant trop foibles pour luy faire risquer sur une réponse ambiguë, la gloire & l'honneur de son Roy, il n'en voulut rien faire ; & il écrivit tout de nouveau au Consul, pour tirer de luy une réponse claire & nette.

Monsieur,

J'ay receu avec joye vostre Lettre, & les marques de vos soins: je suis infiniment obligé à la civilité de M. le Gouverneur Diego de Mendosa Furtado, de ce qu'il offre en ma consideration : mais je le supplie tres-humblement de vouloir reserver les effets de sa bonne volonté pour une autre rencontre, puis que c'est au Roy qu'il rendra l'honneur reciproque, à celuy que nous rendrons aux Forteresses de sa Majesté Portugaise. Mandez-moy donc ie vous prie, si le tout sera executé ponctuellement en la maniere que ie vous écrivis hier, parce que sans cette condition, ie suis resolu contre mon inclintion, de faire Voile presentement. Ie suis,

MONSIEVR,

Vostre tres-affectionné serviteur, Tracy.

Du bord de Brezé le 16. Mars 1664.

Le Garde qui portoit cette Lettre, ayant rencontré le Consul en chemin, la luy presenta : il la receut, la leut, & continua sa route jusqu'au Vaisseau du Roy, où il dit franchement à M. de Tracy, que le Gouverneur ne pouvoit luy accorder sa demande, luy alleguant tout de nouveau la coûtume pratiquée, mesme devant ses yeux. Mais

Monsieur de Tracy repliqua que cela n'estoit pas une raison à son égard, & qu'il pretendoit recevoir le salut égal, ou partir tout à l'heure pour aller aux Canaries.

Le Consul retourna vers le Gouverneur, dont il rapporta une proposition, qui termina le different, offrant tout ce que les Vaisseaux de sa Majesté auroient de besoin, sans que de part ny d'autre, l'on se fist, ny rendist aucun salut. Ce differend accommodé les complimens se firent de part & d'autre par des Gentils-hommes envoyez exprez. Mais Monsieur de Tracy remercia fort civilement le Gouverneur de l'offre qu'il luy fit de sa maison, s'excusant sur la resolution qu'il avoit faite, de ne descendre qu'au lieu où sa Majesté luy avoit ordonné de mettre pied à terre.

Monsieur de la Barre descendit à terre, & apres y avoir esté magnifiquement receu par le Gouverneur, il entreprit de faire luy-mesme tout le commerce qu'il y avoit à faire dans cette Isle, à l'exclusion du sieur Bouchardeau, qui pretendoit y avoir part, comme estant le seul qui en avoit donné toute l'intelligence, & qui avoit habitude & correspondance dans cette Isle. Cela causa un differend, qui ne se terminera en France que par un grand procez. Mais il suffit pour mon sujet, de dire que le sieur Bouchardeau se sentant opprimé, se mit sous la protection de Monsieur de Tracy, & ne voulut plus avoir de communication avec Monsieur de la Barre.

§ IV.

La Flotte passe aux Isles du Cap Verd & arrive à Cayenne: & les Hollandois composent avec Messieurs de Tracy, & de la Barre.

LE vingt-cinquiéme de Mars, apres que l'on eut pris de l'eau, du vni, & quelques rafraîchissemens dans cette Isle, la Flotte continuant sa route, arriva aux Isles du Cap Verd le onziéme d'Avril, & moüilla l'ancre à l'Isle de S. Yogue, dans une Rade appellée la *Plage*, à deux lieuës de la ville. Le Commandant ayant apperceu le premier l'Amiral, & sçachant qui il estoit, le fit saluër de cinq coups de canon, & le salut reciproque luy fut incontinent rendu par l'Amiral, & les autres Navires.

Les Reverends Peres Beaumont & Boulogne de mon Ordre, qui accompagnoient M. de Tracy, descendirent pour enterrer un Pere Recollet, qui estoit mort cette mesme nuit dans un des Navires. Ils trouvérent dans le village de la Plage, un Curé More qui estoit fort bon Theologien, qui les receut avec une charité toute Chrétienne, & leur rendit tous les bons offices dont ils eurent besoin. Ce bon Curé vint visiter M. de Tracy, qui le receut avec tout le respect deu à son Caractere, le fit disner avec luy, luy donna par tout le haut bout, & luy fit tant d'honneur, que ce bon Curé n'en avoit jamais tant receu en toute sa vie. Il le renvoya à son village, chargé de presens, & salüé de trois coups de canon.

Toute la Flotte s'arresta sept jours dans la Rade de cette Isle, pour y prendre des rafraîchissemens, qui consistoient en Eau, Bœufs, Moutons, Cabrits, Porcs, Poulles d'Inde, Poulles Pintades & Communes, & d'autres Animaux vivans, & une infinité de noix de Coco, qui furent chargées dans les Navires de la Compagnie, suivant les ordres que M. de la Barre en avoit des Seigneurs.

Le vingt-troisiéme d'Avril, toute la Flotte partit de S. Yaque, & arriva le onziéme May à Cayenne : & parce que l'Amiral tiroit plus de seize pieds d'eau, il fut contraint de mouïller l'ancre à deux lieuës du mouïllage ordinaire, & les autres Vaisseaux mouïllerent, qui deçà qui delà, un peu plus proche de la terre.

Le mesme jour M. de Tracy envoya le sieur de Flavigny, qui estoit à la Compagnie, avec quelques Officiers, & une Escorte de Soldats, pour reconnoistre la terre, & au cas qu'il y pust descendre, d'executer l'ordre suivant.

Il est ordonné au sieur de Flavigny d'aller au Fort de Ceperou, de dire au Commandant du Chasteau, qu'ayant à luy parler de la part du Roy, ie le prie de se donner la peine de venir jusqu'au Vaisseau de sa Maiesté ; & pour seureté de son retour, ledit sieur de Flavigny restera en ostage dans le Fort de Ceperou, jusqu'à ce que ledit sieur Commandant soit retourné ; & en cas qu'il ne soit point en estat de pouvoir venir, il luy envoyera celuy qui commande au dessous de luy. Fait au Vaisseau du Roy le Brezé, le treiziéme de May 1664.

Ce Gentilhomme qui avoit fait le voyage de Cayenne dans le Navire où M. de Royville fut assassiné, s'estoit vanté de connoistre parfaitement les descentes de cette Isle : il alla neantmoins mettre pied à terre dans un lieu où dix Soldats en auroient arresté 1000. mais personne ne s'estant opposé à leur descente, ils furent en toute liberté trouver le Commandant, & le sieur de Flavigny le pria fort civilement de venir trouver M. de Tracy, qui desiroit de luy parler de la part du Roy de France.

Le sieur Guerin Spranger qui commandoit dans cette Isle, creut qu'il estoit obligé, tant pour son asseurance particuliere que pour celle de ses habitans, de capituler, & de ne point remettre la place que la capitulation n'eust esté faite en bonne forme.

Ce Guerin Spranger estoit un homme de merite & en credit parmy ceux de sa Nation. Il avoit esté chassé du Bresil par les Portugais, & se trouvoit fort en repos dans cette Isle, aimé de ses habitans, avec deux bonnes sucreries, & quantité d'Esclaves; & comme le remarque fort bien Monsieur de Tracy, le pauvre homme n'a connu sa perte qu'apres l'avoir faite. Il vid bien que c'estoit un faire le faut, & qu'il ne pouvoit resister à une si grande puissance; de sorte qu'il se resolut de r'envoyer dés le lendemain ces Messieurs, avec les principaux de ses Officiers, demander à capituler.

Messieurs de Tracy & de la Barre ayant jugé la proposition des Hollandois raisonnable, la capitulation leur fut accordée, & depuis le Samedy à midy qu'elle fut commencée, l'on ne fit que capituler jusqu'au Jeudy à pareile heure, Monsieur de Tracy répondant aux Propositions qui regardoient les interests du Roy, & renvoyant à Monsieur de la Barre tout ce qui regardoit la police du gouvernement que le Roy luy avoit confié, & à la Compagnie ce qui estoit de ses interests.

Articles & conditions, selon lesquels les sieurs Directeurs Guerin Spranger, & Conseillers Residans à l'Isle de Cayenne, delivrent à son Excellence Alexandre Prouville de Tracy, & à Monsieur de la Barre, l'Isle de Cayenne, avec les Terres circonvoisines. Le tout accordé & souscrit par les deux parties.   15. Mars 1664. Copie des derniers Articles de Cayenne.

Que Messieurs les Estats Generaux, & l'octroyée Compagnie des Indes Occidentales retiendront & demeureront en pleine vigueur, toutes leurs actions, pretentions & interests faits en l'Isle de Cayenne, & lieux circonvoisins.   Bon. Tracy.

Que tous les biens appartenans à la Compagnie, tant Canons, Amonitions de Guerre & marchandises que vivres, avec leurs appendances, seront menez & conduits francs & libres au lieu qu'il appartiendra.   Bon Tracy.

Que toutes les personnes militaires pourront partir le Tambour batant avec leur bagage & armes, moyennant que par son Excellence leur soit donné, comme aussi à tous les habitans de quelque Nation que ce soit, un Vaisseau ou plus, afin de transporter leurs biens & Esclaves vers les Isles, ou la patrie, lieu destiné, à condition que son Excellence leur pourvoyera des vivres & boisson necessaires jusqu'au lieu susdit, selon la Coûtume observée dans les Navires.   Bon Tracy. Mais pour les Vaisseaux & vivres, on s'addressera à M. de la Barre. Tracy.

Qu'il se pourra faire, & nous sera donné un libre & public exercice de Religion, & que les susdits Seigneurs nous y maintiendront.   Renvoyé à M. de la Barre. Tracy.

La Nation Judaïque demande aussi le libre exercice de la Religion, comme dans le Chapitre precedent.   Renvoyé à M de la Barre Tracy.

C'est à M. de la Barre à donner les seuretez de cet article.
Bon Tracy.

Monsieur de la Barre donnera la seureté de cet article. Tracy.

Bon Tracy. Mais les Vaisseaux qui y iront presentement, & y viendront à l'avenir, c'est à Monsieur de la Barre à donner leur seureté.

C'est à Monsieur de la Barre à decider cet article. Tracy.
Bon pour ce qui regarde le service du Roy, & la justice des Indiens, le surplus renvoyé à Monsieur de la Barre seul. Tracy.

Que nous sera octroyé le temps d'un mois, ou davantage, pour tenir les jours d'Audience ordinaires, afin de liquider toutes debtes, tant de la Compagnie, que des particuliers, à quoy Messieurs surnommez nous tiendront la main auxiliaire, & nous y maintiendront.

Que tous les habitans s'arrestans icy auront en pleine possession leurs biens, terres & Esclaves, & leur sera permis de les aliener & vendre, quand ils voudront partir ; leur sera loisible d'amener leurs biens, meubles & Esclaves, où il leur plaira, sans aucun empéchement, à quoy leur sera toûjours presté la main auxiliaire de Messieurs les Gouverneurs. Semblablement joüiront les habitans de leur franchise de dix ans, & puis ne seront en aucune sorte plus durement traittez que les sujets de sa Majesté.

Que les Navires estant maintenant icy, ou qui viendront par aprés de la part de Messieurs les Estats, & de l'octroyée Compagnie des Indes Occidentales, tous autres Traffiqueurs estant de leur sujetion sans aucun empéchement, pourront jetter ou retirer leurs Ancres selon leur plaisir, & se departir francs & libres sans aucun dommage.

Que les frais & dépens faits par le Patron & les particuliers de la Colonie Ebraique, seront restituez.

Tout ce que dessus est mentionné, acceptent les parties de part & d'autre, à sçavoir son Excellence de Tracy, pour ce qui concerne sa Majesté tres-Chrestienne ; & Monsieur de la Barre, pour ce qui touche à son gouvernement d'une part : & les sieurs Directeurs & Conseillers residents pour le present à l'Isle de Cayenne, d'autre part : promettent de le tenir immobile sans aucun empéchement, estant soussignez par lesdits Seigneurs, ce jourd'huy quinziéme May 1664.

§ V.

Monsieur de la Barre prend possession du Fort de Cepe-rou, & Monsieur de Tracy fait arborer la Croix dans l'Isle de Cayenne.

DE's que la Capitulation fut achevée, Monsieur de la Barre Lieutenant General pour le Roy dans la Terre ferme, & designé Gouverneur de Cayenne, pria Monsieur de Tracy de trouver bon qu'il receust le Fort de la main des Hollandois; & sur l'offre qu'il luy fit, de faire descendre les troupes Royales pour le mettre en possession avec plus de pompe & d'authorité, il l'en remercia, & le pria mesme de ne pas mettre pied à terre, pour les raisons qui sont contenuës dans l'acte de la convention qu'ils firent ensemble, dont voicy la teneur.

Sur la facilité qu'ont eu ceux qui estoient dans le Fort « de Ceperou en l'Isle de Cayenne, de la part de la Com- « pagnie de Oestinde, de remettre ladite Isle, & le Fort « dans l'obeyssance de sa Majesté : j'ay remercié Monsieur « de Tracy des offres qu'il m'a faites, de faire mettre pied « à terre aux troupes du Roy, pour prendre possession « dudit Fort, sur ce que nous avons estimé ensemble qu'il me « seroit plus avantageux, & à la Compagnie de l'Ameri- « que, de faire connoistre à une Nation, qui doit demeurer « dessous mes ordres, que j'estois independant de ceux que « j'aurois deu recevoir de Monsieur de Tracy, s'il eust esté « debarqué des Vaisseaux du Roy, pour faire entrer des « Compagnies dans ledit Fort, pour me le remettre en suite. «

Ce 27. Mars 1664. Le Febvre, de la Barre.

M. de Tracy dans quelqu'une de ses Lettres écrites à la Cour, ajoûte qu'il a encore eu un tres-puissant motif de ne pas descendre dans l'Isle de Cayenne, estimant qu'il estoit necessaire de faire connoistre aux Soldats, qu'il ne les vouloit pas abandonner pour chercher des rafraîchissemens sur la terre, quelque pretexte qu'il pust avoir, pendant qu'ils estoient tellement accablez des vilaines & violentes pluyes de cette rade, qu'ils faisoient compassion.

Cette convention ainsi faite entre ces deux Messieurs, Monsieur de la Barre fit approcher les Vaisseaux de la rade, & fit descendre toute sa Colonie à terre; puis ayant mis tous ses Soldats en bataille, le Fort luy fut remis entre les mains par le Commandant, & les Hollandois en sortirent Tambour batant, l'enseigne déployée, & bien du regret au cœur. Ceux qui n'y voulurent pas demeurer, furent quelque temps aprés envoyez aux Ant-Isles.

Monsieur de la Barre nous a luy-mesme décrit dans son livre, le pitoyable estat auquel il trouva la Colonie Hollandoise, & l'impression que fit la veuë des corps attenuez & fameliques & les visages blesmes de ces pauvres habitans, sur les esprits de ses volontaires & de ses soldats, dont la crainte & le degoust fut si grand, qu'il fut obligé de les renvoyer en France; & il asseure que c'est à la foiblesse, & à la legereté de ces Messieurs, que l'on est redevable du décry que l'on a fait de ce pays en l'année 1665. Mais je puis dire avec verité, qu'il y a plus de vingt-cinq ans que l'Isle de Cayenne n'a pas une meilleure reputation dans les Isles.

Monsieur de Tracy voyant Monsieur de la Barre bien étably dans l'Isle de Cayenne, y envoya le Reverend Pere Beaumont de nostre Ordre, pour y faire arborer la Croix en son nom, afin d'y laisser des marques de sa pieté; & ce bon Pere aprés avoir esté bien receu de Monsieur de la Barre dans son nouveau gouvernement, fit faire une grande Croix, & estant accompagné de deux Ecclesiastiques, il la fit planter au lieu du débarquement avec toutes les ceremonies ordinaires en semblables occasions. Tous les Soldats qui estoient sous les armes en firent des décharges, &

tant les Ecclesiastiques que les Seculiers témoignerent une joye indicible de voir le signe de nostre Redemption rétably dans un lieu, d'où il avoit esté arraché par les Juifs & les Heretiques, & ils l'adorerent avec beaucoup de devotion. Monsieur de la Barre pour quelque raison particuliere ne se trouva pas à cette ceremonie.

Le Pere Beaumont fit attacher sur cette Croix une grande plaque de plomb, sur laquelle estoient écrits ces mots : *Cette Croix a esté rétablie en ce lieu par l'ordre de Monsieur le General Alexandre Prouville de Tracy, le 19. May de l'année 1664. le vingt-deuxième du Regne de Louys XIV. Dieu donné, Roy de France & de Navarre.*

Monsieur de Tracy pressé tant par les ordres qu'il avoit de sa Majesté, de se rendre le plus promptement qu'il pourroit aux Ant-Isles, que par le desir qu'il avoit de s'écarter du detestable poste de cette Rade, où un plus long sejour auroit rendu sa perte, aussi bien que celle de ses gens, inévitable ; d'autant que les Officiers & les Soldats estoient malades, & qu'ils commençoient déja à mourir ; & d'ailleurs Monsieur de la Barre fort occupé aux affaires de son établissement, ne se pressant pas assez de faire décharger ses canons, & ce qui appartenoit à sa Colonie, il fut obligé de mander au Capitaine Forant qui estoit à terre pour ses affaires particulieres, qu'il eust à presser Monsieur de la Barre de faire décharger ce qui luy appartenoit dans le Brezé, d'autant qu'il estoit resolu de partir le Ieudy ensuivant pour aller où les affaires du Roy l'appelloient.

Monsieur de la Barre ne manqua pas de faire toutes ses diligences, en sorte que Monsieur de Tracy fut en estat de lever l'Ancre le 25. de May, comme il fit, pour aller aux Ant-Isles.

E ij

TRAITÉ II.

ESTABLISSEMENT DE LA COMPAGNIE des Indes Occidentales.

CHAPITRE PREMIER.

Le Roy fait le proiet de la Compagnie des Indes Occidentales, & les Proprietaires sans y penser, favorisent ce dessein.

MONSIEUR Colbert, dont la vigilance ne laisse rien échaper de tout ce qui peut contribuer à la gloire de nostre grand Monarque, & au bonheur du Royaume; ayant connu que la Compagnie de Terre ferme, ou de la France Equinoctiale, avoit déja fait un fond d'argent considerable, qu'elle avoit acheté plusieurs Vaisseaux, & qu'elle donnoit esperance d'un succez tres-avantageux; resolut de s'en servir pour en former une celebre Compagnie, qui s'appelleroit doresnavant la Compagnie des Indes Occidentales, & d'étendre ses concessions non seulement sur la terre ferme de l'Amerique, & sur toutes les Ant-Isles, mais encore sur toutes les terres de la coste d'Affrique qui ont esté, qui sont, ou qui seront sous la puissance de sa Majesté; & de rendre cette Compagnie si puissante par l'appuy de son authorité, par le secours de ses Finances & de ses Vaisseaux, qu'elle pût en peu de temps estre en eſtat de retirer tout le commerce de ces lieux, des mains des Etrangers, & le ramener dans nos Ports, pour en faire profiter les ſujets de ce Royaume.

Il ſembloit que toutes choſes favoriſoient ce deſſein. Car comme les Colonies des Ant. Iſles, qui eſtoient ſans contredit les plus fortes, les plus riches, & les plus aſſeurées de toutes nos Colonies Françoiſes, avoient changé de mains, & eſtoient poſſedées par des particuliers qui en faiſoient leur fond principal ; l'on avoit tout ſujet de craindre que ces Seigneurs & Gouverneurs tout enſemble, ne ſe ſerviſſent de l'averſion des peuples envers les Compagnies, pour les faire ſoûlever en leur faveur ; & que la nouvelle Compagnie ne fuſt obligée à répandre du ſang, ou à faire des avantages à ces Proprietaires, auſquels elle n'auroit jamais pû fournir pour les en retirer.

Mais pendant que l'on s'occupoit en France à prendre des meſures pour les faire déguerpir ſans effuſion de ſang, & ſans bruit, Monſieur Houël ſans y penſer leur en facilita les moyens, & en attaquant ſes Competiteurs, il ſe precipita avec eux dans la foſſe qui leur avoit creuſée.

Les differends que ce Gentilhomme avoit avec ſes Neveux, Conſeigneurs avec luy des Iſles de la Guadeloupe, Marigalande, les Saintes & la Deſirade, n'ayant pû eſtre terminez par tant de celebres Perſonnages qui s'en eſtoient mélez, les deux parties intereſſants chacun leurs ſujets dans leurs querelles particulieres, avoient reduit la pauvre Iſle de la Guadeloupe dans un tel eſtat, qu'elle paroiſſoit une vive image de la France deſolée par la ligue. Monſieur Houël ne pouvoit ſouffrir que ſes Neveux partageaſſent ſon Iſle & ſa fortune : d'ailleurs la jeuneſſe, le courage & les forces égales aux ſiennes de quatre ou cinq braves Neveux, le mettant au deſeſpoir de pouvoir jamais contenter le deſir qu'il avoit de regner ſeul dans la Guadeloupe ; il s'aviſa d'un moyen, qu'il crut eſtre un coup ſeur pour parvenir à ſon deſſein, qui fut d'envoyer Madame ſa femme en France, chargée de pluſieurs plaintes contre ſes Neveux, & de la fai-

rejetter aux pieds du Roy, pour implorer sa justice. Cette Dame arriva à Paris au mois d'Aoust en l'année 1663. & emmena avec elle le sieur le Gente, qui se plaignoit de M. de Herblay, & l'accusoit de plusieurs choses assez fâcheuses. Le Capitaine Belog l'accusoit aussi d'avoir fait perir son Navire de gayeté de cœur, & de l'avoir arresté, & détenu injustement dans ses prisons. Monsieur d'Espinay Gentilhomme walon se plaignoit d'avoir esté maltraité de Monsieur de Themericour, & d'en avoir receu des coups de bâton, &c.

Cette Dame chargée de toutes les informations que Monsieur son mary avoit fait dresser dans le païs, quelque temps aprés son arrivée se presenta au Roy, se jetta plusieurs fois à ses pieds, & toute baignée de ses larmes, luy demanda justice des Neveux de son mary, qui le cherchoient tous les jours pour l'assassiner; protestant qu'au moment qu'elle parloit à sa Majesté, elle doutoit si son mary estoit encore en vie; qu'elle s'estoit sauvée avec ses enfans, pour éviter d'estre ensevelie avec luy dans un mesme malheur, & elle conclud ses harangues en suppliant sa Majesté d'y vouloir donner ordre, & d'exercer sa justice.

Les plaintes de cette Dame affligée eurent tant de pouvoir sur l'esprit du Roy, que dés la fin de Novembre, l'ordre fut donné pour faire revenir Messieurs de Herblay, & Themericour, comme gens coupables, chargez de plusieurs crimes, & ausquels il sembloit qu'on alloit enlever la teste de dessus les épaules.

La mere de ces deux Gentilshommes, qui depuis peu avoit épousé en secondes nopces Monsieur de Champigny, pour lors Intendant en Normandie, estoit avec luy en cette Province, où ayant appris ce qui se passoit en Cour au prejudice de ses enfans, elle vint promptement à Paris pour deffendre ses fils, & elle representa avec tant de bonheur au Ministre leur innocence, & la conduite que Monsieur Houël avoit tenuë pour la depossenser, aussi-bien que ses enfans, que cette affaire, toute desesperée qu'elle estoit, changea de face, & l'ordre qui avoit esté expedié contre les Neveux, fut rendu commun pour l'oncle, & pour les autres Gouverneurs qui seroient trouvez coupables, & mis entre les mains de Monsieur de Tracy, pour les renvoyer rendre compte de leur conduite à sa Majesté.

§ 1

Le Roy oblige par un Arrest de son Conseil les Proprietaires des Ant-Isles, à rapporter les Contracts de leurs acquisitions pour estre remboursez.

Tous ces Seigneurs quoy-que parens bien proches, firent tout ce qu'ils purent pour se justifier, & pour perdre leurs Antagonistes; & en s'accusant l'un l'autre, ils découvrirent mille petits secrets à la Cour qui la mit en droit de les déposseder avec justice. Mais bien qu'il eust esté conclu en France de les dépoüiller de toutes ces Isles, & de leurs Seigneuries, pour en revestir la Compagnie des Indes Occidentales, il avoit esté sagement resolu d'en garder le secret, & que Monsieur de Tracy s'asseureroit de toutes ces Isles, par le renvoy des Gouverneurs, Seigneurs & Proprietaires qu'il trouveroit coupables, avant que les habitans eussent eu aucune nouvelle du changement qui s'y devoit faire. Mais comme c'est une chose assez difficile, & assez rare, de conserver un secret qui est commun à plusieurs personnes, quoy qu'interessées dans une mesme affaire; ce secret fut divulgué, & M. de Tracy ne fut pas plûtost en Mer, qu'il se plaignit à ses amis de ce que ce secret n'ayant pas esté bien gardé, cela l'avoit exposé à soûtenir des affaires fâcheuses, qui auroient pû retarder l'execution des ordres du Roy, & l'établissement de la Compagnie.

Peu de temps aprés le départ de Monsieur de Tracy, la

Compagnie fit signifier à Madame de Champigny, aussi-bien qu'aux autres Proprietaires des Ant Isles Françoises, à la reserve des Chevaliers de Malthe, un Arrest du Conseil, en datte du 17. Avril 1664. par lequel de pleine autorité Royale, elle & ses enfans sont dépoüillez de la proprieté des Isles de la Guadeloupe, de Marigalande, de la Desirade, & des Sainctes, & generalement de toutes les Seigneuries qu'elle, & ses enfans possedoient dans les Ant-Isles: & ainsi cette famille, qui sans contredit passoit pour la plus puissante de tout le pays, & que l'union devoit affermir, & s'il faut ainsi dire rendre inébranlable, se vit en un mesme jour presque aneantie, par la desunion du frere & de la sœur, de l'oncle & des neveux.

Extrait des Registres du Conseil d'Estat.

LE Roy ayant esté informé que le peu de progrés qu'ont fait les François dans les Isles de l'Amerique, vient de ce que les interessez en la Compagnie à laquelle le feu Roy les avoit concedées par ses Lettres du mois de Mars 1642. au lieu de s'appliquer à les peupler d'habitans pour les cultiver, & y établir un commerce considerable, ainsi qu'ont fait les Etrangers, se sont contentez aprés en avoir joüy quelques années, de les vendre à des particuliers, lesquels n'ayant pas assez de force pour y établir de puissantes Colonies, & d'équiper un nombre suffisant de Vaisseaux, pour y faire porter de France les choses dont les habitans d'icelles ont besoin, & rapporter en echange les marchandises qu'ils en tirent, ont donné lieu aux Etrangers de s'emparer du commerce dudit pays, à l'exclusion des Sujets de sa Majesté: ce qui ne seroit pas arrivé, si ladite Compagnie avoit gardé lesdites Isles, & travaillé à l'établissement dudit commerce, comme c'estoit l'intention de sa Majesté, qui ne les leur avoit concedées

concedées qu'à cette fin, estant certain qu'une Compagnie composée d'un nombre d'interessez puissant, travaillant au bien commun & à l'établissement general de toutes lesd. Isles, peut bien plus avantageusement faire ledit commerce que des particuliers, lesquels ne s'appliquent qu'à faire valoir celles qui leur appartiennent ; ce que sa Majesté ayant reconnu, & le prejudice notable que souffre l'Estat par la perte de ce commerce, sa Majesté pour se conformer aux intentions du feu Roy, lors qu'il a concedé lesdites Isles à ladite Compagnie, & procurer à ses Sujets l'avantage qu'ils en peuvent recevoir par le moyen du commerce, a resolu de retirer desdits particuliers, les Isles qui leur ont esté venduës par ladite Compagnie, en les dédommageant du prix de leur acquisition, pour les mettre entre les mains d'une Compagnie puissante, qui soit en estat d'armer & d'équipper nombre de Vaisseaux, pour envoyer habituer ledit pays, y porter toutes les marchandises dont les habitans ont besoin, & que les Etrangers tirent tous les ans du Royaume, & décharger ses Sujets habitans desdites Isles des grandes redevances qu'ils payent par capitulation aux Proprietaires desdites Isles. Pour à quoy parvenir, SA MAIESTÉ ESTANT EN SON CONSEIL, a ordonné & ordonne que les interessez en ladite Compagnie des Isles de l'Amerique rapporteront dans quinze jours pardevant les sieurs d'Aligre, de Seve, Colbert, Conseillers au Conseil Royal, Marin Intendant des Finances, & Colbert Maistre des Requestes, que sa Majesté a commis pour cet effet, leurs Lettres de Concession, & Contracts de vente qu'ils ont faits desdits pays à eux concedez ; & que les sieurs Hoël & Boisseret Proprietaires de l'Isle de la Guadeloupe & Mariegalande, les heritiers du sieur du Parquet proprietaires de l'Isle de la Martinique, & sainte Alouzie & de Cerillac proprietaire des Isles de Grenade, & Grenadine, & autres qui ont acquis des Isles de ladite Compagnie, rapporteront pareillement leurs Titres, & Contracts d'acquisition, avec l'estat des habitans qui sont en chacune desdites Isles, & des droits qu'ils levent

F

sur eux, pour estre sur ce pourveu ainsi qu'il appartiendra : à quoy la Dame de Champigny, comme tutrice des sieurs de Boisseret ses enfans, les Tuteurs desdits du Parquet, qui ont lesdits Titres & Contracts pardevers eux, & la Dame Hoël, & ledit sieur de Cerillac, qui sont presentement en cette ville de Paris, seront tenus de satisfaire dans ledit temps, du jour de la signification qui leur sera faite du present Arrest. Fait au Conseil d'Estat du Roy, sa Majesté y estant, tenu à Paris le dix-septiéme Avril mil six cens soixante-quatre. Signé, DE LIONNE. Et plus bas est écrit.

LE dix-neufiéme Avril mil six cens soixante-quatre, signifié & baillé pour copie aux fins y contenuës à la Dame de Champigny veuve du sieur Boisseret, tutrice de ses enfans, parlant au nommé en mon Original en son domicile à Paris, à ce qu'elle ait à satisfaire au contenu dudit Arrest dans le temps y porté, & n'en pretende cause d'ignorance. Fait par nous Huissier ordinaire du Roy en ses Conseils soussigné, Olivier, avec paraphe.

Madame de Champigny ayant appris cette nouvelle, retourna bien viste à Paris. Elle se presenta aux Ministres, qui luy dirent franchement que la volonté du Roy estoit que ses Seigneuries fussent doresnavant possedées par une Compagnie puissante, & capable de faire des progrez, que des Seigneurs particuliers n'ont point la puissance de faire : Mais que sa Majesté entend qu'on luy rende toute justice, & qu'elle soit remboursée, non seulement du prix porté par le Contract, mais encore des dommages, & de toutes les pertes qu'elle, & les autres proprietaires y ont souffert, aussi bien que des ameliorations qu'ils y ont faites depuis leur acquisition ; & qu'il faut qu'elle se resolve à la vente. Cela luy fit croire qu'il n'y avoit point d'autre party à prendre, que celuy de se soûmettre à la volonté du Roy : & sans delay, Monsieur de Champigny en donna sa parole à Monsieur Colbert, sans neantmoins convenir de prix.

§ 11.

La Compagnie formée presse la verification de l'Edit, qui nonobstant l'opposition de quelques-uns, est verifié.

LA Compagnie des Indes Occidentales estant formée aux conditions portées par l'Edit, les Articles furent presentez au Roy, qui les ayant agréez les envoya au Parlement, pour y estre verifiez, & un Samedy 6. de Juillet, Madame de Champigny ayant eu avis que le Lundy suivant cela se devoit faire, elle & les autres proprietaires des Isles, à la reserve de M. des Hameaux Tuteur des enfans de M. du Parquet, firent leurs oppositions en particulier, & le Ieudy suivant l'affaire fut appointée au Conseil, & aprés quelques petites procedures qui ne font rien à mon sujet, le Contract de vente fut passé le dixiéme de Iuillet 1664. reservant la conclusion du prix, à l'estimation que Monsieur de Tracy en feroit sur les lieux, comme nous dirons cy-aprés.

Cette Dame ayant donné main-levée de son opposition, le onziéme de Iuillet l'Edit fut verifié avec les modifications qui y sont contenuës, quoy-que les autres Proprietaires demeurassent fermes dans leurs oppositions.

Edit du Roy pour l'établissement de la Compagnie des Indes Occidentales.

LOVIS PAR LA GRACE DE DIEV ROY de France & de Navarre; A tous presens & à venir, SALVT. La Paix dont joüit presentement cet Estat, Nous ayant donné lieu de nous appliquer au rétablissement du

Commerce, Nous avons reconnu que celuy des Colonies & de la Navigation sont les seuls & veritables moyens de le mettre dans l'éclat où il est chez les Etrangers : pour à quoy parvenir, & exciter nos Sujets à former de puissantes Compagnies, Nous leur avons promis de si grands avantages, qu'il y a lieu d'esperer que tous ceux qui prendront quelque part à la gloire de l'Estat, & qui voudront acquerir du bien par les voyes honorables & legitimes, y entreront tres-volontiers. Ce que nous avons déja reconnu avec beaucoup de joye, par la Compagnie qui s'est formée depuis quelques mois pour la Terre ferme de l'Amerique, autrement appellée France Equinoctiale : Mais comme il ne suffit pas à ces Compagnies de se mettre en possession des Terres que nous leur concedons, & les faire défricher & cultiver par les Gens qu'ils y envoyent avec grands frais, si elles ne se mettent en estat d'y établir le Commerce, par le moyen duquel les François qui s'habitueront ausd. Pays communiquent avec les naturels Habitans, en leur donnant en échange des denrées qui croissent dans leur Pays, les choses dont ils ont besoin ; il est aussi absolument necessaire pour faire ce Commerce, d'équiper nombre de Vaisseaux pour porter journellement les Marchandises qui se debitent audit Pays, & rapporter en France celles qui s'en retirent : ce qui n'a point esté fait jusques à present par les Compagnies cy-devant formées. Ayant reconnu que le Pays de Canada a esté abandonné par les interessez en la Compagnie qui s'estoit formée en 1628. faute d'y envoyer annuellement quelque leger secours, & que dans les Isles de l'Amerique, où la fertilité des Terres y a attiré un grand nombre de François, ceux de la Compagnie à laquelle nous les avions concedées en l'année 1642. au lieu de s'appliquer à l'agrandissement de ces Colonies, & d'établir dans cette grande étenduë de Pays un Commerce qui leur devoit estre tres-avantageux, se sont contentez de vendre lesdites Isles à divers Particuliers, lesquels s'estant seulement appliquez à cultiver les Terres, n'ont subsisté depuis ce temps-là que par le secours des Etrangers, en forte que jusques à present ils ont seuls profité du courage des François, qui ont les premiers découvert & habité lesdites Isles, & du travail de plusieurs milliers de personnes qui ont cultivé lesdites Terres. C'est pour ces considerations que nous avons repris des Interessez en ladite Compagnie de Canada, la Concession qui leur avoit esté accordée dudit Pays, par le feu Roy nostre tres-honoré Seigneur & Pere de glorieuse memoire, laquelle ils nous ont volontairement cedée par Acte de leur Assemblée du 24. Février 1663. & que nous avons resolu de retirer toutes les Isles de l'Amerique qui ont esté venduës ausdits Particuliers par ladite Compagnie, en remboursant les Proprietaires d'icelles du prix de leurs acquisitions & des ameliorations qu'ils y auront faites. Mais comme nostre intention a esté en retirant lesdites Isles, de les remettre entre les mains d'une Compagnie qui pût les posseder toutes, achever de les peupler, & y faire le Commerce que les Etrangers y font presentement, Nous avons estimé en mesme temps, qu'il estoit de nostre gloire & de la grandeur & avantage de l'Estat, de former une puissante Compagnie pour faire tout le Commerce des Indes Occidentales, à laquelle nous voulons conceder toutes lesdites Isles, celle de Cayenne, & toute la Terre ferme de l'Amerique, depuis la Riviere des Amazones jusqu'à celle d'Orenoc, le Canada, l'Acadie, Isles de Terre-neufve, & autres Isles, & Terre ferme depuis le Nort dudit Pays de Canada, jusqu'à la Virginie & Floride, ensemble toute la Coste de l'Affrique, depuis le Cap-Vert, jusqu'au Cap de Bonne Esperance, soit que lesdits Pays nous appartiennent, pour estre, ou avoir esté cy-devant habitez par les François, soit que ladite Compagnie s'y établisse, en chassant ou soûmettant les Sauvages ou naturels du Pays, ou les autres Nations de l'Europe qui ne sont dans nostre alliance; afin que ladite Compagnie ayant étably de puissantes Colonies dans lesdits Pays, elle les puisse regir & gouverner par un mesme esprit, & y établir un Commerce considerable, tant avec les François qui y sont déja habituez, & ceux qui s'y habitueront cy-apres, qu'avec les Indiens, & autres naturels Habitans desdits Pays, dont elle pourra tirer de grands avantages. Pour cet effet Nous auons jugé à propos de nous servir de ladite Compagnie de la Terre ferme de l'Amerique, laquelle Compagnie estant déja composée de beaucoup d'interessez, & munie de nombre de Vaisseaux, peut aisément se mettre en estat de former celle des Indes Occidentales, & se fortifiant de tous ceux de nos Sujets qui voudront y entrer, soûtenir cette grande & loüable entreprise. A CES CAVSES, & autres bonnes considerations à ce nous mouvans, SÇAVOIR FAISONS, Qu'apres avoir fait mettre cette affaire en deliberation en nostre Conseil, où estoit la Reine nostre tres-honorée Dame & Mere, nostre trescher Frere le Duc d'Orleans, plusieurs Princes, & autres Grands de nostredit Conseil, De nostre certaine science, pleine puissance, & authorité Royale, Nous avons par le present Edit, ESTABLY ET ESTABLISSONS VNE COMPAGNIE DES INDES OCCIDENTALES, qui sera composée des Interessez en la Terre ferme de l'Amerique, & de tous nos Sujets qui voudront y entrer, pour faire tout le Commerce qui se peut faire en l'étendüe desdits Pays de la Tere ferme de l'Amerique, depuis la Riviere des Amazones jusqu'à celle d'Orenoc, & Isles appellées Ant-Isles, possedées par les François, & dans le Canada, l'Acadie, Isles de Terreneuve, & autres Isles, & Terre ferme depuis le Nort dudit Pays de Canada, jusqu'à la Virginie & Floride, ensemble la Coste de l'Affrique depuis le Cap-Vert jusqu'au Cap de Bonne Esperance, tant & si avant qu'elle pourra s'étendre dans les Terres, soit que lesdits Pays nous appartiennent, pour estre, ou avoir esté cy-devant habitez par les François, soit que ladite Compagnie s'y établisse, en chassant ou soûmettant les Sauvages, ou naturels Habitans desdits Pays, ou les autres Nations de l'Europe qui ne sont dans nostre alliance; Lesquels Pays nous avons concedez & concedons à ladite Compagnie, en toute Seigneurie, Proprieté & Iustice. Et apres avoir examiné les Articles & conditions qui nous ont esté presentez par les Interessez en ladite Compagnie, Nous les avons agréez & accordez, agréons & accordons ainsi qu'elles sont inserées cy-apres.

PREMIEREMENT.

Comme nous regardons dans l'établissement desdites Colonies, principalement la gloire de Dieu, en procurant le salut des Indiens & Sauvages, ausquels nous desirons faire connoistre la vraye Religion ; ladite Compagnie presentement établie sous le nom de COMPAGNIE DES INDES OCCIDENTALES, sera obligée de faire passer aux Pays cy-dessus concedez, le nombre d'Ecclesiastiques necessaire pour y prescher le S. Evangile, & instruire ces Peuples en la creance de la Religion Catholique, Apostolique & Romaine : comme aussi, de bastir des Eglises, & d'y établir les Curez & Prestres (dont elle aura la nomination) pour faire le Service Divin aux jours & heures ordinaires, & administrer les Sacremens aux Habitans, lesquelles Eglises, Curez & Prestres, ladite Compagnie sera tenuë d'entretenir décemment & avec honneur, en attendant qu'elle les puisse fonder raisonnablement ; sans toutefois que ladite Compagnie puisse changer aucun des Ecclesiastiques qui sont à present établis dans lesdits Pays, sur lesquels elle aura neantmoins le mesme pouvoir & authorité que les precedens Gouverneurs & Proprietaires desdites Isles.

II.

Ladite Compagnie sera composée de tous ceux de nos Sujets qui voudront y entrer, de quelque qualité & condition qu'ils soient, sans que pour ce ils dérogent à leur Noblesse & Privileges, dont nous les dispensons ; dans laquelle Compagnie pourront pareillement entrer les Etrangers & Sujets de quelque Prince & Estat que ce soit.

III.

Tous ceux qui voudront entrer en ladite Société, soit François ou Etrangers, y seront receus pendant quatre mois, à compter du premier jour du mois de Juin de la presente année, pour telle somme qu'il leur plaira, qui ne pourra neantmoins estre moindre de trois mil livres, après lequel temps passé aucune personne n'y sera admise.

IV.

Ceux qui mettront en ladite Compagnie depuis dix, jusques à vingt mil livres, soit François ou Estrangers, pourront assister aux Assemblées generales, & y avoir voix deliberative : & ceux qui y mettront vingt mil livres & au dessus, pourront estre eleus Directeurs Generaux chacun à leur tour, ou selon l'ordre qui sera arresté par ladite Compagnie, & acquerreront ceux qui seront interessez en ladite Compagnie pour vingt mil livres, le droit de Bourgeoisie dans les Villes du Royaume, où ils feront leur residence.

V.

Les Etrangers qui entreront dans ladite Compagnie pour ladite somme de vingt mil livres, seront reputez François & Regnicoles pendant le temps qu'ils demeureront & seront interessez pour lesdits vingt mil livres en ladite Compagnie, & apres le temps de vingt années expiré, ils joüiront dudit Privilege incommutablement, sans avoir besoin d'autres Lettres de Naturalité ; & leurs parens, quoy qu'Etrangers, leur pourront succeder en tous les biens qu'ils auront en ce Royaume, leur declarant que nous renonçons dés à present pour ce regard à tout droit d'aubeyne.

VI.

Les Officiers qui entreront en ladite Compagnie pour vingt mil livres, seront dispensez de la résidence, à laquelle sa Majesté les oblige par sa Déclaration du mois de Decembre dernier, & joüiront de leurs gages & droits comme s'ils estoient presens aux lieux de leur residence.

VII.

Les Interessez en ladite Compagnie, pourront vendre, ceder & transporter les actions qu'ils auront en icelle, à qui, & ainsi que bon leur semblera.

VIII.

Sera étably en la Ville de Paris vne Chambre de Direction generale, composée de neuf Directeurs Generaux qui seront éleus par la Compagnie, & dont il y en aura du moins trois Marchands, lesquels Directeurs exerceront ladite direction pendant trois années; Et où les affaires de ladite Compagnie requereroient des Chambres de Direction particulieres dans les Provinces, il en sera étably par ladite Compagnie avec le nombre de Directeurs qu'elle jugera à propos, lesquels seront pris du nombre des Marchands desdites Provinces, & non d'autres, lesquels Marchands pourront entrer dans lesdites Directions particulieres, bien qu'ils ne soient interessez que pour dix mil livres, & ne pourront lesdits Directeurs generaux & particuliers estre inquietez en leurs personnes, ny en leurs biens pour raison des affaires de ladite Compagnie.

IX.

Sera tenu tous les ans vne Assemblée generale au premier jour de Iuillet, pour deliberer sur les affaires generales de le Compagnie, où tous ceux qui auront voix deliberative pourront assister, en laquelle Assemblée seront nommez lesdits Directeurs Generaux & particuliers à la pluralité des voix : Et comme ladite Compagnie ne peut estre entierement formée avant le premier jour d'Octobre prochain, sera le quinziéme dudit mois fait vne Assemblée generale pour la nomination des neuf premiers Directeurs Generaux, dont trois sortiront aprés trois années expirées, & en leur place il en entrera trois nouveaux; La mesme chose se fera l'année suivante, & ainsi toutes les années il en sortira & entrera pareil nombre; en sorte que ladite Chambre de Direction generale sera toûjours composée de neuf Directeurs, sçavoir six anciens & trois nouveaux qui exerceront trois années, à la reserve des neuf premiers Directeurs, dont trois exerceront quatre années, & les trois autres cinq, afin que les affaires de ladite Compagnie soient conduites avec plus de connoissance. La mesme chose se pratiquera pour l'élection des Directeurs particuliers, & en cas de

G

mort d'aucun des Directeurs, il en sera éleu d'autres par la-dite Compagnie audit jour premier de Iuillet.

X.

Les Secretaire & Caissier general de la Compagnie en France, seront nommez par icelle à la pluralité de voix, & ne pourront estre destituez qu'en la mesme maniere.

XI.

Les effets de ladite Compagnie, ny les parts & portions qui appartiendront aux interessez en icelle, ne pourront estre saisis pour nos affaires, pour quelque cause, pretexte ou occasion que ce soit, ny mesme les parts qui appartiendront aux Estrangers, pour raison ou sous pretexte de guerre, represaille ou autrement, que nous pourrions avoir contre les Princes & Estats dont ils sont Sujets.

XII.

Ne pourront pareillement estre saisis les effets de ladite Compagnie par les creanciers d'aucuns des Interessez pour raison de leurs debtes particulieres, & ne seront tenus les Directeurs de ladite Société de faire voir l'Estat desdits effets, ny rendre aucun compte aux creanciers desdits Interessez; sauf ausdits Creanciers à faire saisir & arrester entre les mains du Caissier general de ladite Compagnie, ce qui pourra revenir ausdits Interessez par les comptes qui seront arrestez par la Compagnie, ausquels ils seront tenus de se rapporter; A la charge que lesdits saisissans feront vuider lesdites saisies dans les six mois du jour qu'elles auront été faites, apres lesquels elles seront nulles & comme non avenuës, & ladite Compagnie pleinement déchargée.

XIII.

Les Directeurs Generaux à Paris, nommeront les Officiers, Commandans & Commis necessaires pour le service de ladite Compagnie, soit dans le Royaume, ou dans les Pays concedez, & ordonneront des achapts des marchandises, équipement de Vaisseaux, payement des gages des Officiers & Commis, & generalement de toutes les choses qui seront pour le bien & utilité de ladite Compagnie; lesquels Directeurs pourront agir les vns en l'absence des autres : A la charge toutefois que les Ordonnances pour les dépenses seront signées au moins par quatre desdits Directeurs.

XIV.

Les Comptes des Chambres de Direction particulieres, ou des Commissionnaires qui seront établis dans les Provinces, seront rendus à la Chambre de Direction generale à Paris, de six mois en six mois, & ceux de ladite Chambre de Direction generale de Paris arrestez d'année en année, & les profits partagez ; à la reserve des deux premieres années, pendant lesquelles il ne sera fait aucun partage ; Lesquels comptes seront rendus à la maniere des Marchands, & les Livres de raison de ladite Compagnie tant de ladite Direction generale que des particulieres tenus en parties doubles, ausquels Livres sera ajoûté foy en Justice.

XV.

La Compagnie fera seule à l'exclusion de tous nos autres Sujets qui n'entreront en icelle, tout le commerce & Navigation dans lesdits Pays concedez pendant quarante années. Et à cet effet Nous faisons deffenses à tous nosdits Sujets qui ne seront de ladite Compagnie, d'y negocier, à peine de confiscation de leurs Vaisseaux & Marchandises, applicables au profit de ladite Compagnie, à la reserve de la Pesche qui sera libre à tous nosdits Sujets.

XVI.

Et pour donner moyen à ladite Compagnie de soûtenir les grandes dépenses qu'elle sera obligée de faire pour l'entretien des Colonies, & du grand nombre de Vaisseaux qu'elle envoyera ausdits Pays concedez, Nous promettons à ladite Compagnie de luy faire payer pour chacun voyage de sesdits Vaisseaux qui feront leurs équipemens & carguaisons dans les Ports de France, iront décharger & rechargeront dans lesdites Isles & Terre ferme, où les Colonies Françoises seront établies, & feront leurs retours dans les Ports du Royaume, trente livres pour chacun tonneau des Marchandises qu'ils porteront dans lesdits Pays ; & quarante livres pour chacun tonneau de celles qu'ils en rapporteront & qu'ils déchargeront, ainsi qu'il est dit, dans les Ports du Royaume ; Dont à quelque somme que chaque voyage se puisse monter, Nous luy avons fait & faisons don, sans que pour ce il soit besoin d'autres Lettres que la presente Concession. Voulons & ordonnons que lesdites sommes soient payées à ladite Compagnie par le Garde de nostre Tresor Royal, sur les Certifications de deux des Directeurs, & passées dans ses comptes sans aucune difficulté.

XVII.

Les Marchandises venans desdits Pays qui seront apportées en France par les Vaisseaux de ladite Compagnie, pour estre transportées par Mer ou par Terre dans les Pays étrangers, ne payeront aucuns droits d'entrée ny de sortie, en donnant par les Directeurs Particuliers qui seront sur les lieux, ou leurs Commissionnaires, des Certificats aux Bureaux de nos Fermes, comme lesdites Marchandises ne sont point pour consommer en France. Et seront lesdites Marchandises mises en depost dans les Douanes & Magazins jusques à ce qu'elles soient enlevées.

XVIII.

Les Marchandises qui auront esté declarées pour estre consommées dans le Royaume, & acquitté les droits d'entrée, & que la Compagnie voudra renvoyer aux Pays étrangers, ne payeront aucuns droits de sortie, non plus que les Sucres qui auront esté raffinez en France, dans les Raffineries que la Compagnie fera établir, lesquels nous déchargeons pareillement de tous droits de sortie, pourveu qu'ils soient chargez sur des Vaisseaux François pour estre transportez hors du Royaume.

XIX.

Ladite Compagnie sera pareillement exempte de tous droits d'entrée & sortie sur les munitions de guerre, vivres, & autres choses necessaires pour l'avitaillement & armement des Vaisseaux qu'elle équipera, mesme de tous les Bois, Cordages, Goudrans, Canons de fer & fonte, & autres choses qu'elle fera venir des Pays étrangers pour la construction des Navires qu'elle fera baſtir en France.

XX.

Appartiendront à ladite Compagnie en toute Seigneurie, Proprieté & Iuſtice, toutes les Terres qu'elle pourra conquerir & habiter pendant leſdites quarante années en l'étenduë deſdits Pays cy-devant exprimez & concedez; comme auſſi les Iſles de l'Amerique appellées Ant-Iſles habitées par les François, qui ont eſté venduës à pluſieurs Particuliers par la Compagnie deſdites Iſles formée en 1642. en rembourſant les Seigneurs Proprietaires d'icelles des ſommes qu'ils ont payées pour l'achapt, conformément à leurs Contracts d'acquiſition, & des ameliorations & augmentations qu'ils y ont faites, ſuivant la liquidation qu'en feront les Commiſſaires par Nous à ce deputez, & les laiſſant joüir des habitations qu'ils y ont établies depuis l'acquiſition deſdites Iſles.

XXI.

Tous leſquels Pays, Iſles & Terres, Places & Forts qui peuvent y avoir eſté conſtruits & établis par nos Sujets, Nous avons donnez, octroyez & concedez, Donnons, octroyons & concedons à ladite Compagnie, pour en joüir à perpetuité en toute Proprieté, Seigneurie & Iuſtice, ne nous reſervant autre droit ny devoir que la ſeule foy & hommage lige, que ladite Compagnie ſera tenuë de nous rendre, & à nos ſucceſſeurs Rois, à chaque mutation de Roy, avec une Couronne d'or du poids de trente marcs.

XXII.

Ne ſera tenuë ladite Compagnie d'aucun rembourſement ny dédommagement envers les Compagnies auſquelles Nous, ou nos predeceſſeurs Rois ont concedé leſdites Terres & Iſles, Nous chargeant d'y ſatisfaire ſi aucun leur eſt deu; Auquel effet, Nous avons revoqué & revoquons à leur égard, toutes les Conceſſions que nous leur en avons accordées, auſquelles en tant que beſoin, nous avons ſubrogé ladite Compagnie, pour joüir de tout le contenu en icelles ainſi & comme ſi elles eſtoient particulierement exprimées.

XXIII.

Iouïra ladite Compagnie en qualité de Seigneurs desdites Terres & Isles, des Droits Seigneuriaux qui y sont presentement établis sur les Habitans desdites Terres & Isles, ainsi qu'ils se levent à present par les Seigneurs Proprietaires, si ce n'est que la Compagnie trouve à propos de les commuer en autres Droits pour le soulagement desdits Habitans.

XXIV.

Ladite Compagnie pourra vendre ou infeoder les Terres, soit dans lesdites Isles, Terre ferme de l'Amerique, ou ailleurs dans lesdits Pays concedez, à tels cens, rentes, & droits Seigneuriaux qu'elle jugera bon, & à telles personnes qu'elle trouvera à propos.

XXV.

Iouïra ladite Compagnie de toutes les Mines & Minieres, Caps, Golfs, Ports, Havres, Fleuves, Rivieres, Isles, Isleaux, estant dans l'étenduë desdits pays concedez, sans estre tenuë de nous payer pour raison desdites Mines & Minieres, aucuns droits de Souveraineté, desquels nous luy avons fait don.

XXVI.

Pourra ladite Compagnie faire construire des Forts en tous les lieux qu'elle jugera necessaires pour la deffense dudit pays; Faire fondre Canons à nos Armes, au dessous desquelles elle pourra mettre celles que nous luy accordons cy-apres; Faire poudres, fondre Boulets, forger Armes, & lever des Gens de Guerre dans le Royaume pour envoyer ausdits Pays, en prenant nostre permission en la forme ordinaire & accoûtumée.

XXVII.

Ladite Compagnie pourra aussi établir tels Gouverneurs qu'elle jugera à propos, soit dans la Terre ferme, par Provinces ou Departemens separez, soit dans lesdites Isles; Lesquels Gouverneurs nous seront nommez & presentez par les Directeurs de ladite Compagnie, pour leur estre expedié nos Provisions : Et pourra ladite Compagnie les destituer toutesfois & quantes que bon luy semblera, & en établir d'autres en leurs places, aufquels nous ferons pareillement expedier nos Lettres, fans aucune difficulté; En attendant l'expedition defquelles, ils pourront commander le temps de fix mois, ou un an au plus, fur les Commiffions des Directeurs.

XXVIII.

Pourra ladite Compagnie armer & équiper en Guerre tel nombre de Vaiffeaux qu'elle jugera à propos, pour la deffenfe defdits pays & la feureté dudit Commerce, fur lefquels Vaiffeaux elle pourra mettre tel nombre de Canons de fonte que bon luy femblera, Arborer le Pavillon blanc avec les Armes de France, & établir tels Capitaines, Officiers, Soldats, & Matelots qu'elle trouvera bon, fans que lefdits Vaiffeaux puiffent eftre par nous employez, foit à l'occafion de quelque Guerre ou autrement, fans le confentement de ladite Compagnie.

XXIX.

S'il eft fait aucune prife par les Vaiffeaux de ladite Compagnie fur les ennemis de l'Eftat, dans les Mers des pays concedez, elles luy appartiendront, & feront jugées par les Officiers qui feront établis dans les lieux defdits pays, où elles pourront eftre menées plus commodément fuivant les Ordonnances de la Marine, Nous refervant fur icelles le droit de l'Amiral, lequel donnera fans difficulté les Commiffions & congez pour la fortie defdits Vaiffeaux des Ports de France.

XXX.

Pourra ladite Compagnie Traiter de Paix & Alliance en noftre nom, avec les Rois & Princes des Pays où elle voudra faire fes Habitations & commerce, & convenir avec eux des conditions defdits Traitez, qui feront par nous approuvez; & en cas d'infulte, leur declarer la guerre, les attaquer & fe deffendre par la voye des armes.

XXXI.

Et en cas que ladite Compagnie fuft troublée en la poffeffion defdites Terres & dans le Commerce par les Ennemis de noftre Eftat, Nous promettons de la deffendre &

assister de nos Armes & de nos Vaisseaux à nos frais & dépens.

XXXII.

Pourra ladite Compagnie prendre pour ses Armes un Ecusson en champ d'azur semé de fleurs de Lys d'or sans nombre, deux Sauvages pour support, & une Couronne trefflée ; lesquelles Armes Nous luy concedons pour s'en servir dans ses Sceaux & cachets, & que nous luy permettrons de mettre & apposer aux Edifices publics, Vaisseaux, Canons, & par tout ailleurs où elle jugera à propos.

XXXIII.

Pourra ladite Compagnie, comme Seigneurs Hauts Iusticiers de tous lesdits Pays, y établir des Iuges & Officiers par tout où besoin sera, & où elle trouvera à propos, & les deposer & destituer quand bon luy semblera, lesquels connoistront de toutes affaires de Iustice, Police, Commerce & Navigation, tant Civiles que Criminelles ; Et où il sera besoin d'établir des Conseils Souverains, les Officiers dont ils seront composez, nous seront nommez & presentez par les Directeurs generaux de ladite Compagnie, & sur lesdites nominations les Provisions leur seront expediées.

XXXIV.

Seront les Iuges établis en tous lesdits lieux, tenus de juger suivant les Loix & Ordonnances du Royaume, & les Officiers de suivre & se conformer à la Coûtume de la Prevosté & Vicomté de Paris, suivant laquelle les Habitans pourront contracter, sans que l'on y puisse introduire aucune autre Coûtume, pour éviter la diversité.

XXXV.

Et pour favoriser d'autant plus les Habitans desdits Pays concedez, & porter nos Sujets à s'y habituer, Nous voulons que ceux qui passeront dans lesdits Pays, joüissent des mesmes libertez & franchises que s'ils estoient demeurans en ce Royaume, Et que ceux qui naistront d'eux, & des Sauvages convertis à la Foy Catholique, Apostolique & Romaine, soient censez & reputez Regnicoles & naturels François

François, & comme tels capables de toutes successions, dons, legs, & autres dispositions, sans estre obligez d'obtenir aucunes Lettres de Naturalité; Et que les Artisans qui auront exercé leurs Arts & Mestiers ausdits Païs pendant dix années consecutives, en rapportant certificats des Officiers des lieux où ils auront demeuré, attestez des Gouverneurs, & certifiez par les Directeurs de ladite Compagnie, soient reputez Maistres de Chefs-d'œuvres en toutes les Villes de nostre Royaume où ils voudront s'establir, sans aucune exception.

XXXVI.

Permettons à ladite Compagnie, de dresser & arrester tels Statuts & Reglemens que bon luy semblera, pour la conduite & direction de ses affaires, tant en Europe que dans lesdits Païs concedez; Lesquels Statuts & reglemens Nous confirmerons par Lettres patentes, afin que les Interessez en lad. Compagnie soient obligez de les observer selon leur forme & teneur, sous les peines portées par iceux, que les contrevenans subiront comme Arrests de Cour Souveraine.

XXXVII.

Tous differends entre les Directeurs & Interessez en ladite Compagnie, ou d'Associez avec Associez pour raison des affaires d'icelle, seront jugez à l'amiable par trois autres Directeurs dont sera convenu, & où les parties n'en voudroient convenir, il en sera nommé d'Office sur le champ par les autres Directeurs, pour juger l'affaire dans le mois; Et où lesdits Arbitres ne rendroient leur Iugement dans ledit temps, il en sera nommé d'autres, afin d'arrester par ce moyen la suite des procez & divisions qui pourroient arriver en ladite Compagnie; Ausquels Iugemens les parties seront tenuës d'acquiescer, comme si c'estoit Arrest de Cour Souveraine, à peine contre les contrevenans de perte de leur capital, qui tournera au profit de l'acquiesçant.

XXXVIII.

Et à l'égard des procez & differends qui pourroient naistre entre les Directeurs de ladite Compagnie, & les particuliers non intereſſez pour raiſon des affaires d'icelle, ſeront jugez & terminez par les Iuges Conſuls, dont les Sentences & Iugemens s'executeront ſouverainement juſques à la ſomme de mille livres, & au deſſus de ladite ſomme par proviſion, ſauf l'appel pardevant les Iuges qui en devront connoiſtre.

XXXIX.

ET quant aux matieres criminelles dans leſquelles aucun de ladite Compagnie ſera partie, ſoit en demandant ou deffendant, elles ſeront jugées par les Iuges ordinaires, ſans que pour quelque cauſe que ce ſoit, le Criminel puiſſe attirer le Civil; lequel ſera jugé comme il eſt dit cy-deſſus.

LX.

NE ſera par Nous accordé aucunes Lettres d'Eſtat, ny de Reſpy, Evocation ou Surſeance, à ceux qui auront achepté des effets de la Compagnie, leſquels ſeront contraints au payement de ce qu'ils devront, par les voyes & ainſi qu'ils y ſeront obligez.

XLI.

APRES leſdites quarante années expirées, s'il n'eſt jugé à propos de continuer le privilege du Commerce, toutes les Terres & Iſles que la Compagnie aura conquiſes, habitées ou fait habiter, avec les Droits & devoirs Seigneuriaux, & redevances, qui ſeront deubs par leſdits Habitans, luy demeureront à perpetuité en toute Proprieté, Seigneurie & Iuſtice, pour en faire & diſpoſer ainſi que bon luy ſemblera comme de ſon propre heritage; Comme auſſi, des Forts, Armes & Munitions, Meubles, Vſtanciles, Vaiſſeaux & Marchandiſes qu'elle aura dans leſdits Païs, ſans y pouvoir eſtre troublée, ny que nous puiſſions retirer leſdites Terres & Iſles, pour quelque cauſe, occaſion, ou pretexte que ce ſoit, à quoy nous avons renoncé dés à preſent; A condition que ladite Compagnie ne pourra vendre leſdites Terres à aucuns Eſtrangers ſans noſtre permiſſion expreſſe.

XLII.

ET pour faire connoiſtre à ladite Compagnie comme nous deſirons la favoriſer par tous moyens, & contribuer de nos deniers à ſon eſtabliſſement, & à l'achapt des Vaiſſeaux

& Marchandises dont elle a besoin pour envoyer ausdits Païs, Nous promettons de fournir le dixiéme de tous les fonds qui seront faits par ladite Compagnie, & cependant quatre années, aprés lesquelles ladite Compagnie nous rendra lesdites sommes sans aucun interest ; Et en cas que pendant lesdites quatre années elle souffre quelque perte, en le justifiant par les Comptes, Nous consentons qu'elle soit prise sur les deniers que nous aurons avancez, si mieux nous ne voulons, laisser ledit dixiéme ainsi par nous avancé dans la Caisse de ladite Compagnie, encore pour autres quatre années, le tout sans aucun interest, pour estre enfin desdites huit années fait un Compte general de tous les effets de ladite Compagnie ; Et en cas qu'il se trouve de la perte du fonds capital, Nous consentons que ladite perte soit prise sur ledit dixiéme, & jusques à la concurrence d'iceluy.

XLIII.

EN attendant que ladite Compagnie soit entierement formée, ce qui ne peut estre qu'aprés le temps accordé à toutes personnes d'y entrer, Ceux qui y seront presentement interessez nommeront six d'entre eux pour agir dans les affaires de ladite Compagnie, & travailler incessamment à faire équiper les Vaisseaux, & aux achapts des marchandises qu'il convient envoyer dans lesdits Pais; Ausquels Directeurs, ceux qui voudront entrer en ladite Compagnie s'adresseront, & ce qui aura esté geré & negocié par eux sera approuvé.

TOUTES lesquelles conditions cy-dessus exprimées, Nous promettons executer de nostre part, & faire executer par tout où besoin sera, & en faire joüir plainement & paisiblement ladite Compagnie, sans que pendant le temps de la presente Concession, il puisse y estre apporté aucune diminution, alteration ny changement.

SI DONNONS EN MANDEMENT, A nos Amez & Feaux Conseillers, les Gens tenans nostre Cour de Parlement, & Chambre des Comptes à Paris, Que ces presentes ils faſſent lire, publier, & regiſtrer, & le contenu en icelles garder & obſerver ſelon ſa forme & teneur, ſans ſouffrir qu'il y ſoit contrevenu en aucune ſorte & maniere que ce ſoit : Car tel eſt noſtre plaiſir. Et afin que ce ſoit choſe ferme & ſtable à toûjours, Nous avons fait mettre noſtre Scel à ceſdites preſentes, ſauf en autres choſes noſtre droit & l'autruy en toutes. DONNE' à Paris au mois de May, l'an de grace mil ſix cens ſoixante-quatre, Et de noſtre Regne le vingt-deuxiéme. Signé, LOVIS. Et plus bas : Par le Roy, DE LYONNE. Et à coſté, Viſa, SEGVYER. Et ſcellé du grand Sceau de cire verte, en lacs de ſoye rouge & verte.

Extrait des Regiſtres de Parlement.

ENtre Charles Houel Conſeiller du Roy en ſes Conſeils, Seigneur en partie, & Gouverneur de la Guadeloupe, & autres Iſles de l'Amerique, Dame Magdelaine Houel Epouſe de Mre Iean Bochard Seigneur de Champigny, auſſi Conſeiller du Roy en tous ſes Conſeils, cy-devant veufve de Mre Iean de Boiſſeret, Charles de Boiſſeret Seigneur d'Herbelay, & en partie Gouverneur pour le Roy des Iſles de la Guadeloupe, Marie Galande, & la Deſirade, & Mre Iean de Fondoas Comte de Cerillac, Gouverneur & Proprietaire des Iſles de la Grenade & Grenadins ſcizes en l'Amerique ; Oppoſans à la verification, Edit ou Declaration du Roy, pour l'établiſſement d'une Compagnie des Indes Occidentales, d'une part ; Et le Procureur General du Roy, deffendeur d'autre. VEV par la Cour leſdites Lettres patentes en forme d'Edit, données à Paris au mois de May dernier, ſignées LOVIS, Et plus bas, Par le Roy, DE LIONNE, Et en queue, Veu au Conſeil, COLBERT; Et ſcellées ſur lacs de ſoye du grand ſceau de cire verte, Par lequel & pour les cauſes y contenuës, ledit Seigneur Roy auroit étably une Compagnie des Indes Occidentales, qui fera compofée des intereffez en la Terre ferme de l'Amerique, & de tous fes Sujets qui voudront y entrer pour faire tout le Commerce qui fe pourroit faire en l'étenduë defdits pays de la Terre ferme de l'Amerique, depuis la Riviere des Amazones jufques à celle d'Orenoc, & Ifles appellées Ant-Ifles poffedées par les François dans le Canada, l'Acadie, Ifle de Terre neufve, & autres Ifles & Terre ferme depuis le Nord dudit pays de Canada, jufqu'à la Virginie & Floride, enfemble la Cofte de l'Affrique depuis le Cap Verd jufqu'au Cap de Bonne-Efperance, tant & fi avant qu'elle pourra s'étendre dans les Terres, foit que lefdits pays appartiennent audit Seigneur Roy, pour eftre ou avoir efté cy-devant habités par les François, foit que ladite Compagnie s'y établiffe en chaffant ou foûmettant les Sauvages ou naturels Habitans defdits pays, ou les autres Nations de l'Europe qui ne feront dans l'Alliance dudit Seigneur Roy; Lefquels pays il auroit accordé à ladite Compagnie en toute Seigneurie, Proprieté & Iuftice. Et apres avoir examiné les Articles & conditions qui ont efté prefentez audit Seigneur par les intereffez en ladite Compagnie, Ledit Seigneur Roy les auroit agreez & accordez ainfi qu'ils eftoient inferez audit Edit, au nombre de quarante-trois articles, & ainfi que plus au long eft porté par ledit Edit à la Cour adreffant: Lefdits Actes d'oppofition dudit Charles Houel, Magdelaine Houel de Boifferet, & de Cerillac: Arreft du 8. du prefent mois, par lequel fur lefdites oppofitions, les parties auroient efté appointées à mettre, & joint aux Lettres, pour leur eftre fur le tout fait droit dans le jour fans forclufion: Requefte defdits Charles Houel, & de Cerillac: Productions d'iceux Houel, de Cerillac, & du Procureur General, fignifié à la requefte de ladite Magdelaine Houel, tant en fon nom que comme Tutrice de fes enfans & dudit Houel fieur d'Herbelay, contenant fa declaration qu'elle fe defifte de l'oppofition par elle formée à l'enregiftrement defdites Lettres, & confent que fans y avoir égard il foit paffé outre à l'enregiftrement defdites Lettres; Conclufions du Procureur General du Roy, la matiere mife en deliberation. LADITE COVR, sans s'arrester ausdites oppositions, A Ordonné & ordonne, que lesdites Lettres seront Registrées au Greffe pour estre executées selon leur forme & teneur; Et pour l'execution du premier Article d'icelles, dans les Colonies établies ou à établir, Fait deffenses d'y faire passer aucunes personnes qui enseignent ouvertement ou secretement aucune Doctrine contraire à la Religion Catholique, Apostolique & Romaine; Le tout à la charge que les Seigneurs Proprietaires desdites Isles ne pourront estre depossedez de tous les droits utiles desdites Seigneuries, & de tous les revenus qu'ils ont esdites Isles, desquels ils continuëront la joüissance, & pourront disposer ainsi qu'ils ont fait par le passé, jusques à ce qu'ils ayent esté actuellement remboursez par ladite Compagnie des principaux de leurs acquisitions, prix de la construction de leurs Forts, Canons, Armes, & Munitions de Guerre, Et generalement de toutes les impenses & ameliorations utiles & necessaires, frais & loyaux cousts, suivant les estimations & liquidations qui en seront faites, tant sur les lieux entre lesdits Seigneurs Proprietaires des Isles, & celuy qui est ou sera envoyé de la part du Roy, dont seront dressez les Estats & Procez verbaux à ce necessaires, pour iceux rapportez & veus par la Cour y estre pourveu ainsi que de raison; Et neantmoins seront tenus lesdits Seigneurs Proprietaires delivrer presentement les Forts desdites Isles, avec tous les Canons, Armes, & autres Munitions de Guerre, suivant l'inventaire qui en sera fait; Dans lesquels Forts ils auront leur demeure jusqu'audit remboursement, pour percevoir lesdits droits & revenus seulement. Et outre à la charge que les infeodations faites seront entretenuës; Que les contestations pour raison des prises faites par les Vaisseaux ne pourront estre jugées qu'à la charge de l'appel en la Cour; Que les Conseils Souverains ne pourront estre establis qu'en vertu de Lettres patentes verifiées en la Cour; Et que l'Article xxxv. touchant les Maistrises, sera executé, à l'exception des Apotiquaires, Chirurgiens, Barbiers, M.ʳˢ de Monnoyes, Orfevres, & Tireurs d'or; Que l'Article xxxvii. ne pourra s'étendre aux Affociez d'Affociez, mais feulement aux Directeurs & Intereffez en ladite Compagnie, & que les appellations des Iuges Confuls pour les fommes excedans mil livres, ne pourront eftre relevées qu'en la Cour. Fait en Parlement le onziéme Iuillet mil fix cens foixante-quatre. Signé, ROBERT.

VEV par la Chambre les Lettres patentes du Roy en forme d'Edit, du mois de May mil fix cens foixante-quatre, fignées LOVIS, & plus bas, Par le Roy, DE LYONNE, & fcellées du grand Sceau de cire verte; Par lefquelles & pour les confiderations y contenuës, fa Majefté établit une Compagnie des Indes Occidentales, qui fera compofée des Intereffez en la Terre ferme de l'Amerique, & de tous les autres Sujets de fadite Majefté qui voudront y entrer, pour faire tout le Commerce qui fe peut faire en l'étenduë defdits Pays de la Terre ferme de l'Amerique, depuis la Riviere des Amazones jufques à celle d'Orenoc, & Ifles appellées Ant-Ifles, poffedées par les François, & dans le Canada, l'Acadie, l'Ifle de Terre neufve, & autres Ifles & Terre ferme depuis le Nord dudit Pays de Canada jufqu'à la Virginie & Floride, enfemble la Cofte de l'Affrique depuis le Cap-vert jufques au Cap de Bonne-Efperance, tant & fi avant qu'elle pourra s'étendre dans les Terres, foit que lefdits Pays appartiennent au Roy, pour eftre ou avoir efté cy-devant habitez par les François, foit que ladite Compagnie s'y établiffe en chaffant ou foûmettant les Sauvages ou naturels Habitans defdits Pays, ou les autres Nations de l'Europe qui ne font dans l'Alliance de fa Majefté; Lefquels Pays fad. Majefté concede à ladite Compagnie en toute Seigneurie, Proprieté & Iuftice, avec plufieurs Droits & Privileges mentionnez és articles inferez efdites Lettres d'Edit; Conclufions du Procureur General du Roy, Et tout confideré. LA CHAMBRE, A Ordonné & ordonne, lefdites Lettres eftre regiftrées pour eftre executées felon leur forme &

teneur: Et pour l'execution des v. & vi. articles, que les quatre mois expirez accordez par sa Majesté pour former ladite Compagnie, les Directeurs Generaux d'icelle, seront tenus de rapporter au Greffe de la Chambre un Estat signé & certifié d'eux, contenant les noms & lieux de la naissance des Estrangers qui auront mis en ladite Compagnie la somme de vingt mil livres & au dessus, pour joüir du privilege de Naturalité ; Comme aussi un autre Estat des Officiers qui auront mis en ladite Compagnie pareille somme, pour estre dispensez de la residence sur les lieux ; Et sur les viii. & ix. Articles, Que les Directeurs qui seront nommez & éleus à la premiere nomination qui sera faite, & à l'avenir d'année en année, seront tenus huictaine apres d'apporter au Greffe de ladite Chambre l'Acte de leur nomination, & de s'inscrire sur le Regiltre dudit Greffe, pour y avoir recours quand besoin sera. Sur le xxvi Article, Ordonne que pour l'allocation des sommes qui seront employées en dépense dans les Comptes du Garde du Thresor Royal, pour le don des trente & quarante livres accordées par sa Majesté à ladite Compagnie, pour chacun tonneau des marchandises qui seront chargées en France pour porter esdits Pays, & de celles qui seront chargées esdits Pays pour retourner en France, il sera rapporté, outre les Certifications de deux Directeurs de ladite Compagnie, les Certificats en bonne & deuë forme des Officiers de l'Admirauté de lieux où se feront les Cargaisons desdits Vaisseaux, contenant le nombre des marchandises dont ils sont chargez. Et sur le xxi. Article, Que les Actes de foy & hommage qui se feront à chaque mutation de Roy, seront apportez à ladite Chambre par les Directeurs generaux de ladite Compagnie, avec une Declaration desdites Isles & Terres fermes, contenant la consistence & étenduë d'icelles, pour y estre registrées. A l'égard du xxii. Article, Que pour la validité des remboursemens qui pourront estre faits par sa Majesté aux Compagnies ausquelles elle avoit cy-devant concedé lesdites Terres & Isles, Il sera pareillement rapporté sur les emplois qui en seront faits sur les Comptes du

Garde

Des Ant-Isles de l'Amerique.

Garde du Thresor Royal, Lettres deuëment verifiées par ladite Chambre. Sur les xxx. & xxvi. Articles, Que les Traitez de paix qui pourront estre faits au nom de Sa Majesté, ensemble les Statuts & Reglemens de ladite Compagnie, Lettres Patentes de ratification sur iceux, seront registrez en ladite Chambre. Et sur le xlii. Article, Si pendant les quatre ou huit années y mentionnées, ladite Compagnie souffre quelque perte, & qu'au moyen d'icelle il soit pris quelque somme de deniers sur le fonds de Sa Majesté, il sera justifié de ladite perte pardevant les Commissaires qui seront deputez par sadite Majesté pour en prendre connoissance, qui en dresseront procez verbal, sur lequel Lettres Patentes seront expediées, pour estre registrées en ladite Chambre, & rapportées sur le Compte dudit Garde du Thresor Royal, auquel sera fait employ de ladite somme. Fait les Bureaux assemblez, le dernier jour de Iuillet mil six cens soixante quatre.

Extrait des Registres de la Chambre des Comptes.
Signé, RICHER,

Collationné aux Originaux par moy Conseiller Secretaire du Roy & de ses Finances,

Le Roy témoignant un zele tres-ardent pour cette Compagnie, & une bien-veillance particuliere pour ceux qui y prenoient interest, par un passe-droit particulier, leur accorda qu'ils y pourroient prendre interest, & y estre associez, sans déroger à leur noblesse & à leurs privileges; il leur promit aussi des graces & immunitez aux conditions portées par l'Edit. Cela fit que plusieurs personnes s'y interesserent pour des sommes considerables, en sorte que cette Compagnie fit un fond d'argent assez fort pour acquerir un grand nombre de Navires, si bien que je puis dire qu'il ne s'est point encore veu en France de Compagnie pour ces sortes d'entreprises, plus cherie de son Roy, plus puissante, & dont l'on peust plus esperer, si les affaires eussent esté bien conduites dans le commencement.

I

Les premiers Directeurs de cette illustre Compagnie furent Messieurs Bechamel, Bertelot, Houel, Iacquier, Thomas, Bibaut, Landis, Daliberr, Poclain & la Sabliere, tous gens capables de donner à cette entreprise, le succés que l'on en devoit attendre. Laissons un peu Messieurs nos Directeurs occupez à choisir des Gouverneurs pour la Martinique & pour les autres Isles, à les presenter au Roy, à créer un Intendant ou Agent general de leurs affaires dans les Isles, à établir des Directeurs, & des Commis sur les Ports de Mer dans les Vaisseaux, & dans les Isles, & lever des troupes & des engagez, à donner des ordres pour l'achapt & équippemens des Vaisseaux, & enfin à faire des emplettes de tout ce qu'il faut pour fournir toutes les Isles de tout ce qui leur est necessaire, puis qu'ils ont entrepris de faire tout le commerce à l'exclusion des Estrangers. Voila bien de la besogne : mais comme ils sont tous tres-habiles, & que quelques-uns ont esté fort long temps dans les Isles, pour en avoir de tres-parfaites connoissances, il ne faut pas douter qu'ils n'y reüssissent. Cependant retournons à la Martinique, pour y voir quelle reception l'on fera à Monsieur de Tracy, & ce qui se passera dans cette Isle.

CHAPITRE II.

Affaires des Ant-Isles.

§ 1

Monsieur de Tracy est bien receu dans la Martinique, où il administre la Iustice avec une merveilleuse dexterité.

Monsieur de Tracy arriva heureusement à la Martinique, huit jours apres son depart de l'Isle de Cayenne : sa reception dans cette Isle fut plus paisible qu'il ne l'esperoit, & qu'apparemment elle ne le devoit estre ; car bien que les Habitans n'eussent receu par la voye de Hollande, que des avis incertains & confus du dessein de cette grande Compagnie ; l'atteinte que la maison de Monsieur du Parquet recevoit par la grandeur de ce nouveau General, estoit un sujet suffisant pour jetter le trouble dans des esprits plus paisibles que ceux de cette Isle. Mais tout se trouva si favorablement disposé à sa reception, que l'on n'entendit que des acclamations de joye & d'allegresses pour son arrivée.

Quelques Officiers & Habitans de la Casepilote furent le trouver dans son Navire, avant qu'il fût à la Rade, pour se plaindre de quelques mauvais traitemens qu'ils avoient receu de leur Gouverneur, lesquels receurent tant de satisfaction de son entretien, qu'ils s'en retournerent à terre publiant qu'ils avoient trouvé un homme incomparable, & que les Isles alloient fleurir sous sa conduite.

Incontinent apres qu'il eut moüillé l'Ancre entre le Carbet, & le Fort S. Pierre, il envoya le Chevalier de Rivau-

I ij

de au sieur de Clermont Gouverneur de cette Isle, pour luy presenter les ordres du Roy, & ceux qu'il devoit garder à sa descente. Il receut les uns & les autres avec tout le respect, & la soûmission qui leur estoient deus; & fit si bon accueil à ce Chevalier qu'il s'en retourna fort satisfait, & asseura Monsieur de Tracy que le Gouverneur, les Officiers & les Habitans l'attendoient avec autant d'impatience que de joye, pour luy rendre leurs soûmissions & leurs respects. Sur ce rapport il descendit le lendemain de la Pentecoste, n'ayant pas voulu mettre pied à terre dans ce saint jour, pour ne pas troubler la devotion des Peuples. Il fit partir devant luy ses Gardes, portant les Casaques de Mousquetaires de sa Majesté, & quelques Officiers dans une autre Chaloupe, afin qu'ils essuyassent le bruit de la Canonnade; & en mesme temps que cette Chaloupe parut, dans laquelle l'on croyoit qu'il fût, le Fort & les Vaisseaux qui estoient en rade commencerent à le saluer, faisant retentir un si furieux tonnerre de Canon, qu'il ne s'estoit jamais rien entendu de semblable à la rade de la Martinique.

Apres que cette Canonnade fut passée, il suivit dans la petite Chaloupe, accompagné du Capitaine de ses Gardes, & de quelques Gentils-hommes. Le Gouverneur qui l'attendoit sur le rivage avec les Principaux de l'Isle, l'y receut, & apres luy avoir fait ses soûmissions, il le mena dans la place d'Armes, où les Habitans qui l'attendoient en bataille, le saluërent par une salve de Mousqueterie tres-reguliere. Il alla de là à l'Eglise, où le *Te Deum* fut chanté en action de graces, & l'on fit encore retentir l'Artillerie, pour témoigner la joye que l'on avoit de sa venuë.

Le Gouverneur luy fit offre de la maison de Monsieur du Parquet; mais il l'en remercia, & prit son logement dans un grand magasin du Bourg, pour estre plus proche de ses gens, afin d'avoir la veuë sur eux, & pour avoir plus de liberté d'écouter tout le monde, & de rendre la justice sans acceptation de personne.

Il employa tout le reste de cette semaine à se faire reconnoistre, & à faire enregistrer sa Commission & ses ordres, à recevoir les serments de fidelité des Ecclesiastiques, du Gouverneur, du Conseil souverain, & des Peuples de cette Isle, en la maniere que je le diray en traittant de la prise de possession de cette Isle par la Compagnie; afin de n'estre pas obligé de repeter une mesme chose : il suffit de dire icy que toutes choses furent achevées le septiéme de Iuin. 1664.

Il trouva cette Isle comme toutes les autres, chargée de debtes excessives aux Holandois, & de celles des Habitans entre-eux; ce qui avoit donné lieu à une infinité de procez, de differents, & d'inimitiez immortelles. L'on avoit eu tres-peu de soin d'y faire rendre la justice avec l'exactitude necessaire, & l'on y avoit laissé glisser beaucoup d'abus & de vices. Les Iuifs & les Heretiques passoient jusques à ce point d'insolence, que d'y pretendre l'exercice de leur fausse Religion : en un mot c'estoit une confusion de desordre, qui demandoit un remede tel que celuy que Dieu luy accordoit. La connoissance de tant de maux, le fit resoudre à se donner tout entier à rendre luy-mesme la justice à tout le monde ; & il s'y prit d'une si belle maniere, qu'il termina plus de differents, & vuida plus de procez dans le peu de temps qu'il fut dans cette Isle, que tous les Iuges du pays n'en avoient vuidé en dix ans.

Bien qu'il eust le pouvoir d'établir un nouveau Conseil souverain, il aima mieux pour faire les choses avec plus d'agréement, se servir des Iuges & Conseillers ordinaires de cette Isle, & il a fait la mesme chose à la Guadeloupe.

Il avoit fixé trois Audiences, dans l'une desquelles le Noble, le Roturier, le Riche & le Pauvre, l'Habitant & l'Etranger, estoient également receus pour presenter leurs Requestes, & aprés qu'il les avoit examinées, leurs parties étoient assignées, & contraintes de paroistre au second jour pour contredire & se deffendre, & le troisiéme jour il les jugeoit avec tant d'adresse & de prudence, & ménageoit si judicieusement les interests des uns & des autres, que ceux mesme qu'il condamnoit s'en retournoient contens, & luy donnoient des benedictions.

Quoy-qu'il se presentast à tous ces jours d'Audience,

une tres-grande foule de peuple ; il avoit si bien preveu à empecher la confusion, que tout s'y passoit aussi paisiblement que dans une Eglise ; car la salle de l'Audience estoit percée des deux costez ; les deux parties d'une affaire y entroient seuls par une porte, & en sortoient par l'autre quand leur affaire estoit jugée.

Deux choses l'ont fait également craindre, & aimer des Habitans & des Etrangers ; car il estoit inflexible dans toutes les choses où il alloit de l'interest & de l'authorité du Roy, & il faisoit du bien à tout le monde sans aucun interest, refusant également les plus riches, & les plus petits presens. Je ne dis rien icy de ceux que luy offrirent Monsieur Houel & la Compagnie, qu'il refusa comme si on luy eust fait de grosses injures, & l'on ne l'a jamais pû obliger à recevoir un Ananas, un plat de raisin, ny la moindre chose sans la payer plus cher qu'elle n'auroit cousté au marché : & je sçay que cette exactitude l'a privé de plusieurs petits rafraîchissemens que l'on luy vouloit bien presenter, mais que l'on ne luy vouloit pas vendre.

Il laissa Monsieur de Clermont dans sa charge de Gouverneur, tant à cause qu'il estoit Tuteur des enfans de feu M. du Parquet, que pour quelques autres raisons particulieres qui me sont inconnuës : mais sa conduite ne luy ayant pas paru moins interessée que celle de son Predecesseur, tant à l'égard de ses pupils, de ses Habitans, que des Etrangers, il dit dans une Lettre écrite à M. C. qu'il le brida si bien par le 22. & le 23. Article de ses Ordonnances, que les uns & les autres n'avoient aucun sujet de craindre qu'il leur portast aucun prejudice.

Dans le peu de sejour qu'il fit à la Martinique, il en prit une si parfaite connoissance, qu'il ne faut que lire les Ordonnances qu'il y fit publier le 19. de Iuin avant son départ, & les autres Reglemens ausquels je donneray place en ce livre selon leur rang, pour faire avoüer que leur observance estoit capable de donner un repos inpertuble aux Habitans de toutes ces Isles.

Ordonnances que Monsieur de Tracy fit publier à la Martinique le 19. Iuin 1664.

DE PAR LE ROY.

I.

DEFFENSES sont faites à toutes personnes de renier, jurer & blasphemer le Saint Nom de Dieu, à peine de soixante livres de Petun d'amende pour la premiere fois, un tiers applicable à l'Eglise, un tiers aux pauvres, & l'autre tiers au Denonciateur; pour la seconde fois de 90. applicables comme dessus, & pour la troisiéme, à peine d'avoir la langue percée, conformément aux reglemens de sa Majesté.

II.

Pareilles deffenses sont faites sur les mesmes peines cy-dessus, contre les Seculiers qui s'amusent à parler en public contre les Articles de nostre Sainte Foy, & les ceremonies qui se pratiquent dans l'Eglise Catholique, Apostolique & Romaine.

III.

Deffenses sont faites à tous les Maistres de Cazes, de quelque Religion qu'ils professent, d'empécher les Engagez & les Negres d'aller à la Messe les Dimanches & les Festes; au contraire leur est ordonné de les envoyer au Service divin, & au Catechisme, sur peine des amendes de 120. livres de Petun.

IV.

Ceux de la Nation Iudaïque vendront, & recevront le jour du Sabat, jusqu'à ce qu'il en soit autrement ordonné par sa Majesté, sur peine de 300. livres de Petun d'amende, applicable comme dessus.

V.

Deffenses sont faites à ceux de la Religion prétendue reformée, d'anticiper aucune chose au delà de ce qu'il leur a esté permis jusques à present, de s'assembler dans les maisons particulieres, pour y faire leurs prieres, conformément à ce qui a esté pratiqué dans l'Isle, & leur est enjoint de s'éloigner des endroits où ils verront passer le saint Sacrement ou quelques Processions, à moins que s'y tenir dans le mesme respect des Catholiques, Apostoliques & Romains.

VI.

Il est ordonné à tous Maistres de Caze de quelque Religion qu'ils soient, de pourvoir aux Baptesmes des Negres, qui descendront des Vaisseaux, à leurs mariages en suite, & au Baptesme des enfans qui en proviendront, à peine de l'amende de 150. livres de Petun pour la premiere fois qu'ils seront accusez d'avoir contrevenu au present ordre, la seconde à 300. livres, applicable comme cy-dessus ; & pour la troisiéme lesdits Negres seront vendus au profit du Maistre de la Case, pour estre mis en des mains plus Chrestiennes.

VII.

Sera permis à tous Habitans de cette Isle de la quitter un mois aprés avoir fait sa declaration, & d'emmener avec eux leurs Negres & meubles, pourveu que ce soit pour se retirer dans la Terre ferme, & autre Isle de l'Amerique, qui sont sous l'obeyssance du Roy, & aprés qu'ils auront justifié d'avoir payé effectivement de bonne foy, les debtes qu'ils auront contractées ; aprés quoy leur sera donné congé par M. le Gouverneur.

VIII.

Deffenses sont faites à tous Commandeurs d'Engagez, de Negres, de débaucher les Negresses, à peine de vingt coups de Liene par le Maistre des hautes œuvres, pour la premiere fois, de 40. pour la seconde, & de 50. coups, & la fleur de Lys marquée à la joüe pour la troisiéme fois, sans que ce present Article déroge à ce qui est pratiqué dans l'Isle, à l'égard des Interests civils, pour une pareille occasion

casion, la mesme chose sera exercée contre les autres valets des cazes qui auront habité avec des negresses.

IX.
Les terres qui ont esté laissées aux Caréybes, leur seront conservées, sans qu'ils puissent estre molestez par aucun François, à peine de trente livres de petun d'amende pour la premiere fois, de 60. pour la seconde, & de 100. pour la troisiéme.

X.
Et d'autant qu'il est à propos de remedier aux abus, & à la facilité qu'ont les mechans menagers de cette Isle à s'engager vers les marchands, dans la pensée qu'ils ont de ne payer leurs debtes qu'à leur volonté ; il sera permis aux creanciers, de faire executer les sentences qu'ils auront obtenuës, & obtiendront à l'advenir pour leurs payemens sur les meubles & negres des debiteurs.

XI.
Ceux qui seront assignez & condamnez à la justice des Seigneurs, ne pourront appeller de la Sentence qui sera renduë contre eux au dessous de cent livres de petun.

XII.
L'ordre qui a esté observé dans cette Isle pour confiscation des petuns de ceux qui ne les portent point au pois du Roy, est confirmé.

XIII.
Deffenses sont faites à tous les hommes qui sont libres, & qui s'engageront de nouveau, de quitter le service de leur Maistre, qu'apres le temps expiré, sur peine de perdre les gages, dés qu'ils seront convenus du temps qu'ils seroient dans le service.

XIV.
Pareilles deffenses sont faites aux Maistres des Cazes, de battre & exceder les engagez; & en cas qu'il y ait preuve suffisante qu'il y soit par eux contrevenu, ledit engagé sera reputé libre, & payé par le Maistre de ce qu'ils sont convenus jusques au jour qu'il sortira de son service. Le Maistre de Ca-

ze aura soin de faire penser ses engagez, Negres & Negresses lors qu'ils seront malades.

XV.

Ceux qui sont débiteurs aux Eglises, apres le premier refus qu'ils auront fait de payer, ils y seront contraints par la vente de leurs meubles & leurs esclaves.

XVI.

Le Greffier à l'avenir ne pourra point se servir de registre dont les feüilles ne soient auparavant paraphées par M. le Gouverneur, à peine d'estre privez de leurs Charges.

XVII.

Les vins & eaux de vie, & autres liqueurs, tant de France qu'Etrangeres, seront venduës doresnavant, à la mesure de Paris; abolissant & deffendant toutes mesures, dont on se peut estre servy cy-devant dans l'Isle.

XVIII.

Comme aussi deffenses sont faites d'user pour le mesurage des toiles, taffetas & autres étoffes, rubans & autres marchandises aulnables, d'autre aulne que de celle de Paris, & d'user d'autres poids que de ceux dont on se sert audit Paris, qui est de seize onces par livre.

XIX.

Il est pareillement ordonné, que toute sorte de monnoye qui a cours en France, aura mise en cette Isle à mesme prix, sçavoir les Louis d'or & Pistoles d'Espagne de poids à onze livres, les Escus blancs à trois livres, & les autres monnoyes subalternes & inferieures, tant de France que d'Espagne, à l'équipolent.

XX.

Tous les Negres qui viendront au marché, ou qui iront vendre dans les Cazes des particuliers sans avoir un billet de leur Maistre, dans lequel sera specifié ce qu'ils portent à vendre concernant les bestiaux & volailles, l'achepteur sera obligé de rendre aux Proprietaires lesdites volailles ou bestiaux, qui seront reputez volez par les Negres, avec 30. livres de Petun d'amende pour la premiere fois, applicables aux Eglises, pour la seconde fois 60. livres, & 100. livres pour la troisiéme.

XXI.

Tous les Negres qui feront convaincus d'avoir volé du fucre ou du Petun à leur Maiftre, & qui les auront vendu chez des Bourgeois ou autres, l'achepteur fera obligé à la reftitution defdites denrées, & à cent livres de Petun d'amende vers les Maiftres des Cazes des Negres, qui recevront pour châtiment d'un tel attentat, trente coups de Liene en public par les mains de l'Executeur de juftice.

XXII.

Il eft ordonné, & expreffément deffendu à toutes fortes de perfonnes de quelque qualité & condition qu'elles puiffent eftre, de mettre aucune impofition, ny de lever aucun droit fur les fujets du Roy dans cette Ifle, outre ceux du Roy, qui y eftoient du temps de feu Monfieur du Parquet.

XXIII.

Deffenfes font faites à tous Cabaretiers de tenir chez eux aucunes perfonnes pour boire, ou pour manger les jours de Dimanches & Feftes, & paffé les fept heures du foir aux autres jours, d'aller traiter dans les Navires d'aucunes boiffons, ny autres denrées, mais de les achepter dans les magafins, à peine de quatre cens livres de Petun d'amende pour la premiere fois, de 120. livres pour la feconde, & de 1000. livres pour la troifiéme applicables comme deffus, un tiers à l'Eglife, un tiers pour les Pauvres, & l'autre tiers au dénonciateur.

XXIV.

Pareilles deffenfes font faites à toutes perfonnes fans aveu de porter aucunes Armes à feu, ny épée, fi elles ne font commandées pour le fervice du Roy, à peine de cent livres de Petun d'amende & confifcation de leurs Armes, applicables comme deffus.

XXV.

Deffenfes font faites à tous Capitaines de Navires, Maiftres de Barques, ou autres baftimens, d'embarquer aucunes perfonnes fans le congé par écrit de Monfieur le Gouverneur, à peine contre les contrevenans d'en répondre en leur propre & privé nom, & de 200. livres de Petun d'amende applicables comme deſſus.

XXVI.

Enjoint à Monſieur de Clermont, Gouverneur de cette Iſle, au ſieur de Caubiere, ſon Lieutenant & Major, aux Capitaines, & Officiers du Conſeil ſouverain, de tenir la main à l'execution des preſens ordres, ſur peine d'encourir l'indignation du Roy, & d'en répondre en leurs propres & privez noms à ſa Majeſté. Fait à la Martinique ce 19. Iuin 1664.

---

§ 11.

Monſieur de Tracy ébauche dés la Martinique, l'affaire la plus delicate des Ant-Iſles, & la termine à la Guadeloupe, par le renvoy des Seigneurs à la Cour.

Pendant que Monſieur de Tracy travaille avec tant de ſuccez aux affaires de la Martinique, & qu'il y reüſſit ſi heureuſement qu'il gagne les cœurs de tous les Habitans, Monſieur Houel impatient de ſçavoir des nouvelles de la Negociation de Madame ſa femme, luy envoya Monſieur du Coudray, homme d'eſprit, de merite, & ſon fidelle amy, pour preſſentir les ordres qu'il avoit de la Cour. Il ne manqua pas à luy faire de grandes civilitez de la part de Monſieur Houel, & de rechercher l'honneur de ſon amitié, en luy faiſant adroitement connoiſtre le beau preſent qu'il luy avoit preparé, qui valoit à ce que l'on dit, 7. ou 8. mil livres, en Negres, en chevaux, en bœufs, & autres choſes de valeur: il tâcha auſſi de juſtifier ſa conduite, tant envers ſes Neveux qu'à l'égard de ſes Habitans, & n'obmit rien de ce qui le pouvoit garantir des coups de langue, qu'un peuple irrité contre un Gouverneur, ne manque jamais de donner, lors qu'il le void attaqué par une puissance superieure.

Monsieur de Tracy rejetta tout d'abord les presens de M. Houel comme un attentat fait à son integrité, & dit franchement au sieur du Coudray, que les effets de l'amitié qu'il avoit pour un Maistre, seroient toûjours inutiles à son égard; qu'il estoit obligé de condamner le procedé de Monsieur Houel, duquel il recevoit des plaintes à tout moment, & qu'il ne sçavoit qu'un seul moyen pour le mettre à couvert, qui dépendoit de sa diligence, en se rendant le premier auprés du Roy, & s'y justifier de ce dont on l'accusoit: qu'il luy portoit les ordres pour l'y faire aller, & qu'il sçauroit bien se faire obeyr, quelque repugnance qu'il y pust avoir : que toute la grace qu'il luy pouuoit faire en ce rencontre, estoit de ne luy pas donner la Lettre du Roy, qui luy commandoit d'y aller, & ainsi il sauveroit les apparences dans un peuple qui le haïssoit, faisant croire qu'il alloit à la Cour de son propre mouvement.

Tout cecy est tiré mot pour mot, du Registre de M. de Tracy, où il s'étend en detail sur plusieurs faits particuliers que l'on n'a pas jugé à propos de mettre icy : mais il suffit de dire que le sieur du Coudray entendant Monsieur de Tracy parler de la sorte, fut contraint de luy avoüer qu'il estoit tres-éclairé sur les faits particuliers de cette Isle; que Monsieur Houel n'avoit plus qu'un party à prendre, qui estoit de s'abandonner entierement au conseil de Monsieur de Tracy, & qu'il luy donnoit sa parole qu'il en useroit ainsi : & aprés cette conference, il fut incontinent renvoyé à la Guadeloupe, aussi bien que Monsieur de Temericour, auquel Monsieur de Tracy ne dit rien de cette affaire.

Quelques jours aprés Monsieur de Herblay députa le sieur des Roses Capitaine de sa Compagnie, vers Monsieur de Tracy, & ce fut à celuy-cy auquel il dit franchement qu'il faloit que Messieurs de Herblay & de Temericour, prissent le party d'aller trouver le Roy; & s'adressant au sieur des Roses en son particulier, il luy dit qu'il sçavoit tres bien qu'il avoit executé les passions de ces Messieurs dans l'affaire du Capitaine Belog ; & que neantmoins il le laisseroit dans la Guadeloupe, pour avoir soin de leurs affaires : mais que pour eux il faloit qu'ils se missent en estat de partir dix jours aprés qu'il y seroit arrivé. Ainsi cette affaire qui paroissoit si dangereuse, eû égard à la conjoncture du temps, & à la disposition des peuples, fut concluë dés la Martinique sans aucune difficulté : Mais il est constant que le coup d'estat, ou le tour de l'affaire, fut que l'on fomenta adroitement la desunion de ces Messieurs. Car il y avoit sujet de craindre que leur reünion ne retardast les affaires du Roy & de la Compagnie.

Monsieur de Tracy arriva à la Guadeloupe le vingt-troisiéme de Iuin, & il n'eut pas plûtost moüillé l'ancre, que Monsieur Houel dans sa Chaloupe, & Monsieur de Herblay dans la sienne aborderent le Vaisseau du Roy pour l'y saluër, chacun luy voulant faire sa cour à l'envie, quoy-qu'ils eussent bien du chagrin dans l'esprit.

Monsieur Houel qui avoit le cœur saisi par le rapport que luy avoit fait le sieur du Coudray, de la disposition en laquelle il avoit trouvé Monsieur de Tracy, fut tout interdit en sa presence : & quoy que d'ailleurs il soit homme d'esprit & éloquent, il demeura un temps considerable sans luy pouvoir dire un seul mot, & ce ne fut qu'aprés que Monsieur de Tracy eut tâché de le remettre par de belles paroles, qu'il en profera quelques-unes, pour luy faire son compliment ; mais comme il est adroit, & qu'il sçait parfaitement couvrir son jeu, il revint à terre aussi guay en apparence, que s'il eust deu demeurer toute sa vie dans la Guadeloupe.

Il receut Monsieur de Tracy à sa descente, accompagné de tous ses Officiers, & au bruit de tout le Canon, avec les mesmes ceremonies & les mesmes honneurs qu'on luy avoit rendu à la Martinique. Il luy offrit son Chasteau pour le loger ; mais il le refusa civilement, & se vint loger à la Basterre dans un logis particulier, pour les mesmes raisons qui l'avoient obligé à faire la mesme chose à la Martinique. Il se fit en suite reconnoistre, & enregistrer sa Commission au greffe de cette Isle le vingt-cinquiéme de Iuin 1664. & y fit toutes les mesmes choses, & avec les mesmes ceremonies, qu'il avoit faites dans cette premiere Isle.

Pendant que toutes ces choses se faisoient, Messieurs Houel & de Herblay eurent diverses conferences avec luy en particulier, dans lesquelles il fut conclu que Monsieur de Tracy feroit sortir les garnisons des trois Forts de cette Isle dés le lendemain de leur départ, & qu'il laisseroit Monsieur Inselin, beaufrere de Monsieur Houel, dans l'un des siens, aprés en avoir osté la garnison, & avoir étably en sa place les troupes du Roy; qu'il feroit aussi sortir celle de Monsieur de Herblay, & qu'il y laisseroit le sieur des Roses, pour avoir soin de ses affaires; aprés neantmoins que les troupes Royales y auroient esté receuës.

Comme toutes ces choses se passoient en secret, tout le monde demeura perplex dans l'attente de ce qui arriveroit, jusqu'au trois ou quatriéme jour, auquel Monsieur Houel eut une assez longue conference avec Monsieur de Tracy, au milieu de la place d'Armes, où on le vid changer plusieurs fois de couleur & de contenance: il se retira neantmoins chez luy, sans faire paroistre aucun mécontentement, & prit congé de Monsieur de Tracy, comme s'il l'eust deû revoir un moment aprés; mais l'on fut fort surpris, lors que sur les quatre heures on le vid embarquer dans un Navire Flamand, pour s'en retourner en France.

Dés le lendemain que M. Houel fut party, M. de Tracy retrencha les deux plus grandes charges qu'il avoit imposées sur les Habitans sans aucune authorité du Roy; car au lieu de 50. livres de Petun, ou de sucre qu'on doit payer au Seigneur pour le droit annuel de capitation, & autant pour le Gouverneur, il prenoit dix pour cent de toutes les marchandises: & au lieu que le poids qui n'est payé par toutes les Isles, qu'à raison d'un pour cent, il en faisoit payer un & demy. Tout cela fut aboly, & le droit ancien remis à 50. livres de Petun, aussi bien que le poids à un pour cent.

Monsieur de Herblay qui ne s'estoit point échapé jusqu'à cette rude exaction de dix pour cent, non plus qu'à l'augmentation du poids, avoit neantmoins de son chef levé un droit particulier sur chaque habitant, de 50. livres de Petun pour la garde du Chasteau, outre les cent livres qu'il levoit tant en qualité de Seigneur, qu'en qualité de Gouverneur; & parce que la Garde se devoit payer des 50. livres du Gouverneur, cela fut reputé injuste, & fut dés le lendemain de son départ, aboly par Monsieur de Tracy, qui declara hautement qu'il l'avoit fait par ordre de sa Majesté.

Messieurs d'Herblay & de Temericour s'embarquerent huit jours aprés le départ de Monsieur Houel, dans le Navire du Roy appellé le Terron, commandé par le Capitaine Michaut. Monsieur de Tracy fit embarquer avec eux, Monsieur le Chevalier de Chaumont, Capitaine de ses Gardes, & le sieur Bouchardeau, auquel il avoit accordé sa protection, & promis de le faire passer en France. Il recommanda tous ces Messieurs à ce Capitaine, qui s'en acquita en galand homme.

Par cette justice que rendit Monsieur de Tracy, en reduisant tous les imposts au droit de la capitation ancienne, il découvre le moyen tant recherché, si visible, & si peu connû, d'affermir & d'augmenter les Colonies Françoises dans ces lieux; puis qu'il est vray qu'auparavant que les nouvelles exactions y fussent établies, les Colonies ont toûjours augmenté, & que depuis qu'on les y a imposées, les habitans par un mouvement inspiré de la nature, n'ont plus pensé qu'à deserter, & à aller chercher ailleurs, mesme au peril de leur vie, un gouvernement plus conforme au dessein qu'ils ont d'y acquerir du bien. Et il faut poser en fait une verité tres-constante, que le bonheur de ceux qui sont, ou qui seront à l'avenir Seigneurs de ces Isles, marchera toûjours d'un pas égal avec celuy des habitans; d'autant que leurs interests sont si peu separables, que le grand nombre, & l'abondance des habitans fera toûjours la gloire, la richesse & la felicité des Seigneurs; & qu'au contraire dés le moment que les Seigneurs chercheront leurs interests, en negligeant ou s'opposant à celuy de leurs habitans, ils les verront diminuer, quelque soin qu'ils puissent
prendre

prendre, pour les en empécher, & à proportion leur gloire, leur bonheur, & leurs richesses.

§ III.

Les Anglois s'emparent de l'Isle de Sainte Lucye, contre les Traitez de paix, sur de faux pretextes.

LE Navire de sa Majesté nommé le Terron, qui devoit porter les Seigneurs de la Guadeloupe, Monsieur le Chevalier de Chaumont, & le sieur Bouchardeau, en France, estoit encore à la Rade, & prest à partir, lors que M. de Tracy receut la nouvelle fâcheuse, d'un acte d'hostilité fait par les Anglois en pleine paix, par une irruption considerable dans l'Isle de Sainte Lucye. Il est vray qu'ils alleguent pour pretexte, qu'ils ont esté Possesseurs de cette Isle devant les François, & que s'ils y ont esté massacrez, ou en ont esté chassez par les Sauvages, les François ne peuvent pretendre que leurs infortunes leur donnent aucun droit de s'emparer de leur terre, joint que depuis un an, ils l'ont acheptée des Sauvages, qui en sont les veritables Seigneurs.

Ce pretexte paroist specieux & convainquant, & les Anglois seroient fondez en quelque sorte de droit qui nous pourroit oster la liberté de nous plaindre, si eux-mesmes dans une pareille occasion ne s'estoient pas emparé de Surinamme en terre ferme qui nous appartenoit, par la possession qu'en avoit prise M. de Bretigny en l'année 1643. Mais si nous voulons un peu penetrer plus avant, & rechercher avec plus de curiosité le motif qui a porté les Anglois à faire cette entreprise, nous trouverons que ç'a esté une pure necessité, & que cette Nation dont la conduite est admirable, pour établir des Colonies, & peupler des terres, y avoit

L

si bien reüssi dans la Barbade, qu'il n'y avoit plus de bois de bout, qu'on n'y pouvoit plus faire de nouvelles sucreries, & qu'il y avoit tant d'hommes, qu'elle ne les pouvoit plus contenir ; de sorte qu'ils furent obligez de les décharger dans la terre la plus voisine, & la plus aisée à prendre. Tout cela auroit esté tolerable, s'ils s'y estoient établis sans en chasser les François, & sans s'emparer de leur fort & de leurs biens. Ce marché, ou achapt fait avec les Sauvages, qu'ils alleguent, ayant esté pratiqué par le moyen d'un Metif, nommé Waernard, qui doit faire un personnage considerable dans l'Histoire de la guerre que nous avons euë avec les Anglois, m'oblige à le faire connoistre, avant que de poursuivre l'affaire de Sainte Lucye.

§. I.

Histoire d'un Metif, nommé VVaernard, établi Gouverneur de l'Isle de la Dominique par le Milord VVilloughby.

LE General Vvaernard, Contemporain de Monsieur le General de Poincy, eut un fils d'une Esclave Sauvage de l'Isle de la Dominique : il le reconnut pour son fils, luy fit porter son nom, & le fit élever dans sa maison avec ses autres enfans. Mais bien que ce Bâtard fust nay d'une femme sauvage & esclave, il ne paroissoit rien en luy de sauvage que la couleur du cuir & du poil, & quoy-qu'il eût les cheveux fort noirs, il les avoit déliez, annelez & bouclez, contre l'ordinaire des autres sauvages : sa taille estoit mediocre, mais il estoit parfaitement proportionné de tous ses membres ; il avoit le visage longuet, un grand front, & le nez aquilin, les yeux clairs, longs & ouverts ; & l'on remarquoit une certaine gravité sur son visage qui faisoit connoistre la grandeur de son courage & de son esprit. Il perdit son pere en l'adolescence, & Madame Waernard qui ne l'aimoit pas, & ne l'avoit consideré qu'à cause de son pere, commença à le persecuter, & à le traiter avec tant d'inhumanité, qu'elle le faisoit travailler à la terre avec les Esclaves de sa maison.

VVaernard, qui avec les belles qualitez de son esprit & de son corps, estoit un homme fier & entreprenant, crevoit de dépit de se voir reduit à une condition si malheureuse & si abjecte, il se rendit marom avec d'autres Esclaves fugitifs : mais ayant esté repris, Madame VVaernard le fit enchaîner, & luy fit mettre une épouvantable paire de fers aux pieds, & mesme l'obligeoit de travailler en cet équipage. Sa captivité dura jusques à ce que Monsieur VVaernard fils legitime du General VVaernard, & qui commandoit dans l'Isle de Mont-Sara, vint à S. Christophle, où l'ayant trouvé en cet estat, en eut compassion, le delivra des fers, & pria Madame VVaernard de luy donner quelque commandement sur les autres domestiques.

Ce pauvre malheureux affranchy n'eut presque de bonheur que la presence de son frere ; car aussi tost qu'il fut party, la rage de cette femme redoubla, & elle le poussa avec tant de cruauté, qu'il fut contraint de suivre le conseil que sa propre mere luy avoit inspiré, qui estoit de se retirer parmy les Sauvages de la Dominique.

Il y fut bien receu à cause de sa mere ; & comme il avoit de l'esprit, il gagna incontinent les cœurs des Sauvages de son quartier, qui estoit la basterre de la Dominique, qui jusques à son arrivée avoient eu aussi bien que les autres, une grosse guerre avec les Anglois. Ce VVaernard entreprit de les reconcilier, & y reüssit si heureusement, qu'il les mit bien ensemble, & se fit admirer des Sauvages, sur lesquels il prit un tel ascendant, qu'il les engageoit avec une facilité merveilleuse à entreprendre les choses les plus difficiles, & à exercer des cruautez conformes à son naturel, qui n'avoit presque rien d'humain, leur donnant en tout rencontre des preuves de sa valeur, & de sa conduite; Ie le croy Autheur du massacre que les Sauvages firent des

François dans l'Isle de Marigalande en l'année mil six cens cinquante-trois, & M. du Lion dans une Lettre écrite à M. C. le fait autheur de plusieurs maux, & coupable de quantité de meurtres. Quoy-qu'il en soit, il est constant que ce galand homme, ne se promettoit rien moins que de se faire Roy de tous les Sauvages, lesquels il nommoit neantmoins des bestes, des coquins, des gueux, & des miserables indignes de luy.

Le Milord Vvillougby connoissant ce dont il estoit capable, luy fit faire un voyage en Angleterre, le fit paroistre à la Cour, où il vescut en Chrestien avec les Anglois, & s'habilloit comme eux ; mais estant de retour il quitta ses vestemens, & vescut en Infidelle avec les Sauvages, & marchoit nud & roucoüé comme eux ; mais il ne prit qu'une seule femme.

Les Anglois voyant l'accroissement de leurs Colonies, & d'ailleurs estant empeschez, par le Traité fait entre nous, eux, & les Sauvages, de s'étendre dans les Isles possedées par les Infidelles, creurent qu'Vvaernard estoit un homme fort propre pour éluder ce Traitté, & s'emparer par son moyen de l'Isle de la Dominique, en luy donnant une commission pour soûmettre ces peuples au Roy d'Angleterre sans y mettre aucun Anglois naturel. Le Milord Vvillougby le caressa, luy fit force presens, & l'obligea d'accepter la commission de Gouverneur de l'Isle de la Dominique, dont voicy la translation en François, faite sur l'Original Anglois.

Commission de Thomas Vvaernard par Vvillougby.

FRançois VVillougby, Seigneur de param, Capitaine general, & Gouverneur en chef de l'Isle de la Barbade, de S. Christophle, Niepvez, Moussareal, Autigne, Dominique, S. Vincent, S. Allousie, & de toutes les Isles Caraibes.

A tous ceux qui cette presente Lettre verront. Salut, Sçavoir que moy le susdit Seigneur Vvillougby, en vertu des Lettres Patentes à moy octroyées de nostre gracieux souverain Seigneur Charles II. par la grace de Dieu Roy d'Angleterre, Escosse, France & d'Irlande, deffenseur de la foy, &c. dattée à VVestminster le douziéme jour de Iuin le 15. an de son Regne. Par la grande confiance & confidence que j'ay de son habileté & prudence, surquoy je me repose en mon aimé amy Capitaine Thomas Vvaernard : l'ay fait, constitué, ordonné & appointé, & par ces Presentes, constituë & appointe ledit Capitaine Thomas VVaernard Gouverneur de l'Isle de la Dominique ; luy donnant plein pouvoir & authorité d'exercer, & apprendre la milice & discipline militaire à tous les Habitans de ladite Isle, pour leur plus grande seureté & deffense contre tous seditieux & rebelles qui pourroient entreprendre sedition ou rebellion. De plus je donne audit Capitaine Thomas Vvaernard, plein pouvoir & authorité de faire assembler une partie, ou tous Habitans sous les armes, en cas d'insulte fait à ladite Isle, requis de faire marcher lesdites forces, ou autant que ledit Capitaine trouvera à propos, & necessaire pour leur asseurance contre lesdits ennemis mutins & rebelles, les batre & poursuivre, si ainsi est requis, jusques à la mort, ou sinon de les prendre, & faire chastier & punir par justice pour la meilleure protection de ladite Isle & des Habitans : & ce par le commandement & service de sadite Majesté, & ses successeurs. Donné de ma main & de mon cachet, le 16. Avril du Regne de sadite Majesté, & de l'an de grace de nostre Seigneur 1664.

Signé F. WILLOVGBY.

§ II.

Les Anglois & les Sauvages prennent l'Isle de Sainte Lucy, par une composition qui ne fut pas gardée.

LEs Anglois ayant achepté par l'entremise de Waernard, l'Isle de sainte Lucy, & payé aux Sauvages le prix dont ils estoient convenus, dés l'année 1663. amasserent 14. ou 1500. hommes, qu'ils mirent sur cinq Vaisseaux de guerre, dont deux estoient armez de trente six pieces de Canon de fonte. Waernard & les Sauvages qui s'estoyent obligez de la leur livrer, se firent de la partie, & les accompagnerent avec 600. hommes sur 17. pirangues.

Cette petite Armée se presenta à saint Alouzey sur la fin du mois de Iuin de l'année 1664. & Monsieur Bonnard, qui commandoit le Fort, qui n'estoit qu'une Chaumine fortifiée d'une pallissade, & munie de quelques canons, & pierriers de fontes que l'on nomme Rambarges, fit ce qu'il put pour animer les quatorze soldats qu'il avoit avec luy, & les disposer à se deffendre : mais la veuë de ces deux petites Armées les ayant effrayez, il fut lâchement abandonné de la plus grande partie, & contraint de fléchir sous les armes de deux ennemis si puissans. Il fit neantmoins une capitulation telle qu'un homme déja vaincu, la pouvoit faire, & il obtint des Anglois qu'ils le feroient transporter par le plus court chemin dans l'Isle de la Martinique avec ses soldats, ses canons, les armes, & tout le bagage des François ; mais il fut blâmé de n'avoir pas fait exprimer dans la capitulation l'ordre que le Colonel Anglois avoit du Roy d'Angleterre ;

& de ne s'eftre pas fait tirer un coup de Mousquet, avant que rendre la place. La capitulation ne fut executée qu'en partie; car le Colonel Anglois se contenta de renvoyer le Gouverneur & ses soldats, & retint le bagage, le canon, & les ornemens de l'Eglise, si bien que Monsieur de Tracy ayant receu la nouvelle de tout ce que je viens de dire, par une Lettre du Gouverneur de la Martinique, il luy écrivit la suivante, contenant les ordres qu'il devoit executer.

MONSIEVR,

Ie vous ay déja mandé ce qu'il faloit faire sur le fait du Receveur, que vous ne retiendrez plus s'il vous plaist, cela estant contre les formes de la Iustice, & comme la composition faite par le sieur Bonnard, pour rendre la maison de Sainte Lucy, est contre celle de la guerre, n'ayant pas fait expliquer la qualité du Colonel, si il l'est du Roy d'Angleterre ou non, & ne s'estant pas fait tirer un coup de mousquet; vous le ferez arrester iusques à ce qu'il ait des ordres du Roy, & luy donnerez vostre maison pour prison; parce qu'ayant esté choisi par vous, vous en répondrez à sa Maiesté. La maniere dont il a agy fait suspendre toutes les resolutions qu'on auroit pû prendre, iusques à ce que l'on sçache les volontez du Roy.

Comme vous n'avez pas vos Canons portez par la capitulation, vous pouvez les envoyer demander, & faire expliquer ceux qui sont dans la maison, de quelle part ils l'ont attaqué, & par quel ordre: mais vous ferez cela le plus adroitement qu'il vous sera possible.

Vostre tres-humble & tres-obeyssant serviteur de Tracy.
A la Guadeloupe le 6. de Iuillet 1664.

Monsieur de Clermont ayant receu cet ordre, envoya une Barque à St. Lucye, avec une Lettre adressante au Colonel qui y commandoit, par laquelle il le sommoit de luy envoyer le Canon, & le bagage des François de cette Isle, & le prioit en mesme temps de luy faire sçavoir, par quel ordre il avoit attaqué les François, & s'estoit emparé de cette terre & de son Fort. Le Colonel qui craignoit avec raison que Monsieur de Tracy ne luy vint ruiner son établissement, comme il estoit en passe de le faire, filla doux, & non seulement il renvoya quelques Canons, & une partie du bagage, mais il declara par écrit, qu'il s'estoit emparé de cette Isle par ordre du Roy d'Angleterre. Il retint neantmoins tous les ornemens de l'Eglise, quelques Armes, & un Canot.

Il y a quelque apparence que ce Colonel n'estant pas suffisamment guery de la peur, par cette imparfaite restitution, persuada au Milord Vvillougby de prevenir Monsieur de Tracy par une Lettre civile, afin de détourner l'orage, dont sa teste, & celles de ces injustes usurpateurs estoient menacées. La Lettre du Milord ne m'est pas tombée entre les mains, mais voicy la réponse que luy fit Monsieur de Tracy, qui authorise assez ma pensée.

Réponse à la Lettre du Milord VVillougby, Lieutenant general pour sa Majesté Britannique, dans l'Amerique Meridionale.

MONSIEVR,

Ie vous suis tellement obligé de tant de courtoisies, qu'il vous plaist de me témoigner par vostre Lettre du quatorziéme de ce mois, que ie ne puis pas laisser passer le iour que ie la reçois, sans vous rendre mille graces pour vos civilitez, & vous supplier en mesme temps, d'estre certain que ie contribuëray de tout mon pouvoir pour maintenir leur bonne correspondance entre les nations.

Ie vous diray, pour vous donner des marques asseurées de ma bonne intention, que dés l'instant que i'ay mis pied à terre à la Martinique, je m'informay de Monsieur de Clermont, qui en est Gouverneur particulier, comme se passoient les affaires des Isles.

Il me rendit compte de ce qui estoit arrivé à sainte Lucye par les Indiens, & se iustifia de cette action avec tant de preuve, qu'il ne me devoit rester aucun soupcon qu'aucun François y eust part, m'ayant témoigné qu'ils avoient sauvé la vie à quelques hommes & femmes des vostres: mais comme i'ay vieilly dans les employs, i'y ay fait profession de ne croire pas plutost ceux de ma nation que les autres. Ie pressay

say le sieur de Clermont sur ce sujet une seconde fois: alors il me fit connoistre clairement que Monsieur le Commandeur de Sales, pour qui j'ay beaucoup de veneration, certifieroit cette verité.

Il m'asseura en suite que vous vous explicastes à saint Christophle, du dessein que vous aviez de faire descente à sainte Lucie, & que mesme vous l'aviez dit à l'Officier qu'il avoit envoyé auprés de vous à la Barbade. Ie luy fis réponse que je ne pouvois croire que ce fust vostre intention, qu'estant en ce pays avec un pouvoir aussi absolu que je l'ay du Roy, que si le vostre est égal, comme je me le persuade de la part de sa Majesté Britannique, que nous pouvions dés la premiere sémonce que vous m'en feriez, accommoder tous les differens par les voyes les plus douces.

Dans ce mesme temps, une Barque Angloise fut amenée par quelques soldats de sainte Lucie: quatre ou cinq hommes qui estoient dedans, asseurerent qu'ils avoient crû y trouver vos Vaisseaux à la rade, & vos soldats descendus dans l'Isle. Ie ne laissay pas de les renvoyer avec civilité dans leur Barque, & six de nostre nation, qui estoient échoüez au cul de sac de la Martinique, qui en emmenoient une autre.

Depuis six jours, Monsieur le Gouverneur de Nieve m'a écrit en faveur d'un de vostre nation, sur lequel il y a quatre ans que les Sauvages avoient pris des Negres qui furent vendus par eux a un des Couverneurs de cette Isle. I'ay fait rendre ce qui s'en est trouvé en vie, quoy qu'une espece d'irruption sur l'affaire de sainte Lucie, & mille autres raisons eussent pû former un pretexte de les retenir: mais la justice est icy renduë par la misericorde de Dieu, sans interest, & avec tant d'exactitude, que ces Gouverneurs ne sont point exempts d'y subir, puis qu'ils sont renvoyez en France, pour rendre compte de leur conduite.

Vous voyez, Monsieur, avec quelle franchise j'agis avec vous pour la premiere fois, & que pour la continuer, je ne vous celeray pas que je manday à Monsieur de Clermont de faire expliquer M. le Colonel qui commande à sainte Luice, de quelle part il s'estoit saisi de la maison de Monsieur du Parquet & de l'Isle. Il fit réponse par écrit que c'estoit par ordre, & pour sa Majesté Britannique.

Ie voudrois, Monsieur, n'avoir pas envoyé cet écrit à M. Colbert, Ministre d'Estat, puis qu'il paroist par vostre Lettre que ce sont vos

M

peuples, qui ont fait descente dans cette Isle, sans que vous leur ayez commandé; & comme l'Ambassadeur de sa Majesté, qui est à Londres, fera ses instances pour la restitution, ie ne doute point qu'on ne vous mande de les chastier des audaces qu'ils ont euës d'entreprendre une affaire de cette consequence, sans estre appuyez de vostre authorité: en ce cas je vous offre en mon particulier ce qui dépend de moy.

J'aurois pû en vertu de mon pouvoir, dont je vous envoye la copie, ajuster toutes ces choses avec vous dans le commencement: mais comme ie ne doute pas que M. Colbert n'ait donné connoissance à sa Majesté de ce détail, i'ay les mains liées iusques à nouvel ordre.

Ie ne laisseray pas de vous ouvrir mon cœur par amitié, & de vous dire, que si l'affaire me touchoit en mon particulier, ie sortirois les hommes de sainte Lucie, les canons & les munitions, sur la parole que ie vous donnerois qu'il n'entreroit que six hommes dans la maison de Monsieur du Parquet, en attendant les volontez de leur Majesté. Comme vous avez beaucoup de prudence & de merite, ie ne doute pas que vous ne fassiez reflexion sur ce que ie vous écris avec tant de sincerité, puis que vous y avez un notable interest en toute maniere.

Si les peuples ont fait cette entreprise sans vostre participation, ils vous ont manqué de respect: si vous y avez consenty, dont ie doute aprés ce que vous m'écrivez, il est fâcheux à une personne de qualité, qui a de l'honneur, de se voir seulement soupçonné de pouvoir estre cause de quelque alteration entre de grands Rois, qui sont si proches. I'espere que vous recevrez en bonne part les sentimens d'un Gentil-homme Picard, qui a passé plusieurs années dans l'employ, & qui fait profession d'estre de ce iour,

MONSIEVR,

Vostre tres-affectionné amy, & humble serviteur Tracy.

A la Guadeloupe ce 28. Avril 1664.

CHAPITRE IV.

Estat des Ant-Isles, depuis l'arrivée de Monsieur de Tracy, iusqu'au gouvernement de la Compagnie.

JE suis obligé, pour garder quelque ordre dans la multitude des choses differentes qui arriverent dans les Isles, pendant cet espace d'environ six mois, de les comprendre toutes dans ce Chapitre, & de les diviser par Articles, afin d'éviter la confusion qui en seroit inseparable, si je les traitois d'une autre maniere.

§. I.

Le Roy deffend le commerce avec les Hollandois dans toutes Isles, par un Arrest de son Conseil.

AVant le départ du Vaisseau du Roy nommé le Terron, dans lequel estoient ces Messieurs que j'ay déja nommez, M. de Tracy receut un Arrest du Conseil, par lequel le commerce avec les Hollandois & Flessingois estoit interdit pour six mois, tant dans les Isles dépendantes de la Couronne de France, que dans celles qui relevoient de la Religion de Malthe: & cela à cause de la peste qui estoit dans Amsterdam, & qui faisoit de grands desordres dans tout le pays.

Ce plausible pretexte vint fort à propos à la nouvelle Compagnie, qui avoit resolu de retirer tout le commerce vers elle, & qui n'osoit encore se faire nommer dans le pays, de peur d'y gaster ses affaires. Il me paroist aussi par quelque Lettre de M. de Tracy, que la Cour ne se découvroit à luy sur cet Article, que par des termes qui le laissoient tôûjours dans l'incertitude de ce qui en devoit arriver. *Ie crois*, dit-il, *que quand sa Majesté feroit traiter de ses Isles par des Compagnies, qu'elle doit tousiours mettre des troupes dans les Forts, ne permettre iamais aux associez d'imposer au delà de cinquante livres de sucre ou petun par capitation, tant sur les Maistres des Cazes, leurs femmes, enfans, depuis l'âge de douze ans, sur les Engagez, Negres & Servantes, & se reservant tousiours à soy 56. livres du Gouverneur sur la mesme capitation.*

Dans un autre endroit il dit ces mots : *Ie n'ay pas peu d'inquietude de ce que ie ne reçois aucuns de vos ordres, & que ie n'ay aucune nouvelle de France, ne sçachant point si le Roy a reüny les Isles à son domaine, ou s'il les donne à une Compagnie*: ainsi quoyque dés le mois d'Avril, il n'y eut presque plus de secret en France pour cette affaire; l'on faisoit neantmoins tout ce que l'on pouvoit pour empécher que la nouvelle n'en vint aux Isles, avant l'arrivée des Vaisseaux de la Compagnie.

Le Chevalier de Chaumont, Capitaine des Gardes de M. de Tracy, & qu'il recommande à M. Colbert comme un homme de naissance, & de merite, fut chargé de cet Arrest, pour le presenter en passant à saint Christophle, à M. le Chevalier de Sales avec des ordres exprez de sa Majesté, pour le faire lire, enregistrer, & executer par toutes les Isles, relevant de la Seigneurie de Malthe; & comme ce pretexte estoit apparent, l'Arrest fut leu & receu tout d'une voix, & sans aucun contredit, & enregistré dans le mois de Iuin. M. de Tracy en ayant fait autant en toutes les Isles Françoises, le commerce avec les Hollandois & les Flessingois commença à cesser. Ce grand secours venant à manquer tout à coup, & d'ailleurs la Compagnie n'ayant pas encore pris le soin de secourir les Isles, les habitans commencerent à souffrir, comme je diray bien-tost.

Ie m'étonne avec sujet que la France ait attendu si long-temps, & qu'elle se soit servy du pretexte de la peste pour interdire le commerce de nos Isles aux Hollandois, puis que c'est une severité, que les Espagnols, les Anglois, & les Hollandois ont toûjours observée à l'égard des Etrangers, dans toutes les terres qui dépendent de leurs dominations dans l'Amerique: & les François ont esté les seuls, qui ont souffert que les Etrangers ayent profité, & particulierement les Hollandois, de plus de trente millions de livres du commerce de ces Isles, depuis qu'elles sont habitées.

§ II.

Monsieur de Tracy pourvoit à la seureté de la Guadeloupe, & de Marigaland: ses soins à y rendre la iustice.

Toutes les choses dont Monsieur de Tracy estoit convenu avec Messieurs Houel & d'Herblay, furent executées dés le lendemain de leur départ, qui fut le douziéme de Iuillet: leurs garnisons firent place aux troupes Royales, & bien que Monsieur le Chevalier Hincelin fut laissé dans le Fort de la Basterre, pour avoir soin des interests de Monsieur Houel son beaufrere; Monsieur du Lion, que nous verrons bien-tost Gouverneur de cette Isle, y fut étably pour y commander, avec la garnison que Monsieur de Tracy tira des troupes Royales pour mettre dans ce Fort; & Monsieur Vincent, qui depuis a esté Gouverneur de l'Isle de la Grenade, fut pareillement étably dans celuy de la Magdeleine, qui appartenoit à Monsieur d'Herblay, pour y commander avec les troupes du Roy, que M. de Tracy y mit aussi en garnison, laissant neantmoins le sieur de Roses pour avoir soin de ce Gentil-homme, qui estoit obligé aussi bien que son oncle, de s'en retourner en France.

Monsieur de Tracy, dans une Lettre écrite à M. C. parle avec éloge de ces deux Messieurs. Il dit que le Chevalier Hincelin est un homme d'esprit, qu'il a du courage & de la conduite ; & parlant du sieur de Roses, il prie M. C. de luy envoyer une commission, afin qu'il commande toûjours la Compagnie qu'il avoit sous Monsieur d'Herblay, & que c'est un soldat à laisser dans un peste où personne ne veut demeurer, & qu'il se deffendra fort bien.

Cette autant infidelle qu'audacieuse irruption des Anglois dans l'Isle de sainte Lucie, jetta l'espouvante dans toutes les Isles Françoises, qui n'estoient point de deffense : & non seulement Monsieur le Chevalier de Sales craignoit pour les Isles de sainte Croix, de saint Martin, & de saint Barthelemy ; mais mesme Monsieur de Tracy, sur la nouvelle que les Anglois favorisez des Waernard, & des autres sauvages, vouloient s'emparer de l'Isle de Marigalande, se resolut de la secourir, & leur en faire disputer l'entrée. Il y envoya du canon, des munitions, & des soldats, & choisit pour les commander, & pour conserver cette Isle, le sieur de Roses, homme tres-digne de l'eloge qu'il luy avoit donnée dans la lettre de Monsieur Colbert. Voicy les ordres qui furent expediez en sa faveur.

Nous Alexandre de Prouville, Chevalier Seigneur des deux Tracis, Conseiller du Roy en ses Conseils, & Lieutenant General, &c.

Ordonnons au sieur de Roses de se mettre en garnison dans le Fort de Marigalande, avec la Compagnie qu'il commande ; d'y faire mener trois pieces de canon ; de faire expliquer les Anglois si ils descendent, de quelle part ils le sonnent, de les laisser tirer, & en suite se deffendre. Fait à la Guadeloupe ce cinquiéme de Juin 1664.
TRACY.

L'ordre suivant fut aussi expedié pour le sieur de Bourgneuf, qui commandoit dans le fort de cette Isle.

Il est ordonné au sieur de Bourgneuf, de laisser le commandement dudit fort de Marigalande au sieur de Roses, d'y recevoir les troupes qu'il y conduira, & de se retirer dans son habitation. Fait à la Guadeloupe ce cinquiéme de Juillet mil six cens soixante-quatre.

Toutes ces alarmes se trouverent fausses ; mais pendant que nos Chefs prennent des précautions, & se mettént prudemment en eſtat de repouſſer de ſemblables violences, les Anglois ont tout le temps, & tout le ſujet de ſe repentir de leur injuſte uſurpation, comme vous le verrez dans la ſuite de l'Hiſtoire.

Monſieur de Tracy aprés avoir pris poſſeſſion de cette Isle, & s'eſtre débaraſſé de ſes premieres & plus importantes affaires, s'appliqua fortement à rendre la juſtice à tout le monde, ainſi qu'il avoit fait à la Martinique, avec la meſme integrité, le meſme deſintereſſement, & recevant les meſmes applaudiſſemens, & les meſmes benedictions qu'il avoit receu à la Martinique.

Entre les jugemens qui le faiſoient admirer de tout le monde, il en raconte un aſſez particulier dans la Lettre qu'il écrit à M. C. le 30. Aouſt. Il merite bien d'eſtre mis en ce lieu.

Les Huguenots de la Guadeloupe, par la connivence de quelques Gouverneurs, s'eſtoient tellement accrus & rendus ſi puiſſans dans cette Iſle, que leur arrogance alloit juſques à inſulter aux Catholiques, médire des Preſtres, & chanter des chanſons ridicules & infames, de la Meſſe. M. Houel en avoit eſté averty & en avoit negligé la punition. Mais une affaire ſurvenuë avant l'arrivée de M. de Tracy, luy donna le moyen de les humilier, en les piquant par l'endroit le plus ſenſible qu'ils ayent, c'eſt à dire le fonds de la bourſe.

Deux Huguenots, nommez Cheneau & Peroneau, ayant trouvé un pauvre Preſtre autour de Nantes en Bretagne, le firent boire, le cajolerent, & luy promirent tant de belles choſes, qu'ils le firent embarquer avec eux dans un navire, qui alloit à la Guadeloupe. Le pauvre Preſtre ne fut pas plûtoſt en mer qu'il s'apperceut qu'il eſtoit duppé : il eut recours aux plaintes & aux larmes, declarant hautement ſon caractere : mais l'équipage de ce vaiſſeau n'eſtant preſque compoſé que d'Heretiques, ils ne s'en firent que rire, de ſorte que le bon homme fut amené à la Guadeloupe, y fut vendu ſans miſericorde, & engagé à travailler comme eſclave l'eſpace de trois ans à la terre. Tous les Huguenots en triomphoient, faiſoient leur joüet de ce pauvre Preſtre, & chantoient des chanſons au ſcandale des Catholiques,

Monsieur de Tracy en ayant esté averty, fit incontinent prendre le nommé Cheneau qui se trouva encore dans l'Isle, & fit informer contre luy ; si bien que le Prestre ayant maintenu qu'il s'estoit declaré Prestre dans le Navire, & Cheneau ne l'ayant pû nier, Monsieur de Tracy dit devant tous les Huguenots, qui s'estoient tous interessez pour Cheneau, qu'il l'alloit envoyer prisonnier à Nantes, jusques à ce que le Roy y eust envoyé ses ordres pour son chastiment, ou pour sa délivrance. Si-tost qu'il fut en prison, tous ses bons amis vinrent supplier Monsieur de Tracy, de vouloir civiliser son affaire : ils l'obtinrent avec bien de la peine, mais ce fut à condition que Monsieur de Tracy nommeroit les deux personnes qui luy devoient servir de caution, qui furent les deux plus riches Huguenots de l'Isle. Mais comme l'affaire alloit un peu trop lentement pour eux, ils en presserent extraordinairement le jugement, & alors Monsieur de Tracy leur fit adroitement insinuer sous main, qu'ils devoient luy faire demander s'il avoit agreable de recevoir leur requeste, pour terminer l'affaire sans renvoyer le prisonnier en France : ce qu'ils firent aussi-tost, & Monsieur de Tracy répondit qu'il y consentoit tres-volontiers, pourveu qu'elle fust signée de trente ou quarante des principaux de leur corps ; parce que les biens des accusez estoient si legers, que ce seroit les ruiner entierement de leur imposer toute l'amende.

Tous les principaux signerent cette requeste, & la presenterent à Monsieur de Tracy, qui les condamna à quinze mille livres de sucre, sçavoir 12000. livres à l'Hospital, pour soulager les malades, 2000. aux pauvres honteux, & 1000. livres au Prestre pour son retour en France, avec quatre soldats, qui le devoient mettre entre les mains de son Evesque.

Monsieur de Tracy ajoûte dans cette Lettre, que ce premier exemple sera de grande consideration à l'égard des Heretiques, tant François que Flamands, qui n'aiment pas d'estre chastiez par la bourse, & pourra retenir en quelque crainte les Prestres libertins, qui se persuadent, qu'en quittant la France, ils peuvent vivre comme il leur plaist dans l'Amerique.

§ III.

Estat des Isles depuis l'interruption du commerce avec les Hollandois, lesquels cherchent des inventions pour y r'entrer.

LE commerce des Isles commençant à cesser tout à coup avec les Hollandois, tous les habitans commencerent à ressentir des miseres incomparablement plus grandes, que toutes celles qu'ils souffrirent par l'abandon que la premiere Compagnie fit de ces Colonies, lors qu'ils commencerent leurs établissemens dans ce pays. Car en ce temps, la pesche, la chasse, & l'abondance des crables, pouvoient suffisamment suppléer au defaut du secours, que la premiere Compagnie y pouvoit & devoit envoyer : & si le peu de monde dont ces Colonies estoient composées, n'eust voulu travailler que pour la seule vie, ils l'auroient trouvée tres-abondante : mais nos Colonies estant devenuës vingt fois plus nombreuses qu'elles n'estoient alors, toutes les Colonies des Isles principales se trouverent dans une étrange necessité ; parce que l'abondance de toutes ces choses estoit, ou diminuée, ou entierement aneantie. La pesche des tortuës & des lamentins, aussi bien que la chasse des porcs, des acoutis, des perroquets, des ramiers, & autres gibiers estant toutes ruinées : les crables, qui estoient la vraye manne, qui faisoit subsister les riches, aussi bien que les pauvres, étoient devenuës si rares, qu'il les faloit aller chercher la nuit au flambeau ; & ce qui s'en pouvoit attraper avec bien de la peine, estoit servy sur les tables des Maistres, comme un regale, auquel le commun ne devoit pas attendre à se repaistre, comme il avoit fait autrefois ; de sorte qu'aussi-tost que ce secours annuel des Hollandois de plus de 60. ou 80. beaux Vaisseaux chargez de toutes les choses necessaires, tant pour la vie que pour les vestemens, outils & ustencilles dont on ne

N

se peut paſſer dans ces lieux, leur vint à manquer, auſſi bien que les rafraichiſſemens apportez par les Navires des Marchands particuliers de la France; toutes ces Iſles tomberent dans une deſolation ſi pitoyable, que j'ayme mieux la faire paroiſtre par les Lettres d'un homme irreprochable, comme Monſieur de Tracy, que par mes diſcours, qui n'auroient peut eſtre pas tant d'authorité.

Voicy comme il en parle dans ſa Lettre du quinziéme Septembre mil ſix cens ſoixante-quatre, adreſſée à M. C. de la Guadeloupe.

„ Ie crois pour ma conſolation, qu'avant que vous receviez
„ cette Lettre, que vous aurez remedié par voſtre prudence à
„ tout ce qui nous fait beſoin, non pas ſeulement pour les gens
„ de guerre, mais pour l'Isle de la Martinique, & qu'il vous au-
„ ra plû d'ordonner à la Compagnie de faire partir des Vaiſ-
„ ſeaux avec des vivres; comme il eſt de leur intereſt, que les
„ Hollandois ne viennent plus en ces lieux. Il eſt donc expe-
„ dient que par des premiers ſoins, ils previennent la neceſſité
„ des peuples, & qu'ils leur oſtent ce fantoſme, que les Fla-
„ mands eſſayent de leur tenir devant les yeux, d'une famine &
„ d'une miſere inévitable, s'ils ne ſont ſecourus d'eux, ainſi
„ qu'ils l'ont eſté juſques à preſent.

Il continuë dans une ſeconde, dattée du 24. d'Octobre 1664. où il parle de la ſorte.

„ Ie vous ay mandé par ma Lettre, du quinziéme du cou-
„ rant, la neceſſité invincible, dans laquelle nous nous trou-
„ vons, manquant icy de toutes ſortes de vivres, non pas
„ ſeulement pour les gens de guerre, mais pour les habitans
„ de ces Iſles, particulierement en celle-cy, où on a preſque
„ abandonné les maniocs pour faire du ſucre: ce que je vois
„ de plus fâcheux dans cette rencontre, eſt qu'on prend pre-
„ texte de décrier les ſoins de la Compagnie, en faiſant va-
„ loir les ſecours qu'on tiroit des Hollandois. Ne laiſſez
„ pourtant pas de vous aſſeurer, que je contribuëray avec
„ tant de ſoin à ſoulager cette diſette qui eſt grande, & qui
„ augmente à tous momens, que j'eſpere que Dieu nous pre-
„ ſervera de tous les inconveniens qui en pourroient arri-
„ ver.

Cependant il arriva à Saint Christophle, environ la my Octobre, un effroyable tremblement de terre, qui épouvanta tout le monde, renversa plusieurs édifices, fit de grands dégasts, & commença de ruiner la belle maison de Monsieur de Poincy.

Les 22. 23. d'Octobre de ce mesme mois, il se fit dans la Guadeloupe, un petit déluge de pluye tout extraordinaire, accompagnée de coups de vents si violens, que l'on les auroit nommez houragans, s'ils n'estoient arrivez hors de la saison, dans laquelle ils arriverent, qui ne passe jamais le 6. ou 7. d'Octobre.

Les effets qu'ils causerent, ne furent guere moins fâcheux dans la concurrence du temps, que ceux que causent les houragans; car non seulement plusieurs maisons furent abatuës, les maniocs, & les cannes renversées, mais les patates qui est la nourriture ordinaire des hommes & des animaux, furent gastées par les pluyes, & devinrent comme l'on dit dans le pays eauyche, c'est-à-dire aqueuse, d'où vint que la misere s'augmenta si fort, que la cassave toute frêche valoit une livre & demie de sucre, & lors qu'elle estoit seichée, il y avoit six livres pour cent de déchet.

Ce fut en ce temps aussi bien qu'en 1660. & 1661. que M. le Chevalier de Sales fit les belles actions de charité, dont j'ay parlé dans ma premiere partie, donnant si liberalement les vivres qu'il avoit aux pauvres, qu'il se vid reduit à en avoir besoin.

Pendant cette conjoncture, les Hollandois extrémement affligez de se voir à la veille de perdre le commerce des Isles, qui leur a valu plus de trente millions de livres, depuis qu'elles sont habitées par les François, & cela dans un temps auquel il alloit apparemment augmenter jusques à des sommes immenses, s'occuperent si bien à chercher des moyens pour se le conserver, qu'ils en trouverent un qui dans toutes les apparences du monde devoit estre infaillible; parce que les interests de Messieurs du Parquet & de Clermont Gouverneur de la Martinique, estant liez avec les leurs, ils avoient une personne puissante en Cour, qui estoit M. des Hameaux, pour presenter au Roy leur Requeste, appuyer les interests de ses parens, & pour luy representer le miserable estat de ces Colonies causé par la suppression du commerce des Hollandois & Flessingois, & pour obtenir la continuation du gouvernement en faveur de Monsieur de Clermont, & le rétablissement de leur commerce.

Ils firent si bien qu'ils gagnerent Monsieur de Clermont, dont les interests, quoy-que liez avec les Hollandois, estoient neantmoins bien differens ; car il ne butoit qu'à se maintenir dans son gouvernement pendant la minorité du petit du Parquet, où sans doute Monsieur des Hameaux l'auroit fait maintenir, si la chose eust reüssi, comme luy & les Hollandois le pretendoient : les peuples n'estoient que trop persuadez, & d'autant plus disposez à tenter toutes sortes de moyens pour se délivrer de leurs miseres, qu'ils se voyoient menacez de celles qu'ils apprehendoient le plus, par l'avis qu'ils avoient receu que le Roy avoit donné les Isles à une nouvelle Compagnie.

Mais parce que Monsieur de Tracy estoit extrémement redouté, comme un homme fort bien en Cour, & sans l'aveu duquel il y avoit fort peu d'apparence de rien obtenir de sa Majesté ; Monsieur de Clermont pour luy taster le poux, luy faisoit donner sous main des avis du dessein des peuples, & mesme se hazarda de luy en écrire, sans faire paroistre qu'il prist aucune part dans cette intrigue : mais il avoit affaire à un vieil Politique, qui connoissant facilement cette adresse Normande, luy fit une réponse en Picard, luy mandant que le voyage que feroient les deputez de la Martinique à la Cour pour cette affaire seroit inutile, parce qu'il ne pouvoit appuyer leur demande, ny mesme en avoir la pensée, & que la sienne en ce rencontre ruineroit plûtost les interests de M. du Parquet, & les siens en particulier, qu'elle ne les favoriseroit ; puis qu'on seroit fondé de croire que l'intention de cette requeste auroit esté insinuée sous main par ceux qui l'auroient deû empécher : si bien que peu de jours aprés Monsieur de Tracy receut une Lettre de M. de Clermont, par laquelle il luy mandoit que l'on ne songeoit plus à cette affaire.

Il faut icy remarquer deux ou trois choses avant que de faire partir Monsieur de Tracy pour aller à l'Isle de la Grenade.

La premiere, est qu'au commencement d'Octobre il arriva à la Martinique un Vaisseau Hollandois chargé de trois cens Negres, & un autre chargé de chevaux de corosol. Les Negres se vendoient alors dans les Isles trois mille livres de sucre, & les chevaux deux mille cinq cens; mais Monsieur de Tracy pour le soulagement des Peuples, reduisit les Negres à deux mille livres de sucre, & les chevaux à 1800. livres de sucre. Cela consoloit en quelque façon les Peuples: Mais d'autre part ce secours des Hollandois dans le fort de leur misere faisoit saigner la playe de la rupture du commerce avec eux; & bien que Monsieur de Tracy faisant des taxes sur toutes les denrées qui se debitent ordinairement dans les Isles en eust diminué le prix de plus de vingt pour cent, ils estoient tellement entestez du tort qu'ils pretendoient qu'on leur faisoit en les privant de ce commerce, que toute l'authorité & la prudence de Monsieur de Tracy n'alloit qu'à faire cesser les murmures & le bruit, mais jamais à leur arracher du cœur le chagrin qui les a fait depuis soûlever contre la Compagnie, & a obligé les Gouverneurs à se servir de remedes plus violens pour les reduire à leur devoir.

L'on apprit aussi sur la fin de Septembre que les Anglois qui estoient venus en grand nombre à sainte Lucie, y avoient apporté tres-peu de vivres, dans l'esperance de trouver la pesche, & la chasse meilleure qu'elle ne l'estoit en effet dans cette Isle; & d'ailleurs ayant esté contraints de travailler un peu rudement pour se loger, y avoient déja perdu 5. ou 600. hommes, & que mesme le Gouverneur, & quelques-uns des principaux Officiers y estoient morts du mal du païs, dont la plus grande partie des autres estoient aussi attaquez.

Monsieur de Tracy estant sur le point de partir pour faire le voyage de la Grenade, établit pour Gouverneur de l'Isle de la Guadeloupe en son absence, Monsieur du Lion, en attendant les provisions du gouvernement absolu qui luy estoient promises de la part du Roy & de la Compagnie, lesquelles toutefois il ne receut qu'en Mars 1665. comme nous dirons cy-aprés.

Bien que je n'aye découvert que tres-peu de choses du détail de ce peu de temps que Monsieur du Lion a gouverné l'Isle de la Guadeloupe, auparavant que la Compagnie eust pris possession des Ant-Isles, je suis obligé de luy rendre le témoignage que nos Religieux m'en ont donné parlant de luy en general; car ils m'ont asseuré qu'il s'y conduit avec beaucoup d'adresse, & de prudence, rendant & faisant la justice fort équitablement à tous les habitans, & gagnant adroitement les cœurs de tout le monde par une affabilité qui luy est comme naturelle.

CHAPITRE V.

Voyage de Monsieur de Tracy à la Grenade.

Monsieur de Tracy pressé par les plaintes continuelles des habitans de l'Isle de la Grenade, qui gemissoient depuis quelques années sous la fâcheuse conduite du Comte de Cerillac, & depuis quelques mois qu'il étoit retourné en France, sous celle de ses fils qui n'estoit guere plus moderée que celle de leur pere, fut enfin obligé de les aller visiter. Il leur en avoit donné des asseurances dés le commencement d'Octobre, sans lesquelles ils auroient infailliblement deserté, ou se seroient portez à quelque action du dernier desespoir. Mais voyant qu'il differoit un peu trop, & d'ailleurs craignant le retour de ce Comte, leur Seigneur & leur Gouverneur, ils dresserent une requeste qui contenoit des plaintes tres-fâcheuses contre luy & contre ses enfans, & l'envoyerent à Monsieur de Tracy. Le détail en seroit trop long & odieux, il suffit de dire que Monsieur de Tracy en fut touché jufques aux larmes, & qu'il quitta toutes fes autres affaires, quoy-que preffantes, pour y aller remedier.

§ I.

Monfieur de Tracy établit Monfieur Vincent Gouverneur de l'Isle de la Grenade.

MOnfieur de Tracy partit de la Guadeloupe le cinquiéme de Novembre 1664. & emmena avec luy Monfieur Vincent Capitaine au Regiment d'Orleans, Gentilhomme d'honneur, & d'un rare merite, & eftimé tel par tous ceux qui le connoiffoient, il prit encore avec luy un Sergent de bande, douze foldats, & environ 60. ou 80. bons habitans de la Guadeloupe & de la Martinique, qui dans l'efperance du changement qui s'alloit faire dans cette Isle, y furent prendre des habitations. En faifant fa route, il s'arrefta à la Martinique, où il employa le peu de fejour qu'il y fit, à rendre la juftice à tout le monde, comme il avoit fait auparavant, & à remettre les efprits éfarouchez par la crainte de cette nouvelle Compagnie, en les affeurant des bonnes intentions du Roy, & les confolant par les efperances des grands fecours qu'elle leur devoit apporter. Dans ce mefme temps, il fit une Ordonnance qui me femble d'autant plus confiderable, qu'elle eft la premiere qui femble avoir foûmis les Kareibes à l'autorité du Roy, ainfi que vous verrez par ce qu'elle contient.

Ordonnance concernant les Kareibes.

DE PAR LE ROY.

DEffenses sont faites à tous Kareibes qui sont habituez, ou qui voudront s'habituer parmy nous dans les Isles Françoises, de tuer, ou d'outrager de fait aucun des leurs, sous peine de bannissement perpetuel. S'il arrive quelque different entre-eux, ils en viendront faire leur rapport au Gouverneur pour sa Majesté, ou en son absence au Iuge étably dans l'Isle, lesquels décideront leurs affaires avec toute justice, comme ils font celles des François, & s'arresteront à leur jugement, sans qu'il leur soit permis de vuider leurs differens par d'autre voye, attendu que comme le Roy les prend sous sa protection, ainsi que les François qui sont ses sujets naturels, ils doivent aussi s'assujetir à toutes les Ordonnances de sa Majesté. Fait à la Martinique ce 19. Novembre 1664.

C'est là estre fort éloigné des sentimens de quelques Gouverneurs, qui se sont autrefois donné le divertissement de les faire batre en duel à coups de fléches en leur presence.

Il arriva à la Grenade le 22. de Novembre 1664. & trouva cette Isle dans une étrange misere, abandonnée au dehors par le defaut de toute sorte de secours de l'Europe, à cause du décry de leur Gouverneur, & opprimée au dedans par ceux qui ne devoient établir leur fortune que sur la félicité & la richesse de leurs habitans, lesquels estoient reduits à 150. de 500. que le Comte de Cerillac y avoit trouvé, lors qu'il en prit possession.

Deux Reverends Peres Capucins qui s'y estoient établis depuis que le Reverend Pere Bresson Docteur en Theologie de mon Ordre en estoit sorty pour n'avoir pû approuver la conduite de ce Comte, y faisoient les fonctions de Missionnaires. Ces deux bons Peres estoient reduits à vivre du gibier

gibier que l'un d'eux, qui sçavoit bien tirer, apportoit tous les jours de la chasse. Monsieur de Tracy les assista autant qu'il le put dans ce temps, où l'on crioit famine dans toutes les Isles.

Il fut receu dans celle-cy de mesme que dans toutes les autres, & le 24. du mesme mois il receut le serment de fidelité que les habitans presterent au Roy entre ses mains, & s'occupa jusqu'au 28. à vuider les differens, sans aucune acceptation de personne ; faisant payer aux habitans plus de 80000. livres de petun qui leur estoient deuës par Monsieur de Cerillac, dont ils n'esperoient jamais un double. Il distribua des terres aux habitans des autres Isles qu'il avoit amenez avec luy, dont la plus grande partie estoient en estat d'y faire passer du monde, & de la faire valoir.

Le 29. du mesme mois Monsieur de Tracy établit Monsieur Vincent dans cette Isle, pour y commander en attendant que le Roy luy eust envoyé une Commission de sa part. Celle que luy donna Monsieur de Tracy est du vingt-quatriéme de Novembre, & faite dans la Guadeloupe avant son départ.

Incontinent aprés la lecture de la Commission de Monsieur Vincent, il le fit entrer avec le Sergent, & les douze Soldats dans le Fort, duquel il fit sortir le Chevalier de Cerillac, & l'obligea à vivre en homme privé dans une maison particuliere, où il demeura environ deux mois, aprés lesquels Monsieur de Tracy le renvoya en France avec le sieur de Madirac, qui estoit tout le conseil de Monsieur son pere. Il y avoit déja quelque mois que le Marquis de Cerillac son frere ayant sceu que Monsieur de Tracy estoit arrivé à la Martinique, s'y estoit rendu pour le saluër ; mais M. de Tracy l'ayant trouvé assez disposé à faire un voyage en France, le fit embarquer dans le premier Navire qu'il trouva prest à faire voile, & dés ce temps M. de Cerillac perdit le gouvernement de cette Isle, laquelle il revendit quelque temps aprés à la Compagnie plus qu'elle ne luy avoit cousté, comme je diray cy-aprés.

Vn peu avant le départ de Monsieur de Tracy, il fut averty que l'on avoit souffert que les Heretiques s'assemblassent dans une maison particuliere pour vaquer aux exercices de leur Religion. Cela l'obligea à faire cette Ordonnance, qui est la seule que j'ay trouvée dans son Registre, faite pour la Grenade.

De par le Roy.

DEffenses sont faites à toutes personnes de la Religion pretenduë Reformée, de quelque qualité qu'ils soient, de s'assembler en quelque lieu que ce puisse estre, sous aucun pretexte, pour faire leurs prieres en commun, ny de parler en aucune maniere des Mysteres de la Foy; à peine aux contrevenans de payer 100. livres de petun d'amende, applicables aux Eglises, & d'estre puny selon la rigueur des Ordonnances. Fait à la Grenade ce vingt-huictiéme de Novembre 1664.

Toutes ces choses achevées, Monsieur de Tracy se r'embarqua le 29. de ce mesme mois sur le soir, & fit voile le lendemain pour s'en retourner aux autres Isles, & pendant qu'il sera en chemin, je continuëray à dire ce qui se passe dans celle-cy.

§ II.

Les Sauvages entreprennent de faire la guerre aux François.

APrés le départ de Monsieur de Tracy, les habitans commencerent un peu à respirer sous la sage conduite de Monsieur Vincent, qui d'abord leur permit toute sorte de chasse & de pesche, tant dans l'Isle que dans les Grenadins, laquelle leur avoit esté interdite jusques alors, par le Comte de Cerillac; de sorte que non seulement ils vivoient à leur aise, mais encore plusieurs y faisoient des profits considerables sur le caret & sur la viande qu'ils vendoient à ceux qui s'occupoient à faire des marchandises.

Mais la Compagnie ne s'estant proprement attachée qu'aux trois principales Isles, & à celle de Cayenne, negligeant toutes les autres, ou leur envoyant si peu de secours, qu'ils ne faisoient que languir ; cette bonne Isle demeura presque abandonnée de la Compagnie, n'ayant autre secours que de la Barque d'un habitant particulier, qui portoit leur caret & leur petun aux autres Isles, & en rapportoit quelque marchandise. Ils recevoient encore quelques assistances de quelques Barques particulieres qui passoient, & repassoient par cette Isle, en allant traiter à la terre ferme : mais ces secours estoient si foibles, & si éloignez de ce qui estoit necessaire pour la faire valoir, que la plus grande partie des habitans, que Monsieur de Tracy y avoit amené avec luy, & ausquels il avoit donné des terres proportionnées au monde qu'ils devoient amener, se retirerent & ne parlerent plus de venir à la Grenade, & toutes les belles esperances de Monsieur de Tracy furent ruinées, & les progrez de cette Isle reculez ; en attendant des temps plus favorables, que ceux que nous avons eu jusques à present.

Il faut inferer de ce que je viens de dire, que si quelqu'un vouloit faire valoir cette Isle, il faudroit qu'il fust assez fort pour la faire subsister, jusques à ce qu'elle fust assez peuplée pour faire une si grande quantité de marchandise, que les Marchands fussent guaris de la crainte qu'ils ont de perdre les frais d'un voyage fait à faux ; parce que le seul defaut de la Grenade est d'estre un peu au dessous du vent des autres Isles, & hors de la route ordinaire des Navires. Cela supposé, je puis asseurer que cette Isle apporteroit plus d'utilité à celuy qui l'auroit entrepris, & seroit plus frequentée que toutes les autres Isles, comme estant à mon sens la meilleure.

Cependant les Sauvages, qui s'estoient relogez dans l'Isle de la Grenade, depuis la venuë du Comte de Cerillac, & qui estoient sur le point de se défaire du Comte & de sa Colonie lors que M. de Tracy y arriva, voyant que les François estoient comme abandonnez des autres, penserent à profiter de leur foiblesse, en leur faisant traitreusement la guerre. Ils vinrent eux-mesmes donner avis à Monsieur Vincent que les Sauvages de *Paria* avoient dessein de luy faire la guerre; mais ce Gentilhomme qui penetroit dans le cœur de ces animaux, vid bien que c'estoient eux-mesmes qui la vouloient faire sous le nom des *Pariats*; c'est pourquoy il leur repondit qu'il vouloit absolument qu'ils se missent de la partie, avec ceux de *Paria*; parce qu'estant vestus de mesme, il n'en vouloit faire aucune distinction.

Il fit en suite deffense à tous ses habitans de sortir sans armes, de ne s'éloigner jamais des habitations qu'en troupes, & en estat de se bien deffendre; si bien que ces Barbares voyant que l'on avoit rompu tout commerce avec eux, & que les François se disposoient à leur faire bonne guerre; commencerent à l'apprehender eux-mesmes, & envoyerent des deputez à Monsieur Vincent, pour le prier de vivre en paix avec eux. Il leur repartit qu'il estoit resolu de ne les pas attaquer; mais que si une fois ils faisoient la premiere démarche par un acte d'hostilité, il n'y auroit jamais aucune esperance de paix à leur égard; & qu'il feroit tuer tous les deputez qui la viendroient demander. Cela les obligea à la demander avec tant d'instances & de soûmission, qu'elle leur fut accordée, & ils ont du depuis vescu en tres-bonne intelligence avec M. Vincent, & les habitans de cette Isle. Monsieur de Tracy ayant attentivement consideré les avantages de cette belle Isle, en écrivit ses sentimens à M. C. en ces termes.

,, Vous avez en France M. de Cerillac, auquel appartient
,, cette Isle incomparable de la Grenade, qu'il a laissée com-
,, me aneantie par sa conduite, obligez-le à s'en défaire, autre-
,, ment elle restera toûjours inutile. Si je n'avois que cin-
,, quante ans, j'employerois tout le credit de mes amis pour
,, l'achepter: il ne sera pas plûtost averé qu'elle aura changé
,, de main, que deux mille hommes, soit de France, ou des au-
,, tres Isles s'y viendront habituer. C'est un tresor caché
,, dans lequel on est exempt des houragans: la terre y est si

bonne, la pesche & la chasse si abondante, & les tatoüs si " communs pendant six mois de l'année, que cette Isle peut " fournir tout ce qui est necessaire à la vie de ses habitans. Il y " a un havre si asseuré pour cent Navires, de trois à quatre " cens tonneaux, que celuy de Cayenne ne l'est pas davan- " tage.

Description de l'Isle de la Grenade, tirée des memoires de Messieurs de Tracy & Vincent.

Bien que j'aye fait une assez ample description de l'Isle de la Grenade dans la premiere partie de mon Histoire, Monsieur Vincent s'estant appliqué pendant son gouvernement avec un peu plus de loisir & de commodité que moy, à en faire une tres-exacte, qu'il m'a fait la grace de me communiquer; j'ay esté obligé d'en faire part au public, abregeant ce que j'y ay trouvé de superflus; & ajoûtant quelques particularitez, que Monsieur de Tracy y a remarquées, lors qu'il l'alla visiter.

L'Isle de la Grenade située à 11. degrez & demy du Nord de la ligne équinoctiale, est la plus Meridionale de cette chaîne d'Isles qui enferme le Golfe de Mexique, du costé de l'Est, lesquelles les Espagnols appellent Ant-Isles, ou bartoloüent. Elle est à vingt lieuës de la Trinité, & à trente de la terre ferme.

Sa forme seroit presque ronde si la pointe des salines, qui s'étend assez loin vers le Sudoest, ne luy donnoit un col, comme à une Cornemuse qui couvre une grande ance, ou une grande baye, dans laquelle 1000. Navires peuvent aisément, & en asseurance moüiller leurs ancres, sur un fond de sable vaseux qui est le meilleur de tous les fonds qui se puissent rencontrer.

Toute la coste de cette Isle qui regarde l'Oest, c'est à-dire jusqu'à la pointe du grand pauvre, aussi bien qu'en celle du Sud entre la pointe des salines & des pirangues. Le fond y est sain, net & tres-asseuré jusques tout proche de terre ; & s'il en faut donner une raison, c'est que cette Ile ne s'est jamais ressenti des Ouragans qui bouleversent toutes les rades des autres Isles, & cause tous les changemens & tous les desordres qui s'y rencontrent.

Au milieu de cette grande baye est ce Port admirable nommé Louis, qui est un enfoncement de mer dans la terre, capable de tenir cent Navires de 1000. tonneaux amarés, & la prouë sur le rivage en seureté, comme dans une boîte. L'entrée est composée de deux petites montagnes, éloignées environ de 600. pas, & il faut que les grands Vaisseaux passent à 80. pas de l'une de ces montagnes pour y entrer, parce qu'il y a un banc de sable, qui couvre ce Port, sur lequel il ne peut passer que des grandes barques : ce qui abrye tellement les Vaisseaux qui y sont, que la mer pour agitée qu'elle puisse estre au dehors, n'y blanchit & ny écume jamais.

A main droite de ce Port en entrant, il y a un grand estang, qui n'en est separé que par un terrain large de dix ou douze toises, sur environ cent de longueur, que l'on peut coupper, & y faire entrer l'eau de la mer, & en faire une communication avec le Port, & ainsi l'augmenter de toute la capacité de l'estang, qui a par tout 3. 4. 5. & en quelques endroits 8. ou dix brasses de profondeur, & l'on y pourroit carener cent Navires tout à la fois.

Monsieur Blondel envoyé exprés dans ces Isles pour y tracer les fortifications necessaires, a tracé sur l'une des deux petites montagnes, qui sont à l'embouchure du Fort, une tenaille d'environ trente toises, entre les deux flancs des deux bastions de vingt pieds, chacun opposez à l'endroit de la montagne, qui regarde le Nordest, & par où la montée est plus aisée. Les faces des deux bastions se terminent de part & d'autre aux extremitez de la largeur sur les roches escarpées du contour : au milieu de la courtine est la porte de six pieds de large, audevant de laquelle est une demy-lune sur la mesme avenuë, de sept toises de face, prenant leur deffense de l'angle de l'épaule des demy bastions.

Tout cecy devoit estre construit par l'ordre de Monsieur

Des Ant-Isles de l'Amerique.

Blondel, de terre & de fascines : mais Monsieur Vincent ayant appris que ces sortes de travaux ne valent rien dans les Isles, il le fit faire de bonnes pierres. En sorte que ce Port est parfaitement deffendu.

Il ne donne à cette Isle que vingt-quatre lieuës de circuit, & asseure que toutes ses costes sont remplies sur les rivages de plusieurs belles valées, arrousées d'autant de belles rivieres, dont la plus grande partie coulent & descendent d'un lac, qui est au sommet d'une haute montagne au milieu de cette Isle. Il y a tout à l'entour de l'Isle plusieurs ances ou bayes, qui sont comme des petits ports, où il fait fort bon mouiller, & décharger les marchandises en seureté.

Voila la description que j'ay tirée des memoires de ces Messieurs. Si le Lecteur en veut sçavoir quelque chose davantage, il pourra avoir recours à celle que j'ay faite dans la premiere partie de mon Histoire.

Quelque temps apres le depart de Monsieur de Tracy, M. Vincent receut de la Compagnie, une Commission de Gouverneur pour trois ans; mais il ne la voulut pas accepter, avant que d'en avoir une du Roy, qu'il n'eut que l'année suivante. Laissons un peu la Grenade dans son abandon; suivons Monsieur de Tracy à la Guadeloupe, & voyons le veritable estat auquel estoient les Ant-Isles, lors que les Officiers de la Compagnie des Indes Occidentales en vinrent prendre possession.

§. III.

Les miseres, aussi bien que les mécontentemens des habi-
tans s'augmentent, & Monsieur de Tracy écrit
en Cour en leur faveur.

IL ne faut point douter que la misere, aussi-bien que les mécontentemens des habitans n'ayent augmenté pendant le voyage que M. de Tracy fit à la Grenade, & qu'ils n'ayent continué jusqu'à l'arrivée, & la prise de possession de ces Isles par la Compagnie, parce qu'il n'y venoit presque point de secours de l'Europe, & que d'ailleurs les habitans se voyoient tomber sous la puissance d'une nouvelle Compagnie, dont les propres Imprimés, aussi bien que les Gazetes ne leur faisoient esperer pour l'année prochaine, tout au plus que douze Navires, qui estoit environ la sixiéme partie de ce qu'il en faloit pour les faire subsister sans le secours des Etrangers: & il est constant que la Compagnie, qui n'avoit pas encore pris possession des Ant-Isles, & qui n'épargnoit rien pour faire valoir l'Isle de Cayenne, les laissa depuis le mois de Septembre jusqu'à la fin de l'année 1664. avec si peu de secours, que les peuples en estoient reduits au desespoir, & que le peu de Commis qui estoient dans ces Isles pour debiter les traites que la Compagnie de terre ferme y avoit envoyé, en attendant que la grande Compagnie en eust pris possession, faisoient déja tant de friponneries, que Monsieur de Tracy fut obligé d'en écrire ses sentimens à la Cour, en ces termes.

„ Ie soûmets mon jugement aux raisons qu'on a pû avoir
„ dans le Conseil du Roy, pour gratifier la Compagnie de
„ ces Isles: le present n'est pas mediocre, & le profit qu'elle
„ en tirera, n'est pas éloigné: Il y a bien de la difference de

commencer

commencer des Colonies, ou de trouver des lieux en l'estat "
qu'est S. Christophle, la Guadeloupe, la Martinique, & "
les autres Isles. Vn peu plus bas il dit.

   Ie puis asseurer avec honneur, que pourveu que l'ordre "
que Dieu a permis que j'aye estably dans ces deux dernieres "
Isles, soit maintenu avec vigueur & avec justice, qu'on tire- "
ra dés l'année 1668. le double des droits, & qu'on en leve- "
ra le double des marchandises, qui s'en leve presentement. "
Mais le desir de faire une fortune prompte fait negliger "
l'ordre, & l'avarice des Commis alterez, soit pour vouloir "
vendre trop cher, soit pour falsifier les vins, les eaux de "
vie, farines, viandes, & les autres denrées qui viennent "
de France, est tout-à-fait à craindre avec des peuples mal "
persuadez des bonnes intentions de la Compagnie, & qui "
sont tres-éloignez du Soleil, quoy-qu'ils soient sous la Zone "
torride. Et en continuant ses plaintes du peu de secours que "
les peuples recevoient en ce temps, *il dit* : les jours gras, & "
de réjouyssances qu'on fait par tout dans les Isles, comme "
ailleurs, seront pour les peuples ceux d'abstinence : & com- "
me ils en sont moins assoupis, ils se levent d'assez bon matin, "
pour contempler une Comete qui paroist en ces quartiers "
depuis six semaines, & qui regarde le Nord-Nordest & "
l'Est Sudest, qui sans doute estoit le presage des malheurs, "
& de la guerre dont je parleray cy-apres.

   Voila la veritable disposition dans laquelle estoient toutes les Isles, jusques à ce que la Compagnie des Indes Occidentales y fut établie & reconnuë : & pendant que sa flotte est en chemin pour en venir prendre possession, il faut que dans les deux derniers Chapitres de ce traité, je divertisse le Lecteur de ce qui me reste des Histoires des Isles de sainte Croix, de celle de la Tortuë, & des établissemens faits dans la coste de saint Dominique.

P.

CHAPITRE IV.

Estat de l'Isle de sainte Croix, gouvernée par Monsieur du Bois, tant sous la Seigneurie des Chevaliers de Malthe, que sous la Royale Compagnie des Indes Occidentales.

Bien que j'aye conduit assez loin l'Histoire de l'Isle de sainte Croix dans la premiere partie de mon Histoire generale des Ant-Isles de l'Amerique ; estant neantmoins obligé d'avoüer que je n'ay pas esté fidelement instruit des dattes, & de quelques circonstances qui s'y sont rencontrées, je ne me puis dispenser de la reprendre de plus loin, & de remonter jusques à la premiere promotion de Monsieur du Bois à ce gouvernement ; afin de corriger les fautes qui s'y sont glissées, & pour faire part au public des choses qui m'ont depuis esté communiquées avec plus de certitude.

§ I.

Promotion de Monsieur du Bois au gouvernement de l'Isle de sainte Croix, par Monsieur le Baillif de Poincy.

J'Ay déja dit ailleurs que les belles qualitez de Monsieur du Bois ayant charmé l'esprit de Monsieur de Poincy, il fut choisi par ce grand homme pour estre Gouverneur de cette Isle. Mais je ne sçavois pas qu'il y avoit esté particulierement excité par les pressantes recommandations de feu Monsieur de Souvray Grand Preur en France, de la Reli-

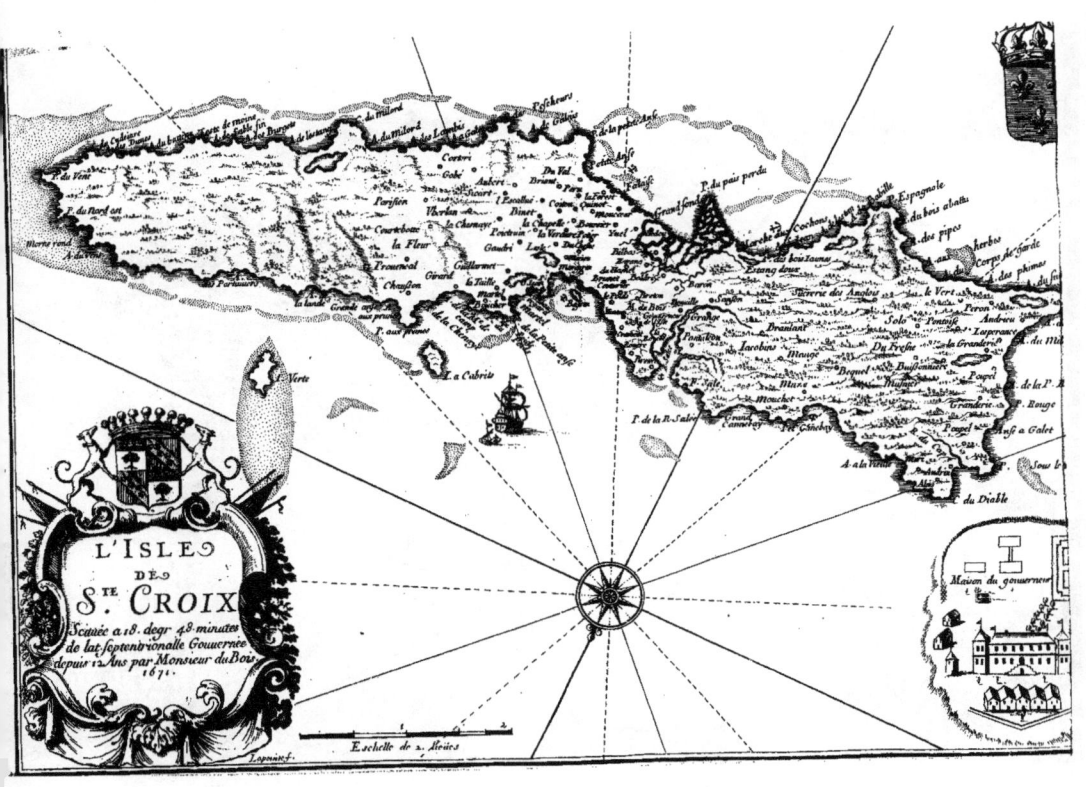

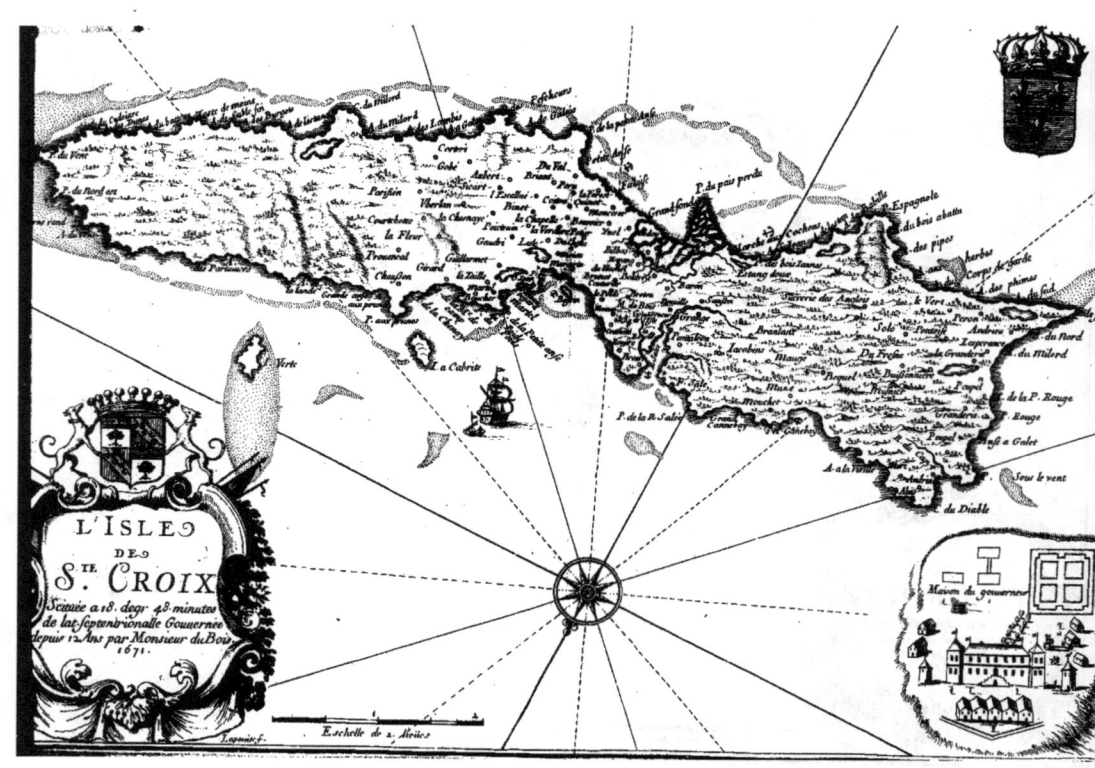

gion de Malthe , & Ambassadeur de cet Ordre auprés de sa Majesté Tres-Chrestienne, qui l'asseuroit des emplois que ce Gentilhomme avoit possedez en France, comme de Gentilhomme ordinaire chez le Roy , de Commissaire general à la conduite & police du Regiment des Gardes , & du commandement de trois mille Suisses sous Monsieur le Mareschal de Grandmont, dont il s'estoit tres-dignement acquité, luy témoignant aussi dans les mesmes Lettres , que ce Gentilhomme n'avoit point perdu les bonnes graces du plus grand Monarque du monde, dont il avoit l'honneur d'estre consideré, par aucune action qui peust ternir sa réputation : mais que le seul bruit de ce funeste rencontre qu'il eut avec le sieur de Busserolle Capitaine aux Gardes, ayant produit quelque desordre dans ses affaires, il avoit esté obligé d'attendre le pretieux moment qui les pourroit rétablir.

Cette Isle avoit souffert toutes les secousses & toutes les miseres inseparables des premiers establissemens des nouvelles Colonies dans les Isles que l'on commence à découvrir ; & la mauvaise conduite de quelques Commandans, & des Commis que Monsieur de Poincy y avoit envoyé pour s'y conserver le commerce , l'avoient mise dans un estat qui faisoit apprehender la ruine totale de cet établissement : neantmoins M. du Bois ne laissa pas d'accepter cet employ, parce qu'il luy parut comme une premiere demarche, qui accompagnée de ses soins, le pouvoit conduire à quelque chose de plus grand : Mais comme c'est un esprit penetrant, & qui conçoit avec une vivacité merveilleuse, les difficultez les plus cachées de toutes les affaires que l'on luy propose, il découvrit incontinent les écueils qui avoient ensevelis ses predecesseurs dans cette charge; & pour s'en garentir, il exigea deux choses de Monsieur le General de Poincy avant que de s'y vouloir engager.

La premiere, qu'il laisseroit la liberté entiere du commerce dans cette Isle, luy faisant entendre que le droit de capitation luy estoit incomparablement plus avantageux, & plus seur que le profit qu'il y auroit peû faire par un commerce qui le rendoit odieux à tous ses habitans. Il luy fit aussi connoistre que plusieurs voleurs qu'il y envoyoit sous les noms de Cõmis, y avoient par leur tirannie non seulement fait leurs affaires, en ruinãt celles de leurs Maistres; mais qu'ils avoient esté cause de toutes les revoltes, de toutes les desertions, & mesme de la ruine de cette Colonie, qui devant être de deux ou trois mille personnes, se trouvoit neantmoins reduite à 50. par la mauvaise conduite de ces fripons. Cette premiere condition ayant esté trouvée fort raisonnable, luy fut absolument accordée.

La seconde chose qu'il luy demanda, fut de luy donner d'abord quatre cens hommes, pour le mettre en estat de se deffendre contre les Espagnols de S. Iean de Porteric, qui estant voisins de cette Isle, le pouvoient détruire quand il leur plairoit, à moins qu'il n'eust ce nombre d'hommes pour les soustenir. Mais Monsieur de Poincy ne se trouvant pas alors en estat de luy fournir le nombre des hommes qu'il luy demandoit, luy en donna une partie, & luy promit de luy fournir le reste dans six mois au plus tard.

Monsieur du Bois fort content des promesses de M. de Poincy, s'embarqua au mois d'Avril 1659. avec le peu de monde qu'il luy put fournir sur le champ, & les munitions necessaires, en attendant un plus grand secours qu'il luy devoit envoyer. En arrivant dans cette Isle, il n'y trouva que quarante ou cinquante hommes portans armes, tres-rustiques, peu disciplinez, & qui n'avoient jamais obey à leurs Commandans, qu'en des choses conformes à leurs sentimens. Il est unanimemẽt loüé d'avoir eu assez de prudence pour civiliser, adoucir & changer les mœurs de ces sortes de gens, & les avoir reduits à porter le respect deû à leurs Commandans.

Les premiers mois de son gouvernement furent assez heureux, & cette Isle commençoit à se repeupler & à donner des esperances d'un heureux succés, lors qu'il tomba malade sur la fin de l'année, & fut contraint de se retirer à saint Christophle pour y recouvrer sa santé.

Pendant son sejour dans cette Isle, Monsieur de Poincy mourut, & eut pour successeur Monsieur le Chevalier de Sales, de sorte que Monsieur du Bois ne perdit à la mort de M.

de Poincy, que son amitié; car M. le Chevalier de Sales qui l'estimoit autant que son predecesseur, le pria à mesme temps de retourner dans sainte Croix, d'y tenir toutes choses en bon estat, luy promit de luy en continuer le gouvernement, & d'employer tous ses soins pour faire changer de face aux affaires de cette Isle. Cela l'obligea d'y retourner apres Pasques 1660. & il y travailla avec tant d'application, qu'avant que six mois fussent écoulez, cette Isle qui jusqu'alors avoit esté si décriée, recouvrit sa reputation.

§ II.

Apres la mort de M. le Baillif de Poincy, Monsieur de Sales continuë Monsieur du Bois dans le gouvernement de l'Isle de Sainte Croix.

LA necessité des affaires de Monsieur du Bois l'ayant fixé à s'établir dans les Ant-Isles, il resolut de s'y marier, & estant venu dans ce dessein à S. Christophle, il y recherca la fille de Monsieur de la Fontaine, Capitaine au quartier de la pointe de Sable, homme d'honneur, brave, riche, & dont la fille passoit pour une des plus parfaites du pays. Monsieur du Bois qui ne luy cedoit en rien pour les avantages de la nature, & qui d'ailleurs possedoit les bonnes graces de M. de Sales, & estoit dans un poste tres-considerable, charma tellement la fille & les parens, qu'ils n'hesiterent point à le preferer à tous ceux qui la recherchoient, croyant fermement qu'en la mettant entre ses mains, ils la faisoient la plus heureuse femme des Isles.

Apres que les nopces furent celebrées, Monsieur le Chevalier de Sales passa un bail avec Monsieur du Bois, pour & au nom de la Seigneurie de Malthe, par lequel il luy laissoit pour 4. ans, la ferme que Messieurs les Chevaliers avoient dans cette Isle, moyennant la somme de 30000. livres de sucre par chacun an: que les deux premieres années il ne paye, roit aucune chose, & qu'au cas qu'il ne trouvât pas son conte à ce marché, il luy seroit permis de remettre le bail au bout de 3. ans, en rendant compte à Monsieur de Sales de tout ce qui auroit esté fait sur cette place : moyennant quoy Monsieur de Sales s'engageoit à luy faire valoir son entretien & sa table, & luy donneroit une honneste recompense.

Monsieur de Sales l'honora d'une Commission de Lieutenant Colonel commandant dans cette Isle, celle de Gouverneur estant reservée à un Chevalier de Malthe. Il ne laissa pas d'en porter le nom, & d'y estre consideré comme s'il l'eust esté en effet. Il luy promit aussi que jamais il n'y auroit de Gouverneur au dessus de luy dans cette Isle, si ce n'estoit un Chevalier, & en reconnoissance de ses services, des peines & des fatigues qu'il avoit essuyées pour remettre cette Isle dans un meilleur estat qu'il ne l'avoit trouvée; il luy accorda au nom de son Ordre, non seulement une exemption de tous les droits seigneuriaux, pour luy & les siens durant sa vie, mais encore la perception d'un tiers de tous les droits que la Religion de Malthe recevroit dans cette Isle, pendant qu'il y commanderoit sous son autorité, & il en a toûjours joüy, jusques à ce que la Compagnie ait esté en possession de cette Isle.

Toutes ces choses achevées, Monsieur du Bois partit de S. Christophle avec Madame sa femme, une trentaine de bons habitans, entre lesquels il y en avoit plusieurs capables de faire de bonnes habitations. Le Reverend Pere le Clerc s'embarqua aussi avec eux, pour aller prendre part aux travaux du Reverend Pere du Bois, qui avoit commencé la Mission de nostre Ordre dans cette Isle.

Tout cet équipage arriva à sainte Croix, dans un grand Navire Hollandois, le 9. de May 1661. Monsieur du Bois dans le commencement, parut de si belle humeur, qu'il accordoit presque tout ce que ses habitans luy demandoient. Il tenoit table ouverte, & faisoit toutes choses de si bonne grace, qu'il s'attiroit des habitans de toutes parts.

Monsieur de la Fontaine son beaupere, qui l'aymoit tendrement, se servit de l'occasion de la famine qui estoit alors à

S. Christophle, & excitoit tous les pauvres habitans à se retirer dans cette Isle, & leur faisoit fort genereusement des avances tres-considerables pour s'y establir, & les y faire subsister.

M. de Sales ne refusoit à personne congé d'y aller, au contraire il les y excitoit, & disoit souvent à nos Peres qu'il estoit resolu d'employer tous les droits Seigneuriaux à acheter des Esclaves, & les avancer à credit aux habitans, afin de les aider à faire quantité de marchandises, pour mettre cette Isle en reputation.

Toutes choses y prosperoient, & les habitans qui lors que Monsieur du Bois fut marié, n'estoient que 80. hommes portans armes, se trouverent cinq mois aprés accrus jusques au nombre de 600. mais le seul inconvenient de cette prosperité, fut que ces nouveaux habitans venant en foule, n'apportoient point de vivres; & les vieux habitans n'en ayant fait que pour eux, le pain manqua tout-à-fait à ceux-cy, & si ce n'eust esté ce qu'ils pouvoient avoir à coups de fusil, & le secours de quelques Barques & Navires étrangeres, la famine y auroit esté aussi grande qu'à S. Christophle, où elle estoit depuis quelque temps causée par une extreme secheresse.

L'on ne parloit neantmoins dans cette Isle pendant les 5. premiers mois que de jeu, que de festins & de divertissemens, Monsieur du Bois exerçoit la jeunesse avec un grand soin, à manier les armes, à faire l'exercice, & proposoit des recompenses à ceux qui feroient le mieux; & il a toûjours continué cette loüable coustume, qui entretenoit une gayeté tres-utile parmy ses habitans, & les rendoit adroits, aguerris, & toûjours en estat de bien deffendre cette Isle, si l'occasion s'en estoit presentée.

Ce petit siecle d'or ne dura guere; car trois ou quatre mois aprés que M. du Bois fut arrivé, la disette s'augmenta, & les pauvres engagez commencerent à souffrir la faim, qui est une terrible maladie, & la source presque de toutes celles qui ont fait mourir tant de François dans les Isles depuis qu'elles sont habitées. Ce commencement de maux fut suivy d'un autre plus grand, qui ne sera pas la fin de leurs miseres. Car apres cette grande sécheresse, qui avoit bruflé les patates & les maniocs jusques dans la terre, les pluyes vinrent tout à coup, qui trouvant des corps déja atténuez par la misere, & par la faim, firent un si grand nombre de malades, qu'il s'en trouvoit dans l'Isle jusques à 400. allitez tout à la fois, & qui estoient presque tous executez par les trois bourreaux ordinaires des Isles, qui sont la melancholie, le defaut de nourriture, & celuy des medicamens. Enfin pour comble de tous ces malheurs, Louyse de Paris, cette vertueuse femme de M. du Bois, qui devoit vivre un siecle pour le bien de ces habitans, mourut le 28. de Septembre, & fut enterrée le lendemain autant solemnellement que le lieu le pouvoit permettre.

Il est certain que pendant le cours de cette année, tous les habitans de cette Isle souffrirent beaucoup; parce que l'Isle de S. Christophle, d'où elle tiroit en ce temps-là une bône partie de sa subsistance & des choses necessaires, ayant esté la premiere atteinte de la seicheresse & de la famine, ne se trouva plus en estat de la secourir comme elle avoit fait auparavant : de-sorte que les miseres dont elle estoit alors affligée, s'estendirent jusques dans l'Isle de sainte Croix, & il est indubitable que sans l'application & les soins de Monsieur du Bois, pour remedier à tant de maux, cette Isle auroit esté en peu de temps reduite au mesme estat qu'elle estoit avant son arrivée.

Lors que je parleray de la prise de possession de cette Isle par les Officiers de la Compagnie des Indes Occidentales, je diray en quel temps, & de quelle maniere Monsieur du Bois a esté presenté au Roy par les Directeurs, & en suite honoré des provisions du gouvernement de cette Isle de la part de sa Majesté.

Soulevement

§. III.

Soulevemens de quelque particulier de cette Isle, appaisez par la diligence du Gouverneur.

LA necessité & les miseres de cette Isle s'augmentant tous les jours, plusieurs Habitans se rebuterent, & environ un an apres la mort de la femme de Monsieur du Bois, quelques-uns effrayez de tant de maux, resolurent d'enlever une barque, ou de se sauver sur des piperis. Ils communiquerent leur dessein à quelques Engagez, qui se firent d'autant plus volontiers de leur party, qu'ils creurent ne pouvoir trouver de pire condition que la leur ; & la troupe s'étant grossie jusqu'au nombre de trente, ils firent provision de vivres, de poudre, de plomb, & de chacun un bon fusil, & comme des étourdis, ils gagnerent le bois, sans sçavoir ce qu'ils vouloient faire, ny où ils devoient aller.

Le Reverend Pere le Clerc fut cause que cette équippée fut decouverte : car s'estant apperceu qu'il avoit perdu un Engagé, il en avertit le Gouverneur, qui prenant incontinent garde aux siens, trouva qu'il en avoit perdu sept.

Il ne faut point douter que cette levée de bouclier n'eust esté conceuë à l'ombre de quelque bouteille d'eau de vie, dont les vapeurs s'estant un peu dissipées, nos fugitifs trouverent plus de difficulté à leur entreprise, qu'ils n'en avoient preveû le jour auparavant. Ils envoyerent chercher le Reverend Pere le Clerc, pour le prier de se faire leur mediateur envers M. du Bois. Ce bon Pere les fut trouver, & les ayant veu repentans, il leur promit le pardon, pourveu qu'ils vinssent avec luy se jetter aux pieds de M. de Bois, pour implorer sa misericorde.

Q

Cependant Monsieur du Bois avoit déja fait mettre le monde de son quartier sous les armes, & s'estoit acheminé avec ses Officiers vers la pointe de Sable, pour y chercher les fugitifs, lors que le Pere venant au devant de luy, luy dit qu'il leur avoit parlé, & qu'ils retourneroient, s'ils ne craignoient la rigueur de sa colere & des châtimens ; & que se confiant en sa bonté, il leur avoit promis le pardon qu'il luy demandoit tres-humblement pour eux ; & en mesme temps il luy en presenta sept, lesquels parlants plustost en gens qui vouloient composer pour eux & pour leurs camarades, qu'en supplians, ne firent qu'augmenter leur crime & aigrir la colere de Monsieur du Bois, qui concevant mieux que ce Religieux la consequence de ces soûlevemens & de ces desertions, fit arester ces sept, & dit au Pere : Allez si vous voulez porter ma parole aux autres : mais je ne vous promets pas de la tenir. Mais le Religieux le voyant un peu adoucy fut trouver les fugitifs, & leur dit franchement ce qui s'estoit passé à l'égard de leurs camarades ; & que neantmoins il leur conseilloit de luy venir demander pardon.

Ils y vinrent tous à la reserve de huit que la crainte du châtiment retint dans les bois, attendant ce qui arriveroit de leurs compagnons, ou l'occasion de quelque barque pour se sauver : mais comme ils ne parurent pas plus soûmis que les autres, M. du Bois les fit tous mettre aux fers, & en suite juger par le Conseil, qui les condamna tous à trois ans de service, & à estre batu de liennes deux fois la semaine, trois semaines durant : mais Monsieur du Bois les exempta du dernier supplice.

Ie suis obligé de faire icy une petite digression, avant que de parler de la fin déplorable de ces huit ou neuf fugitifs, que M. du Bois faisoit chercher, pour en faire une justice exemplaire.

Il faut donc remarquer, au rapport du Reverend Pere le Clerc qui y demeuroit alors, qu'il y a une sorte d'oyseaux, gros comme des grives, noires comme des merles, ayant la teste grosse, & le bec crochu, & en un mot fort laids, lesquels l'on appelle dans cette Isle *Ames damnées*, ou *Ames d'Anglois* : & il y a eu autrefois des Habitans assez simples, pour croire que c'estoient les ames des Anglois, qui y avoient esté massacrez par les Espagnols. Ces oyseaux cherchent les hommes qui sont arrestez ou cachez dans les bois, ou dans les broussailles, & s'attrouppent voltigeans, crians & faisans un si grand bruit autour d'eux, qu'il est impossible de se cacher dans toute l'Isle, sans estre découverts par ces oyseaux importuns.

Revenons à nos pauvres fugitifs, qui n'esperent point de quartier, qui sont recherchez avec empressement pour servir d'une justice exemplaire, & sont à tous momens à la veille de se voir décelez par ces detestables oyseaux. Il ne leur restoit dans ce miserable estat, d'autre party que celuy de se risquer à la mer pour gagner une terre étrangere, pour mettre leur vie en seureté : & ayant ouy dire que quelques-uns s'étoient sauvez sur des piperis, qui sont deux ou trois boises liées ensemble avec des cordes de maho, ils resolurent d'en faire de mesme. Mais soit qu'ils ignorassent qu'il faloit prendre du bois de mapoü, ou de maho bien sec, ou qu'ils n'en trouvassent point dans ce lieu, ils en fabriquerent un du premier bois qu'ils rencontrerent, & se mirent dessus, & y perirent tous malheureusement.

C'est une chose assez surprenante de voir que M. du Bois, qui dans les commencemens reüssissoit avec tant de bonheur, que sa conduite faisoit un petit paradis de cette Isle, fust devenu tout à coup si fâcheux à plusieurs de ses Habitans, qu'ils se soient portez aux dernieres extrémitez, pour s'échaper de son gouvernement. Luy-mesme rendant compte au Directeur du mécontentement de ses Habitans, se sert d'une comparaison assez juste pour leur faire concevoir l'état d'un Gouverneur à l'égard des peuples qu'il gouverne, disant que c'est le mary & la femme; & que le Gouverneur est toûjours le bon mary, pendant que la prosperité & l'abondance regnent dans une Isle, mais qu'aussi-tost que la misere s'y fourre, quand il y consommeroit tout ce qu'il a de vaillant ; le peuple qui est une femme affamée, mordra toûjours celuy dont elle attend le pain, sans considerer s'il est en estat de luy en pouvoir donner. Ainsi pendant que toutes choses prosperoient dans cette Isle, Monsieur du Bois a toûjours esté unanimement estimé de ses Habitans, l'un des plus habiles, & des plus honnestes du monde; mais dés que la secheresse eut causé la disette, que les pluyes eurent fait quantité de malades, & que le secours de dehors fut diminué, M. du Bois ne fut plus ce qu'il avoit esté : les plus impatiens à supporter la misere commune, tenterent assez sottement divers moyens de s'en delivrer : & M. du Bois s'y opposant avec beaucoup de chaleur & de severité, ces peuples commencerent à le décrier comme un insupportable, & comme toutes les mutines escapades ne manquent jamais de pretexte specieux, ils prirent celuy-cy pour s'en couvrir, aussi bien que pour appuyer la requeste presentée depuis peu à M. de Bas, laquelle ayant esté examinée avec toute rigueur par ce Lieutenant general, la jugea mal fondée, & laissa à la discretion de M. du Bois, la punition de ceux qui l'avoient presentée. Mais il en a usé si Chrétiennement que personne n'a eu sujet de s'en plaindre.

En l'année 1664. il se fit encore un complot de 50. ou 60. tant Habitans mécontens de M. du Bois, que de quelques Engagez maltraitez par leurs Maistres. Ils avoient resolu durant les festes de Noël d'enlever quelques barques qui étoient à la coste, & autant de Negres qu'ils en pourroient attraper, particulierement de ceux du Gouverneur. Cette friponnerie eust sans doute causé de grands desordres dans cette Isle, & en auroit notablement retardé les progrez, si l'un d'eux ayant esté, à ce que l'on dit, inspiré de Dieu, ne se fust confidemment declaré à un de nos Peres, auquel il permit d'en avertir M. du Bois, afin qu'il en empéchast le coup; mais à condition qu'il ne nommeroit ny luy, ny ses complices. Le Pere executa ponctuellement sa Commission; mais Monsieur du Bois en voulant sçavoir davantage, & n'ayant pu resoudre ce Pere à luy dire autre chose, il s'avisa d'un expedient qui luy en apprit plus qu'il n'en vouloit sçavoir. Il s'en alla tout sur le champ trouver ses gens au travail, leur dit qu'il venoit de découvrir une conspiration, qui s'estoit faite dans l'Isle; qu'il sçavoit que plusieurs de ses gens s'y estoient follement engagez, & qu'il estoit disposé à pardonner à tous ceux qui viendroient avoüer leurs fautes, & demanderoient pardon; & qu'au contraire il feroit pendre tous ceux qui en voudroient garder le secret.

Il n'en fallut pas dire davantage: car l'un de ses domestiques, qui estoit le chef de toute la cabale, se jetta à ses pieds, luy demanda pardon, & luy nomma tous ses complices, qui ayant tous fait la mesme soûmission, M. du Bois se contenta de les tenir pour quelque temps aux fers, pour les punir.

La mesme année, M du Bois qui a une vertu assez rare dans les Isles, qui est de hayr, & de faire la guerre aux femmes impudiques, en fit bannir & punir quelques-unes; & un nommé Oulga qui en avoit une de cette trempe, déroba une barque, & s'enfuit à saint Dominique avec cette impudique, & neuf ou dix fripons, dont plusieurs abusoient de cette malheureuse. L'un d'eux le voulant faire en sa presence, comme il faisoit en cachette, ce Oulga luy donna un coup de fusil dans la teste, duquel estant guery, il menaça Oulga de luy en faire autant: mais celuy-cy l'ayant trouvé à l'écart, le fit mettre à genoüil, demander pardon à Dieu, & l'assomma à coups de hache, comme l'on assomme les bœufs à coups de massuës.

Ie me suis un peu étendu sur le détail de toutes ces choses, pour faire voir que bien qu'il y ait presentement quantité de bons Habitans dans toutes les Isles, & qui sont tres-honnestes gens; qu'il s'y est neantmoins toûjours rencontré plusieurs discols, mutins & gens de mauvaise vie, & dont l'impatience ne pouvant rien souffrir, ont toûjours commencé tous les soulevemens & toutes les revoltes qui se sont faites dans les Isles.

Il faut neantmoins dire que nonobstant tous les malheurs de cette Isle, elle a toûjours esté secouruë de temps en temps par des vaisseaux tant étrangers que François, qui la fournissoient de traitte, d'esclaves & d'engagez; y estant attirez par l'excellence du petun qui s'y fait, & qui a reputation d'estre meilleur & mieux conditionné que celuy des autres Isles. Les derniers memoires que je reçois, m'asseurent que cette Isle se trouve heureusement exempte des ravages des Ouragans, & que l'avantage de ses Ports, la fertilité de son Sol, & la beauté de toute l'Isle y attire un tres-grand nombre d'Habitans, & qu' elle deviendra l'une des plus considerables de toutes les Isles.

Il me reste encore quelques autres choses à dire de cette Isle au sujet de la guerre, & l'autre qui regarde l'estat de la mission, que je diray dans leur propre lieu. Voicy un plan exact, que Monsieur du Bois a fait de cette belle Isle, & comme c'est une production de son esprit & de son adresse, j'y ay fait graver ses armes.

CHAPITRE VII.
Estat de l'Isle de la Tortuë, & de la Coste de l'Isle de S. Dominique.

J'Ay fort amplement écrit l'histoire de cette Isle dans mon premier livre des établissemens des Colonies, & que j'ay laissée entre les mains des Espagnols, qui mirent une forte garnison dans la forteresse pour empécher que les François (qui à ce qu'ils disent) pleuvent des nuës comme des grenoüilles, ne s'y vinssent renicher, lors qu'on y penseroit le moins. L'idée qu'ils avoient aussi toute fraîche de ces deux braves freres Messieurs Hautmans, qui les avoient battus & rebattus, & qui sans que la poudre leur manqua, auroient repris cette place presqu'aussi-tost qu'ils l'eurent perduë, les obligeoit à la conserver avec des dépenses inconcevables. Ils la garderent dix-huit mois, pendant lesquels deux pauvres vaisseaux François, qui à peu de temps l'un de l'autre apportoient des traittes & des rafraîchissemens à leurs Compatriotes, & qui ignorant ce qui leur estoit arrivé, entrerent franchement dans le Port, comme s'ils les y eussent deu rencontrer; mais aussi-tost que les Espagnols les virent à l'ancre, & la plus grande partie de leurs gens à terre, ils fondirent sur eux, comme des vautours sur la proye, & leur firent payer par leurs biens, & par un traitement tres-rigoureux, le sang de leurs soldats que nos François avoient si genereusement épanché.

En l'année 1665. vers la fin d'Avril, l'armée Navale d'Angleterre, composée de soixante-dix Voiles, & de dix mille Combattans, commandée par le General Pein, vint fondre à l'improviste sur l'Isle de saint Dominique, de laquelle ils se seroient infailliblement emparez, s'ils avoient eu un peu plus de conduite. Cette irruption inesperée remplit toute l'Isle d'effroy, & le President du Roy d'Espagne ne se voyant pas assez fort pour resister à une si puissante armée, dépécha vers celuy qui commandoit dans l'Isle de la Tortuë, & luy fit commandement de venir promptement à son secours avec tous ses soldats, de faire sauter la forteresse avant que de partir, & de mettre l'Isle dans un estat qui imprimast plûtost de l'horreur aux François, que de l'inclination d'y revenir. Il n'y manqua pas; car il fit non seulement sauter la forteresse, mais il brûla l'Eglise, les magasins, & les cases, & apres y avoir fait un dégast general, la quitta ainsi toute desolée, & s'en alla secourir son President d'Espagne qui en avoit grand besoin.

§ I.

Le sieur Elyazoüard Anglois s'empare de l'Isle de la Tortuë, & des Avanturiers de cette Isle, tuë un Serpent prodigieux.

Peu de temps apres que les Espagnols eurent quitté l'Isle de la Tortuë. Vn Gentilhomme Anglois, nommé Elyazoüard, estimé riche, & qui avoit quelque credit parmy ceux de sa nation, s'y estoit étably avec toute sa famille, & dix ou douze soldats.

Quelques boucaniers m'ont dit qu'il estoit sorty de la Iamayque, à dessein d'aller chercher quelque lieu propre pour y établir une Colonie, dont il vouloit estre le chef, & qu'ayant trouvé l'Isle de la Tortuë abandonnée par les Espagnols, il s'y estoit étably, & avoit depuis esté prendre une Commission du General de la Iamayque. Mais Monsieur Dogeron pretend qu'il ait esté dans la Tortuë avec une Commission du General de la Iamayque, avant la sortie des Espagnols, ce qui ne me semble pas vray-semblable. Quoy-qu'il en soit, l'on demeure d'accord qu'il a eu une Commission du General Anglois, & qu'apres la sortie des Espagnols, il fut à la Iamayque, qu'il en ramena du monde, & que plusieurs François & Anglois s'estant joints à luy, il en forma une Colonie d'environ cent ou six vingt hommes, de laquelle il estoit le veritable Chef, & le Gouverneur, quoy-que tres mal obey, ainsi que tous les autres qui ont pretendu quelque authorité dans cette Isle depuis la sortie des Espagnols, jusques à ce que Monsieur Dogeron ait eu la Commission du Roy, tant pour la coste de saint Dominique, que pour l'Isle de la Tortuë.

Environ le temps de l'établissement du sieur Elyazoüard dans l'Isle de la Tortuë, quelques François revenant de l'Isle de Cuba à la Tortuë, en rapporterent une chose assez considerable pour occuper une place en ce livre. Car ils disent que la grande disette de vivres qu'ils souffroient, fit descendre 10. ou 12. de leurs braves Avanturiers dans l'Isle de Cuba, pour aller prendre des Porcs dans deux Corayls, qui sont des Fermes, où les Espagnols nourrissent une grande quantité de ces animaux; que passant dans un petit marais à une lieue du premier corail, ils y firent rencontre du plus épouvantable Serpent, dont on ait jamais entendu parler dans l'Amerique. Ils creurent d'abord que c'estoit quelque monstrueux Crocodille, mais ayant tiré tous en mesme temps sur la teste de ce monstre, & l'ayant tué, ils s'en approcherent, & trouverent que c'estoit un veritable Serpent, qui estoit presque

aussi

aussi gros qu'un muid par le ventre, & avoit cinquante cinq pieds de longueur.

Ils poursuivirent leur route, & ayant surpris le Maistre du premier corail, ils l'interrogerent, s'il n'avoit point sceu qu'il y eust à une lieuë delà dans un petit marais, un serpent d'une prodigieuse grandeur. Il répondit que non, mais que depuis fort long-temps, luy & son voisin perdoient tous les jours des porcs, & que le soupçon qu'ils avoient d'estre dérobez l'un par l'autre les avoit mis en procez. Dés la pointe du jour nos Avanturiers le menerent dans ce marais, où ce pauvre Fermier pensa mourir de peur de voir une si épouvantable beste. Mais il fut fort consolé, lors qu'apres avoir ouvert le serpent, il luy trouva trois de ses plus puissans porcs dans le ventre, de sorte que tout ravy d'aise de voir la cause de la division avec son voisin découverte, il pria nos Avanturiers de luy donner leur parole, de ne luy point faire de mal, & de luy permettre de l'aller querir. Il l'obtint, & l'amena, & ils se reconcilierent apres avoir veu cette beste, & donnerent aux Avanturiers tout ce qu'ils desirerent d'eux. Les Fermiers écorcherent le serpent, & la peau fut portée à la havane, & mise dans l'Eglise Cathedrale, où tous les Habitans la vont voir avec admiration. Monsieur d'Arrigny Gentilhomme d'honneur, actuellement vivant, & Major de la Tortuë, estoit un de ceux qui tira dessus ce serpent, & a plusieurs fois raconté cette histoire à Monsieur Dogeron, Gouverneur de l'Isle de la Tortuë, qui m'a donné ce que j'en écris.

§ II.

Action cruelle & barbare d'un Capitaine Espagnol, vengée par des Avanturiers François, sous une Commission Angloise.

Pendant le gouvernement du sieur Eliazoüard, un Capitaine d'un Navire Espagnol, fit une action cruelle & barbare à quelques François, qui depuis servit de pretexte à quelques Avanturiers, pour en tirer une terrible vengeance sur les Habitans du bourg de saint Yague, dans l'Isle de saint Dominique. Car les nommez la Vallée, Iacques Clement, Nicolas Massié, Gille Bonnebiere sa femme, & un petit garçon, & d'autres au nombre de dix ou douze, ne se trouvant pas bien dans l'Isle de la Tortuë, obtinrent une permission du sieur Elyazoüard de passer aux Isles du Vent, c'est-à-dire à saint Christophle, la Guadeloupe, la Martinique, & autres sur cette parallele ; & pour cet effet ils s'embarquerent dans le Navire d'un Capitaine Flamand, qui dés le lendemain de son départ, fut malheureusement rencontré par un Navire de guerre Espagnol, dont le Capitaine ayant demandé au Flamand ce qu'il portoit, en eut pour réponse, que c'estoient des Passagers François. Il luy commanda de les luy livrer sur le champ. Le Capitaine Flamand s'en deffendit autant qu'il le pût, mais apres avoir long-temps contesté, il fut contraint de livrer ses passagers François, à condition toutefois qu'on leur donneroit bon quartier, & que l'on ne leur feroit aucun tort : ce que l'Espagnol promit mesme avec serment. Mais les deux Vaisseaux s'estant séparez, l'Espagnol avec ses prisonniers, prit la route de l'Isle de Montechriste, où ayant fait descendre nos François, il les fit tous arquebuser par ses soldats, à la reserve de la femme, & du petit garçon, qui se sauva sous la robe d'un Religieux que ces pieux assassins, & faux Chrestiens, respecterent plus que le sang de cet innocent.

Cette playe saigna long-temps dans les cœurs de tous les François de la Coste de saint Dominique ; mais enfin l'année 1659. voyant que leur troupe s'estoit grossie jusques au nombre de quatre ou cinq cens hommes dans un lieu où ils estoient comme les Maistres, & que par bonheur le Capitaine Lescouble de Nantes estoit arrivé à la Tortuë avec une fregatte tres-propre pour une belle entreprise, ils songerent tout de bon à en faire une sur le bourg de saint Yague, pour y aller vanger le sang de leurs compatriottes, non seulement épanché dans l'Isle de Montechriste, mais encore dans toute la Coste de saint Dominique, où le Gouverneur de cette place avoit fait tuer un tres-grand nombre de François.

Ils choisirent une troupe de 400. hommes, firent 4. Capitaines, sçavoir le nommé de l'Isle, qu'ils choisirent pour Commandant, & conducteur de l'entreprise, Adam fut le second, Lormel le troisiéme, & Anne le Roux le quatriéme. Ils communiquerent leur dessein au sieur Elyazoüard, qui dans l'esperance de partager leur butin, ne fit point de difficulté de leur donner une Commission ; Ceux de cette nation, qui estoient alors dans ces quartiers, ne faisant guere de difficulté d'autoriser de semblables fripponneries : Car quoyque cette action ait esté valeureusement conduite, je ne pretens pas la faire passer pour juste, mais pour un brigandage couvert d'un pretexte specieux.

Ces Ergonautes se voyant munis d'une Commission Angloise, furent trouver le Capitaine Lescouble, luy demanderent sa fregate pour les servir dans cette expedition, luy disant franchement qu'il n'en estoit plus le Maistre, & que s'il ne le faisoit de bonne grace & d'amitié, l'on luy feroit faire par force. Il fut contraint d'acquiescer, & ces Pyrates s'y embarquerent en partie, & le reste dans deux ou trois autres petits bastimens, qui se trouverent à cette coste.

Ils arriverent le jour des Rameaux, ou le lendemain, à la Coste de saint Dominique, & comme saint Yague est à plus de vingt lieuës dans les terres de cette Isle, ils cheminerent dans les bois par des chemins détournez, & se trouverent la nuit du Vendredy Saint proche le bourg. Ils l'attaquerent devant le jour, & passerent au fil de l'épée vingt-cinq ou trente personnes, qui se voulurent opposer à leur attaque, & en suite ils coururent si promptement au logis du Gouverneur, qu'ils le surprirent dans son lit, sans qu'il sceût ce qui se passoit dans le bourg. Il se jetta à bas du lit, & entendant que ses ennemis parloient François, il leur dit qu'il s'étonnoit que les François le vinssent attaquer & tuer, puis qu'il avoit receu des nouvelles d'une cessation d'armes, & d'une paix preste à conclure entre les deux Couronnes de France & d'Espagne. Ces Pyrates repartirent qu'ils avoient Commission Angloise, & luy reprochant tous les massacres des François, faits par ses ordres, & par ceux des autres Gouverneurs de sa nation, luy commanderent de se disposer à la mort. Il le faisoit de tout son cœur, & apparemment sa priere fut bonne; car pendant qu'il prioit, nos François se persuaderent qu'ils pourroient gagner une bonne somme d'argent, en luy sauvant la vie, & dans cette pensée ils l'interrompirent au milieu de son oraison, & luy demanderent combien il vouloit donner, pour se garantir de la mort. Il repartit qu'il donneroit tout ce qu'il avoit au monde, & nos frippons ne luy demanderent pas moins que soixante mille pieces de huit, c'est-à-dire soixante mille écus. Il leur répondit qu'il ne les avoit pas, mais qu'il en feroit payer une partie en cuir, ce qui fut fait, & le reste qui devoit estre payé en argent, fut bien promis, mais il ne fut pas payé, comme je diray cy-apres.

La plainte de cette action vint jusques au Roy, par le moyen de l'Ambassadeur d'Espagne, auquel il fut reparty, que ceux qui avoient commis cet attentat n'ayant aucune Commission de France, devoient estre poursuivis comme voleurs par les Prevosts du Roy d'Espagne, & que l'on s'en devoit plaindre au Roy d'Angleterre, puis que l'on asseuroit qu'ils avoient une Commission d'un de ses Gouverneurs.

Cependant nos François s'estant rendus Maistres de tout le bourg, y resterent vingt-quatre heures à le piller, jusques aux cloches, aux ornemens, & vases sacrez des Eglises; mais il est faux de dire qu'ils ayent enlevé les principales Dames, & violé celles qui leur avoient plû, comme on l'a voulu faire croire dans les Isles. Car bien au contraire, ils estoient convenus que celuy qui seroit atteint & convaincu de ce crime, perdroit le profit de son voyage. Ils s'y rafraîchirent, y firent grand chere, & s'enfuirent avec de grandes richesses, le Gouverneur, & quelques-uns des principaux habitans.

Pendant qu'ils s'en retournoient vers leur Navire, l'allarme s'estant donnée à dix ou douze lieuës à la ronde, le secours Espagnol vint de toutes parts, & les habitans du bourg qui s'en estoient fuys, s'estant ralliez & joints avec eux, firent un gros d'environ mille hommes, qui se coulans dans les bois par des routes détournées, gagnerent le devant, & dresserent une ambuscade aux François. Ils en entendirent les coups & en ressentirent les effets, avant qu'ils s'en apperceussent, & les deux qui marchoient tomberent morts à leurs pieds.

Nos Avanturiers se mirent incontinent en deffense, & comme ils estoient tous bons tireurs, chacun choisissant son homme, ils en coucherent d'abord plus de soixante roides morts sur la place. Cela étonna un peu les Espagnols; mais croyant que les François avoient déja perdu plusieurs des leurs, & se voyant d'ailleurs plus forts qu'eux de trois contre un, ils s'obstinerent à les combatre: mais ceux cy combattant en gens determinez, qui n'esperoient point de quartier, leur firent à moins de 2. heures perdre l'esperance de les pouvoir vaincre, & les Espagnols apres avoir veu plus de cent des leurs tuez & un grand nombre de blessez, entre lesquels il y avoit des gens de consideration, ils s'éloignerent un peu du lieu du combat, comme pour se r'allier, & recommencer de nouveau.

Pendant ce temps, les uns & les autres estant sur le quant à moy, & prests à recommencer, nos François s'aviserent de faire voir aux Espagnols leur Gouverneur, & les prisonniers, qui estoient gens de qualité, & leur envoyerent dire que s'ils tiroient un seul coup, ils le verroient poignarder devant eux avec tous les autres, & qu'apres cela ils ne devoient point douter qu'ils ne vendissent leur vie bien cher. A cette proposition, les Espagnols tinrent conseil, & sans faire d'autres réponses, ils retournerent chez eux. Nos Avanturiers continuerent leur chemin, n'ayant perdu dans ce combat que dix hommes, & cinq ou six de blessez.

Quelques jours apres nos Avanturiers ayant esperé vainement qu'on leur apporteroit le reste de la somme promise pour la rançon du Gouverneur, & des autres prisonniers, ils les renvoyerent sans leur faire aucun tort.

La Catastrophe du sieur de l'Isle commandant ces Ergonautes, est fort remarquable, si elle est telle que quelques Boucaniers me l'ont racontée; car tous les François estant retournez heureusement à la Tortuë, partagerent fort loyalement leur butin; & apres que chacun eut son lot, ils conclurent tous de faire chacun une gratification au sieur de l'Isle. Vn luy donna une éguille d'or, un autre une bague, un autre une vaisselle, un autre une chaîne, de sorte qu'il devint si riche qu'il ne songea plus qu'à se retirer en France, pour y vivre à son aise : mais s'estant embarqué dans un Navire Anglois pour y repasser, il se trouva qu'il fut le fol de l'Evangile : car le Capitaine luy fit une querelle d'Allemand, le jetta haut le bord pour estre son heritier : & l'on m'a aussi asseuré que tous les autres n'avoient jamais eu de prosperité de ce bien, & que plusieurs d'entre eux estoient peris malheureusement.

§ III.

Elyazoüard s'enfuit de la Tortuë, sur le bruit de l'arrivée du sieur du Rosset, qui s'en empare, & les Anglois font inutilement quelques efforts pour s'en rendre les Maistres.

ELyazoüard qui voyoit fortifier, & augmenter tous les jours sa Colonie de plusieurs François & Anglois, qui venoient faire des habitations dans l'Isle de la Tortuë, & se voyant de plus bien & deuëment autorisé par une bonne Commission du General de la Iamayque, croyoit son établissement inébranlable, lors que le sieur du Rosset, Gentilhomme Perigordin, qui avoit esté des premiers habitans de cette Isle sous le sieur le Vasseur, & le Chevalier Hautman, sollicita & obtint du Roy une Commission de Gouverneur de cette Isle : & craignant qu'Elyazoüard (qui estoit un honneste homme, fort aimé de ses habitans) ne s'opposast à sa reception, il passa en Angleterre, où il avoit des amis, & obtint, à ce qu'il dit, un ordre du Parlement, par lequel il estoit commandé au General de la Iamayque de le faire reconnoître Gouverneur dans la Tortuë sur les François, à condition que les Anglois y demeureront dans leurs quartiers, de la mesme maniere qu'ils estoient établis dans l'Isle S. Christophle. Mais le General de la Iamayque a toûjours soûtenu à M. Dogeron, qu'il avoit une Commission Angloise, & que cette Isle leur appartenoit.

Le sieur du Rosset ayant fait ses affaires en Angleterre, repassa à la Rochelle, où il amassa environ trente bons hommes, & s'embarqua avec eux dans le Navire du Capitaine Alegret, qui le porta droit à la Iamayque, où il fit voir ses ordres au General des Anglois. Mais l'on n'a jamais bien sceu clairement ce qu'il avoit fait avec eux, & plusieurs ont crû qu'il estoit porteur de deux Commissions.

Pendant que le sieur du Rosset estoit dans la Iamayque, Elyazoüard fut averty par ses amis, que le General de sa nation avoit expedié un ordre, par lequel il l'obligeroit à desemparer de l'Isle de la Tortuë, ou bien à obeyr au sieur du Rosset, comme à son Gouverneur.

Cette nouvelle troubla ce pauvre Gentilhomme, qui ne sçachant à quoy se resoudre, fit d'abord desarmer quelques François : mais il changea incontinent de resolution, & prit un party assez lâche pour un homme estimé comme luy ; car il déroba la barque du sieur de la Ronde, dans laquelle il fit embarquer tout ce qu'il avoit de plus precieux ; & s'estant mis dedans avec toute sa famille, il s'en alla à la nouvelle Angleterre.

Il a depuis couru un bruit dans l'Amerique, que la fuite de ce Gouverneur avoit esté causée par l'avis qu'il avoit eû d'une conspiration faite par les Boucaniers, qui s'estoient joints aux Espagnols pour l'assassiner. Mais je crois qu'il n'a point eû d'autre motif, que celuy du dépit de se voir soûmis à un François.

Le jour mesme, ou le lendemain du départ d'Elyazoüard, le Navire de du Rosset arriva, & il fut fort surpris de voir que les François qui estoient demeurez les Maistres de l'Isle par la fuite d'Elyazouard, à la veuë de son Vaisseau arborerent le pavillon François, au lieu de celuy d'Angleterre, qui y étoit auparavant; & il est indubitable que si le sieur du Rosset avoit deux Commissions, dans cette conjoncture il ne se servit que de celle qui luy estoit plus avantageuse: & ce qui est du depuis arrivé, en a augmenté le soupçon.

Fort peu de temps apres que le sieur du Rosset eut pris possession de cette Isle, il eut une maladie qui l'obligea à aller chercher sa santé au cul de Sac de saint Dominique, quoyqu'inutilement, laissant à son départ le sieur de la Place son neveu dans sa maison, pour y commander aussi bien que dans l'Isle, autant que l'authorité se pouvoit étendre dans un temps, auquel tout ce qu'il y avoit d'hommes dans la Tortuë, & tout le long de la Coste de S. Dominique, ne vouloit reconnoistre personne.

Le gendre d'Elyazoüard ayant esté averty de la fuite de son beaupere, remontra au General de la Iamayque que les François avoient fait une injure à la nation Angloise, abattant le pavillon Anglois, pour y élever celuy de France; & que s'il luy vouloit donner quelques soldats, il feroit oster le pavillon François, & remettre celuy d'Angleterre, ou au moins le feroit subsister dans un quartier de l'Isle, où la nation Angloise se retireroit, & y feroit un établissement séparé des François. Mais tout ce qu'il en pût obtenir, fut une permission d'y aller, & de tenter de faire ce qu'il promettoit avec trente hommes, qui dépendoient de luy. Celuy-cy se confiant dans l'amitié, & l'estime que les habitans avoient euë pour son beaupere poursuivit son entreprise, vint à la Tortuë

tuë, y descendit la nuit, & se saisit à la pointe du jour, du logis du Gouverneur, pensant y trouver le sieur de la Place, qui y commandoit en son absence. Mais par bonheur n'y ayant pas couché cette nuit, il se mit à la teste de ses Habitans, qui avoient pris les armes, environna la maison, prit le gendre d'Elyazoüard, & tous ses soldats prisonniers, qui furent neantmoins quelques jours apres mis en liberté, & renvoyez à la Iamayque, sans leur faire aucun tort.

Apres cette vaine levée de bouclier, Monsieur du Rosset desesperant de rétablir sa santé dans le cul de Sac de saint Domingue, l'alla chercher en France, & laissa le sieur de la Place son neveu pour commander dans cette Isle, qui n'estant que trop informé des mauvaises intentions des Anglois, fit fortifier la roche où la premiere forteresse, qui fut détruite par les Espagnols, avoit esté bâtie avant leur sortie. Il y fit faire une forte tour, sur laquelle il fit mettre quatre pieces de canon, & toutes les munitions necessaires pour s'opposer à de semblables insultes.

Neantmoins quatorze ou quinze mois apres cette premiere incartade, plusieurs mauvais François, qui se retiroient dans cette terre de la Iamayque, comme dans la sentine, ou le cloaque de tous les seditieux fugitifs & criminels de nos Ant-Isles, persuaderent aux Anglois que les Habitans de la Tortuë trouvant le joug du gouvernement François insupportable, estoient tous disposez à changer de Maistre, en cas que l'on leur fist paroistre que l'on les vouloit recevoir, de sorte que le Colonel Bary s'offrit, pour tenter de reduire l'Isle de la Tortuë à l'obeyssance de son General Anglois, successeur de celuy qui avoit permis la premiere tentative, lequel y consentit, pourveu que la chose se fist de gré à gré, & sans aucune violence; si bien que ce Colonel Bary fort persuadé que les François aimoient mieux la domination Angloise que celle de la France, vint à la Tortuë avec trente cinq ou quarante tant Anglois que François, & offrit fort civilement aux François de cette Isle la domination Angloise, asseurant qu'il avoit ordre de ne point com-

S

batre, mais seulement de recevoir les effets des bonnes volontez que l'on luy avoit témoigné qu'ils avoient pour la nation Angloise. A cette belle harangue, toute l'Assemblée s'éclata de rire, & le pauvre Colonel Bary apres avoir esté sifflé & baffoué, fut contraint de s'en retourner à la Iamayque, chargé de confusion & de honte.

Il y a neantmoins bien de l'apparence que le Roy d'Angleterre avoit esté supplié de permettre que l'on prist cette Isle par force, sans l'avoir voulu accorder : car les Anglois sçavoient fort bien qu'il n'y avoit que soixante dix hommes dans cette Isle, capables de la deffendre, & dont une bonne partie ayant le cœur Anglois ne desiroient rien avec plus de passion, que de changer de Maistre, de sorte que les Anglois qui estoient dans la Iamayque au nombre de huit mille Habitans, & deux mille fribustiers, pouvoient en tirer six fois autant qu'il n'en faloit pour s'en rendre Maistres sans aucune difficulté.

Pendant que toutes ces choses se passoient dans l'Isle de la Tortuë, Monsieur du Rosset qui estoit à Paris, minuttant son retour aux Isles en l'année 1664. y fut arresté & mis dans la Bastille par ordre du Roy, sans que j'aye pû apprendre pourquoy. Quelques uns ont pensé avec assez de fondement, que l'on pretendoit qu'il s'estoit servy de deux Commissions differentes en mesme temps ; mais d'autres ont crû, & avec plus d'apparence, que l'on apprehendoit qu'il ne fist du bruit pour ses interests, qui estoient assez considerables, & qu'il ne traversast les desseins que la nouvelle Compagnie avoit sur cette Isle. Quoy-qu'il en soit, il n'en sortit qu'apres que les Vaisseaux de la Compagnie furent partis, & à condition qu'on luy donneroit seize mille francs pour ses interests.

CHAPITRE VIII.

Histoire de Monsieur Dogeron.

SI le Lecteur trouve dans cette Histoire quelque chose qui luy paroisse superflu, Ie le supplie de considerer que je ne me suis étendu sur le détail de la vie de ce Gentilhomme, que pour faire connoistre que c'est à sa generosité, bonté & perseverance que nous sommes redevables des établissemens des Colonies de Leoganna, du petit Goüave, & de la plus grande partie de tout ce qui subsiste tant dans l'Isle de la Tortuë, que dans la Coste de saint Dominique.

Monsieur Dogeron Gentilhomme de merite, riche, brave, genereux, doüé d'une bonté singuliere, qui avoit esté 15. ans Capitaine dans le Regiment de la Marine, s'estant laissé persuader aux impostures de ceux qui formerent cette malheureuse Compagnie qui se fit en l'année 1656. pour la Riviere d'Oüanatigo en la terre ferme de l'Amerique Meridionale, s'y engagea malheureusement d'abord pour des sommes considerables, & fit de grandes dépenses pour y aller.

Il s'embarqua en l'année 1657. dans le Navire nommé la Pelagie, avec un bon nombre d'engagez, & toutes les choses necessaires pour y faire un des plus beaux établissemens qui se pouvoit faire dans l'Amerique, & arriva le quatriéme Septembre de cette mesme année, à la Martinique; où il apprit incontinent le desastreux estat de cette déplorable Colonie, lequel j'ay fort amplement écrit dans le livre qui traite des Colonies au Chapitre 18. fol. 48. Ce bon Gentilhomme voyant que l'on l'avoit trompé, & que toutes les belles esperances dont ces fourbes entrepreneurs l'avoient repeû en France, s'estoient évanoüies, se resolut de s'établir avec le peu qui luy restoit dans la Martinique, & demanda à Mon-

S ij

sieur du Parquet tout le quartier du cul de Sac, qui est le plus avantageux sejour de toute cette Isle. Monsieur du Parquet qui estoit un homme presque de mesme humeur que Monsieur Dogeron, le luy accorda : mais Madame sa femme en ayant conceu de la jalousie, eut assez de pouvoir sur l'esprit de son mary pour l'obliger à se servir du privilege de son pays, & à chercher des pretextes assez legers pour se dedire de sa parole. Cela fâcha si fort Monsieur Dogeron, que quelque offre que l'on luy pût faire des autres quartiers de cette Isle, il n'en voulut plus entendre parler.

Quelques boucaniers de la Coste de saint Domingue, qui avoient passé avec luy dans la Pelagie, & qui luy avoient dit tant de merveilles de cette Coste, le voyant perplex, & irresolu sur le choix du lieu où il se devoit établir, prirent leur temps si à propos, qu'aux premieres propositions qu'ils luy firent de se venir établir à la Tortuë, ou à la Coste de saint Domingue, accepta le party de se faire leur compagnon de fortune, & de s'en aller avec eux à vau le vent, pour voir si la fortune luy feroit un meilleur visage en ce lieu qu'elle ne luy avoit fait dans ses premiers desseins.

Cette resolution prise, il s'embarqua avec un bon nombre de valets engagez, toutes ses victuailles, & ses ustencilles qu'il avoit apportées, dans une tres-méchante barque qui alloit à saint Dominique. Ils passerent par la bande du Sud de cette Isle, & entrerent dans le grand cul de Sac de cette Isle, ou (comme si toutes choses eussent combattu la fortune de ce pauvre Gentilhomme) la barque fit malheureusement naufrage tout proche de la terre, ou pour mieux dire dans le port. Il se sauva avec tous ses engagez, & une partie de son bagage & de ses victuailles, mais tout en desordre.

Vne ame moins genereuse que la sienne eût esté reduite au desespoir par les rudes secousses d'une si mauvaise fortune, mais il supportera tous ces malheurs avec une constance toute heroïque, ne voulant pas mesme rétablir une fortune si délabrée, par la sueur & le travail de ses valets & engagez. Il leur donna à tous la liberté, leur fit manger ses victuailles, & se reduisit avec eux à mener la vie des boucaniers, c'est-à-dire la vie la plus hideuse, la plus penible, la plus perilleuse, & en un mot la plus coquine, dont l'on ait jamais oüy parler au monde. Et je crois qu'il est assez à propos de faire icy une petite description des boucaniers & du boucanage, afin de faire entendre ce que je dis.

Les boucaniers sont ainsi nommez, à cause du mot de boucan, qui est une façon de gril de bois, composé de plusieurs bastons ajustez sur quatre fourches, sur lesquelles les boucaniers rotissent des porcs quelques fois tous entiers, dont ils se nourrissent sans manger de pain.

C'estoit en ce temps une sorte de gens ramassez, devenus adroits & vaillans par la necessité de leur exercice, qui estoit d'aller à la chasse des bœufs pour en avoir les cuirs, & d'estre chassez eux-mesmes par les Espagnols, qui ne leur donnoient jamais de quartier. Comme ils n'avoient jamais voulu souffrir de chefs, ils passoient pour des gens indisciplinables, & dont la plus grande partie s'estoient refugiez en ces lieux, & reduits en cette maniere de vie, pour éviter les punitions deuës aux crimes qu'ils avoient commis en Europe, & cela se pouvoit verifier en plusieurs.

Ils n'avoient ordinairement aucune habitation, ny maison arrestée, mais seulement des rendez-vous où estoient les boucans, & quelques ajoupas, qui sont des auvents couverts de feüilles pour les garantir de la pluye, & pour mettre les cuirs des bœufs qu'ils avoient tuez, en attendant qu'il passast quelques Navires pour les troquer contre du vin, de l'eau de vie, de la toile, des armes, de la poudre, des balles, & quelques autres ustencilles dont ils avoient besoin, & qui sont tous les meubles des boucaniers.

Ie ne veux pas m'étendre pour prouver que leur vie est laborieuse, & pleine de peril : c'est assez de dire qu'allans tous les jours à la chasse, ils ne sont vestus que d'un calleçon, & tout au plus d'une chemise, chaussez de la peau du jaret d'un porc, liée par dessus & par derriere le pied avec des éguillettes de la mesme peau, & ceints par le milieu du corps d'un sac, qui leur sert pour se coucher dedans pour se garantir d'un nombre innombrable de maringoins qui les piquent, &

S iij

leur succent le sang de toutes les parties de leur corps qui demeurent à decouvert. Lors qu'ils ont tué un bœuf, ils l'écorchent avec bien de la peine, & se contentent de luy casser les os des jambes, & d'en succer la moüelle toute chaude, & laissent perdre tout le reste. Ils vont en suite chercher un porc qu'ils apportent avec leurs cuirs au boucan, quelquefois de deux ou trois lieuës. S'ils mangent à la campagne, c'est toûjours avec le fusil bandé, & bien souvent dos à dos, de peur d'estre surpris par les meulatres Espagnols qui les tuent sans misericorde, & assez souvent la nuit, donnant un coup de lance dans le sac, où ils sont endormis. Lors qu'ils reviennent de la chasse au boucan, vous diriez que ce sont les plus viles valets des bouchers, qui ont passé huit jours dans la tuërie sans se nettoyer. I'en ay veu quelques uns qui avoient fait cette miserable vie l'espace de vingt ans, sans voir de Prestres, & sans manger de pain. Cependant ils sont si débauchez, que tout ce qu'ils amassent en deux ou trois mois avec tant de peine, est mangé quelquefois en quatre ou cinq jours de temps, & il s'en trouve tres-peu qui ayent amassé du bien, & qui ayent fait du profit par le boucanage.

Ie ne doute pas que ce n'ait esté une étrange mortification à un Gentilhomme d'honneur, de se voir reduit à vivre avec de telles gens, qui neantmoins l'honorerent, l'aimerent, & ne perdirent jamais le respect qui estoit deû à son merite: & pendant tout ce temps, qu'il a demeuré avec eux, il n'a jamais eu le moindre démêlé avec personne.

§ I.

Monsieur Dogeron repasse en France, & retourne de France en l'Amerique, où il fait quelques habitations, apres diverses avantures.

Monsieur Dogeron ayant assez prudemment preveu ce qu'il luy pourroit estre necessaire pour soûtenir l'établissement qu'il avoit creu faire dans la riviere d'Oüanatigo, avoit donné ordre en partant de France à ses correspondans, de luy envoyer des vivres & des marchandises, & qu'on les adressast à Monsieur de la Vigne, à la Martinique. Cela l'obligea à repasser aux Isles du vent dans le Navire du Capitaine Tardonneau; & lors qu'il fut à la Martinique, il trouva que Monsieur de la Vigne, qui avoit receu ses victuailles, & ses marchandises, les avoit venduës pour des raisons que j'ignore, de sorte qu'il fut contraint de s'en retourner en France avec la valeur seulement de quatre ou cinq cens livres de marchandises, qui luy tenoient lieu de 17000. livres d'argent consommées dans cette entreprise.

Estant de retour en France, au lieu de se rebuter de toutes ses pertes, il ramassa tout l'argent qu'il put, & équippa un Navire, qu'il chargea d'hommes engagez, de vin, & d'eau de vie, qui estoit une marchandise de grand débit parmy les boucaniers : mais arrivant à la Coste de saint Dominique, il trouva que d'autres Marchands l'avoient prevenu, & en avoient apporté une si grande quantité, qu'il la faloit donner à perte. Cela le fit resoudre, apres avoir mis ses engagez à terre, à transporter ses vins, & ses eaux de vie à la Iamayque, où les ayant confiez à un nommé Plainville, ce fripon s'en accommoda, & n'en a jamais rien payé à Monsieur Dogeron, qui perdit encore en ce voyage 10. ou 12000. livres.

Tant de pertes n'ayant pu vaincre la forte inclination que ce

Gentilhomme avoit de faire un établissement important dans la Coste de saint Dominique. Il s'en retourna en France, où il avoit donné ordre qu'on luy bâtist un Navire plus propre à porter des hommes que des marchandises. Mais Madame sa mere, & la plus grande partie de ses proches, rebuttez par les malheurs de ces deux premiers voyages, voyant que sa generosité luy faisoit donner son bien à toutes mains, firent tout ce qu'ils pûrent pour l'empécher de faire ce troisiéme voyage, jusques à luy refuser l'assistance qu'ils luy auroient fait pour des entreprises plus assurées. Mais Madame du Tertre Pringuel sa sœur, femme d'une grande vertu, & d'une generosité qui a peu de semblables, luy donna 10000. livres d'argent, & des Lettres de credit à Nantes pour de plus grosses sommes s'il en avoit besoin.

Avec ce secours, il remplit son Navire de passagers, & d'engagez, & tout plein de bonne sperance, & charmé de la Coste de saint Dominique, il y fit voile pour s'y aller établir.

Son premier établissement de l'année 1665. fut au port Margo dans l'Isle de saint Dominique, où laissant la conduite de cette premiere habitation à un nommé Giraut son domestique, il vint faire sa principale demeure, & affermir les premiers fondemens de la Colonie dont il est presentement le Gouverneur, au petit *Gouave*, & *Aleogannaes* dans le cul de Sac de saint Dominique. Ie dis affermir, parce que les fondemens en estoient posez long-temps auparavant qu'il y fut étably, par des boucaniers & quelques Habitans, qui prétendoient avoir conquis ces postes sur les Espagnols. Ils y faisoient mesme du petun, comme dans les Ant-Isles, sans neantmoins avoir aucun Chef de la part du Roy, ny d'aucune Compagnie, qui eust aucune autorité sur eux. Dés que Monsieur Dogeron se fut arresté en ce lieu, un grand nombre d'Habitans & de passagers, s'allerent habituer avec luy, comme avec le pere des pauvres, & de tous les miserables, qu'il n'a jamais abandonné; & la voix commune des peuples rend ce témoignage de luy, qu'il n'a jamais refusé à personne les assistances qui ont dépendu de luy.

Incontinent

Incontinent apres ce premier établissement, il suivit un conseil qu'on luy avoit donné avant son dernier voyage de France, qui estoit de prendre une habitation dans la Iamayque, & d'entretenir le commerce avec les Anglois: ce qu'il fit. Mais le General de cette Isle, qui estoit un preneur à toutes mains, & qui faisoit mille injustices pour acquerir du bien, s'estant attaqué au Capitaine Renou, auquel ayant permis de traiter dans cette Isle, il ne laissa pourtant pas de luy faire injustement confisquer son Navire, & toutes ses marchandises. Monsieur Dogeron n'ayant pû souffrir une iniquité si grossiere, l'en reprit, & luy reprocha avec assez de force, sa mauvaise conduite, à l'égard des Etrangers. Ils se piquerent l'un l'autre de parole, & le General offensé, le fit arrester quelques jours, non seulement pour se vanger de luy, mais particulierement pour luy cacher l'équippement d'une flotte qu'il faisoit pour une entreprise sur les Hollandois, & mesme pour l'Isle de la Tortuë, s'il eust eu des nouvelles de la declaration de la guerre avant son départ. Il falut que M. Dogeron donnast caution, & sa foy d'homme d'honneur, de garder le secret de ce qu'il avoit connu de l'équippement de cette flotte, avant que d'estre rélâché; & ce méchant homme n'estant pas encore content, luy fit perdre toute la dépense qu'il avoit faite pour cette habitation, & pour 8. ou 10000. livres de marchandises. Cette perfidie luy donna autant d'aversion pour la nation Angloise, qu'il avoit eu auparavant d'estime & d'inclination pour elle.

Il avoit un Navire qui ne faisoit autre chose qu'aller en France, & rapporter des passagers & des engagez pour les Colonies de l'Isle de la Tortuë & de la Coste de S. Domingue; & l'on peut dire avec verité, que c'est à luy seul que l'on doit l'établissement du petit *Gouave*; car bien que les boucaniers, & quelques habitans l'ayent conquis sur les Espagnols, & y ayent fait les premieres habitations; il est certain que les bestes à corne venant à diminuer, comme elles ont fait dans cette coste, presque tous les boucaniers, qui n'y demeuroient que pour le profit qu'ils faisoient sur les cuirs, se sont retirez, & qu'il y a

T

presentement tres peu d'hommes dans ce poste, que M. Dogeron ⁓ fait passer dans son Navire.

Au mois de May en l'année 1665. M. de Tracy allant en Canadas passa par la Coste de S. Domingue, & fut dix jours à l'ancre au port François, où Monsieur Dogeron eut de grandes conferences avec luy sur ce qui se pouvoit faire, tant dans l'Isle de la Tortuë, que dans la coste de S. Domingue. Ie ne sçay pas, si l'on a eu du dessein sur cette grande Isle, mais je sçay bien que le passage de M. de Tracy allarma les Espagnols, & qu'ils armerent pour chasser les François de la Coste, sur la nouvelle qu'ils eurent de son passage.

Monsieur Dogeron m'a fait l'histoire de deux choses, qui sont arrivées dans cette Coste avant qu'il fust Gouverneur, qui me semblent assez curieuses pour estre mises dans ce livre. La premiere, est d'un jeune homme Normand, qui ayant fait naufrage à la Coste de S. Domingue, aima mieux aller chercher sa vie dans les bois, que de s'aller rendre aux Espagnols, comme firent ses compagnons. Il estoit nud, & n'avoit pour toutes choses que deux petits coûteaux. Le premier jour il fut assez heureux, pour prendre à la course deux petits cochons. Il en tua un, & se reput de sa chair cruë, & fit boire le sang à l'autre, qui estant pressé de la faim, l'avalla comme du laict. Il avoit envie de le tuer le lendemain pour se nourrir; mais ayant remarqué qu'il le suivoit par tout, & qu'il estoit devenu friand du sang des autres petits cochons, jusques à chasser avec luy, pour les prendre, & attendre qu'il les eust égorgez pour en boire le sang, il se resolut de le conserver. Peu de jours apres, il mangeoit la viande cruë, & à mesure qu'il croissoit, il arrestoit de plus grands porcs, les tenant toûjours saisis par les oreilles, jusques à ce que le sang en ruisselast; & alors il beuvoit le sang, & ensuite mangeoit la chair avec son Maistre. Le Normand & le porc vécurent ainsi 14. mois, partageant leur chasse, & se faisant fidelle compagnie, & l'homme, & le porc devinrent si grands, & si gros, qu'ils sembloient deux geans, ou deux monstres.

Ce temps estant écoulé, une barque par hazard vint moüiller devant le lieu où estoit cet homme, qui l'ayant apperceu, fit signe à ceux qui la conduisoient, & apres leur avoir conté son avanture, & s'estant resolu de quitter cette vie sauvage, il laissa son porc, qui paroissoit sur le rivage aussi haut qu'un asne. Il fut amené à Monsieur Dogeron, qui l'ayant admiré avec tous ses Habitans, comme un prodige, le nommerent *Mardy-gras*: mais ce qu'il faut remarquer en cecy, est que si-tost qu'il eut quitté sa nourriture de sang & de viande cruë, son embonpoint diminua peu à peu, & il mourut au bout de quatre mois tout sec, n'ayant que la peau sur les os, quoy que d'ailleurs, l'on luy fist tres-bonne chere de viande cuite.

La seconde, est d'un nommé le Gris, natif d'Angers, boucanier, qui ayant un jour écorché un porc, fut à la riviere, qui est au camp de Louyse, pour y laver son coûteau, & ses mains; & ayant lavé le couteau, & mis à sa bouche, comme font les Bouchers, & voulant laver ses mains dans la riviere, un puissant cayemaut ou crocodille vint à luy entre deux eaux, & luy ayant englouty la main gauche, l'entraîna au fond de l'eau pour le devorer: Mais le Gris ne perdant point le jugement, prit son couteau de la main droite, & en donna tant de coups à ce cayemaut qu'il luy fit lâcher prise: & estant revenu sur l'eau, il appella ses camarades au secours, qui voyant cette beste carnaciere, qui revenoit à luy pour le devorer, luy tirerent plusieurs coups de fusils, dont ils le tuerent. Cela exige une merveilleuse presence d'esprit dans un si terrible accident.

§. II.

Le Roy & la Compagnie établissent Monsieur Dogeron Gouverneur de la Tortuë, & de la Coste de saint Domingue. Sa conduite pour la faire valoir, & son adresse à reprimer les seditions.

L'Isle de la Tortuë, aussi bien que la Coste de S. Domingue, avoient esté cy-devant de tres-petite consideration pour l'établissement des Colonies Françoises, parce que les profits de l'un & de l'autre n'estoient établis que sur la boucanerie, c'est-à-dire sur les cuirs, & sur les pilleries des fribustiers; de sorte que les bestes à cornes diminuant tous les jours dans cette Coste, & tous les boucaniers desertant comme ils ont fait, il sembloit qu'il n'y eust plus rien à attendre qu'à s'y faire casser la teste par les Espagnols. D'ailleurs les profits des fribustiers n'estant que pour eux, & si casuel, que l'on y a toûjours veu cent miserables contre un homme riche : les fondemens ne paroissoient pas assez fermes, ny assez seurs pour y établir des Colonies.

Mais Monsieur Dogeron ayant affermy celle du petit Gouave, par le grand nombre d'engagez qu'il y avoit fait passer, & par plusieurs bons Habitans qu'il y avoit attirez, non plus pour la boucanerie, mais pour y faire de bonnes habitations, & des marchandises, comme dans les Isles : Il se trouva, lors que la Compagnie prit possession des Ant Isles, 400. bons Habitans dans cette seule Coste.

Monsieur de Clodoré Gouverneur de la Martinique, & amy de M. Dogeron concevant de bonnes esperances des établissemens que l'on pouvoit faire dans ce quartier, sollicita la commission de Gouverneur pour le Roy sous l'autorité de la Compagnie, tant de l'Isle de la Tortuë que de la Coste de S. Domingue, en faveur de son amy, & il l'obtint.

Cette Commission luy fut expediée sur la fin de l'année 1664. & il la receut au commencement de Février 1665. avec des Lettres de M. C. & de la Compagnie. Il se fit incontinent reconnoistre dans l'Isle de la Tortuë, & dans la Coste de S. Domingue, avec une joye inconcevable de tous ces Habitans. Mais comme c'estoient de terribles gens, ils commencerent dés ce temps à murmurer contre la Compagnie.

Ce bon Gentilhomme voyant que la Colonie, qui luy avoit cousté tant de bien & de travail, estoit assez heureuse pour estre consideree du Ministre, & de la Compagnie qui luy faisoit esperer des secours, non seulement suffisans de la soûtenir, mais de l'augmenter jusques à la rendre assez puissante pour se deffendre contre les Espagnols, & de s'étendre bien avant dans cette belle Isle de S. Domingue, redoubla l'application de ses soins pour la fortifier, & il se servit de la mesme conduite pour accroistre le nombre de ses Habitans, que ses voisins avoient tenüe pour les faire deserter. Car voyant que le Gouverneur de la Iamayque Anglois les attiroit de cette Coste dans son Isle, par le bon traitement, & par les avantages qu'il leur faisoit, il devint si liberal qu'il sembloit qu'il n'eust plus rien à luy, & que tout ce qu'il avoit, appartenoit à ses Habitans de la Tortuë, du petit Goüane, & aux Capitaines des Vaisseaux qui venoient traiter avec eux.

Il fit venir dans son Navire le plus qu'il luy fut possible d'engagez, desquels il bailloit une bonne partie aux Habitans, & les assistoit de son pouvoir, jusques à achepter de son propre argent, les choses qui leur estoient necessaires pour faire leurs habitations. Il refusoit le payement que plusieurs Habitans luy vouloient faire de leurs debtes, & les obligeoit de s'en aller en France avec ce qu'ils luy vouloient payer, afin qu'ils en ramenassent des engagez, & en apportassent des marchandises pour leur compte, & y fissent quelque profit, pour les tirer de la necessité. Il passa mesme jusqu'à donner de l'argent à plusieurs pour aller en France lever des engagez pour leur compte, & il avoit donné ordre à ses correspondans, de faire passer dans son Navire, à credit, tous les

Habitans, qui se trouveroient sur le port de Mer sans argent. Il a esté si heureux dans cette conduite, que pas un seul de ses Habitans, nonobstant tous les avantages que leur faisoit le General de la Iamayque, pour les attirer dans son Isle, n'y ont voulu aller depuis qu'il a esté Gouverneur de cette Coste: & tout au contraire plusieurs qui s'estoient laissé débaucher par le Gouverneur Anglois, sont retournez au petit Goüave, pour vivre sous M. Dogeron.

Il rendoit genereusement à tous les Capitaines des Navires, tant François qu'Etrangers, tous les bons services & assistances qui luy estoient possibles, leur faisant donner à bon marché ce qu'ils avoient besoin, & leur faisant vendre leurs marchandises à un prix si raisonnable, qu'ils y trouvoient toûjours leur compte, sans que les Habitans y fussent vexez.

Il n'a jamais pris aucune chose pour les passeports, & pour les congez, & bien que le Gouverneur de la Iamayque prist 200. écus pour les Commissions d'aller en guerre, il n'en a jamais rien voulu prendre pendant le temps qu'il a eu la liberté d'en donner.

Le Gouverneur de la Iamayque prend le 10. & le 15me des prises, qui font dix-sept pour cent. M. Dogeron n'en prenoit que dix, & par une pure generosité il en remettoit la moitié entre les mains du Capitaine, pour les distribuer à son choix aux soldats qui auroient mieux fait que les autres, pretendant par là relever l'autorité du Capitaine, tenir les soldats soûmis, & les rendre plus valeureux.

Il fit un jour l'ajudication d'une prise qui valoit 800. pieces de huit, dont n'ayant rien voulu prendre, mais fait seulement donner trente pieces au Greffier pour sa peine, quelques jours après, ayant fait reflexion sur le jugement qu'il avoit donné, & ayant reconnu au stile, & à la datte, qu'il s'estoit trompé, & que cette prise avoit esté faite en temps de paix: sans attendre que les Anglois, qui en ce temps nous faisoient mille pilleries, & mille injustices, & qui contoient cette affaire perduë, luy en fissent aucune requisition, il rendit de son propre argent les 800. pieces de huit, pour ne pas donner l'avantage aux Anglois de dire que le Gouverneur de la Tortuë eust fait une semblable injustice. Cette generosité me semble assez rare.

Lors qu'il se vid soûmis à la Compagnie sous l'autorité du Roy, il voulut étendre ses soins jusques à regler sa Colonie, & la mettre dans l'ordre des autres Isles; mais il y trouva de l'opposition de la part des Habitans du petit Goüave, qui n'avoient jamais obey à personne, & n'avoient pas mesme voulu reconnoistre Monsieur du Rosset, pourveu de Commission Royale, aussi bien que Monsieur Dogeron: & parce que quelques-uns d'entre eux avoient aidé à conquerir le poste du petit Goüave, ils pretendoient y estre neutres, & n'y avoir jamais de Maistre; de sorte que Monsieur Dogeron les voulant diviser par compagnie, & leur donner des Officiers, ils prirent ce dessein pour un commencement de servitude, & pour un ravissement de leur liberté; & oubliant assez brutalement toutes les bontez de leur Gouverneur, plusieurs d'entre-eux s'échapperent jusques à dire que quelque honneste homme qu'il pust estre, il le faloit jetter à la mer, s'il se presentoit pour l'executer.

Toutes ces choses luy ayant esté rapportées à la Tortuë, où il estoit pour lors, il s'embarqua dans la Chaloupe du Capitaine la Prenade, vint seul au petit Goüave, y fit assembler les Habitans, les divisa par compagnie, leur donna des Officiers, & leur fit prester le serment, sans que pas un osast dire une seule parole; & ceux qui avoient fait les menaces furent si honteux, qu'ils s'allerent cacher.

Il eut encore à essuyer une mutinerie, qui paroissoit d'autant plus dangereuse, qu'elle estoit excitée par de plus terribles gens, qui estoient quatre cens fribustiers, c'est-à-dire Corsaires, ou Avanturiers, qui ne vouloient reconnoistre personne, & estre eux mesmes les juges, & les parties des prises qu'ils faisoient bien souvent assez mal à propos. Ils étoient de tous temps en possession de cet abus; de sorte que Monsieur Dogeron voulant les obliger à paroistre devant luy pour l'ajudication de leurs prises, ils se mutinerent tout à coup dans l'Isle de la Tortuë, & envoyerent quelques-uns des leurs à Monsieur Dogeron, qui estoit à trois lieuës de là dans le Navire du Capitaine Hollonois, luy dire qu'ils pretendoient vivre comme ils avoient fait auparavant. Il estoit dans la chambre du Capitaine, lors qu'on luy vint dire la harangue qu'on luy alloit faire. Il en sortit sur le champ tout en colere, & frappant du pied sur le pont, dit, où sont ces mutins, & ces seditieux : & alors du Moulin, qui estoit un des envoyez, se presenta, & luy dit effrontément, que c'estoit luy, & ses camarades ; & Monsieur Dogeron, sans répondre un seul mot, tira l'épée pour le tuer. Du Moulin s'enfuit, & il fut poursuivy de si prés, que jamais il ne s'est veu si proche de sa fin. Il n'en falut pas davantage : car du Moulin, & ses camarades vinrent peu de jours apres demander pardon à Monsieur Dogeron, & luy protester que jamais ils ne s'engageroient en de semblables affaires.

Il fit quelques Ordonnances assez utiles dans son gouvernement. La premiere fut faite, sur ce que plusieurs de ses Habitans ne se servoient que d'Esclaves, dont les services, & les profits sont plus grands que ceux des François, & se vantoient hautement, qu'ils ne se vouloient servir que de Negres. D'où arrivant que les François venant à mourir, & n'estant pas remplacez, la Colonie diminuoit tous les jours, & se voyoit exposée à ne pouvoir soûtenir la moindre attaque des Espagnols, & mesme la moindre revolte des Negres, qui égorgeant chacun leur Maistre, se seroient faits les Seigneurs de tout. Cela l'obligea à deffendre à tous ses Habitans d'avoir à leur service un plus grand nombre d'Esclaves que de François : & il est certain que si cette Ordonnance avoit esté gardée dés le commencement dans les Isles, il y auroit presentement cent mille ames qui n'y sont pas.

Ce Gentilhomme voyant que les Habitans de la Tortuë abandonnoient cette Isle, à cause de la mauvaise qualité du Terrain, & que si cela continuoit, elle demeureroit deserte, & sans culture ; il deffendit à tous les Magasiniers, de debiter, de vendre & d'achepter dedans cette Isle, si dans six mois ils n'y avoient des habitations entretenuës ; en sorte que le commerce n'y estant bon, qu'à cause des fribustiers, cette
Ordonnance

Ordonnance y conservast les uns & les autres, & en mesme temps la culture de l'Isle, & que ces Marchands magaziniers contribuassent à l'augmentation de la Colonie, puis qu'ils en tiroient le profit.

Il fit encore une Ordonnance, qui n'a pas esté des mieux gardées, mais qui n'étoit pas moins necessaire que les deux precedentes. Car ayant remarqué que dans diverses saisons de l'année, les Habitans n'avoient aucun secours des Navires, & souffroient jusques à l'extremité, il commanda à tous les Habitans de nourrir du bestail, comme des bœufs, des porcs, des moutons, des poules d'Inde, & des poulles communes, à proportion de la quantité des personnes que l'on auroit en chaques cases, afin que les Habitans peussent avoir recours à leur bestail, lors que les Navires manqueroient de leur apporter les choses necessaires. Les memoires qui m'ont esté donnez par Monsieur Dogeron, & par quelques boucaniers de la Coste de S. Domingue, me fournissent de belles & bonnes choses, que je reserve pour l'histoire de la guerre.

TRAITÉ III.

DV GOVVERNEMENT DES ANT-ISLES par les nouveaux Seigneurs de la Compagnie des Indes Occidentales.

CHAPITRE PREMIER.

Les Directeurs choisißent des Gouverneurs & des Officiers, & font l'estat de leurs appointemens, & de leurs dépenses.

NOvs avons laissé Messieurs nos Directeurs de la Royale Compagnie dans des occupations si delicates, qu'ils ne pouvoient faire de fautes pour petites qu'elles fussent, qu'elles ne traînassent apres elles une enchaînure de maux, qui ne pouvoient tomber que sur eux, & sur les Habitans des Ant-Isles, qui n'estoient guere disposez à les supporter.

Le choix des hommes capables de gouverner des pays si éloignez de la puissance souveraine, & de commander à des peuples assez mutins, & tres-mal persuadez des bonnes intentions de la Compagnie, estoit une affaire digne de l'application des plus beaux esprits, & des plus sages Politiques du Royaume. Celuy de l'Intendant, & des Commis qui devoient avoir toutes les affaires, & les interests de la Compagnie en maniement, ne leur estoit pas de moindre consequence.

Les achapts & les équippemens des Vaisseaux, aussi bien

que les emplettes des choses necessaires au commerce, qu'ils s'estoient reservé privativement à tous autres, estoit proprement l'affaire des plus habiles, & des plus fidelles Marchands de nos Ports, & l'esprit & l'experience des bons Habitans des Ant-Isles, estoient necessaires pour la levée des hommes, dont l'on vouloit accroistre les Colonies de ces Isles : d'où vient qu'il ne se faut pas étonner si ces Messieurs, qui ont eu assez de lumieres pour reüssir heureusement dans la plus grande partie de ces choses, n'ont pas laissé de rencontrer dans quelques unes, mesme de celles qui regardoient leurs propres interests, comme des personnes qui dans ce commencement n'estoient pas suffisamment instruits de toutes les choses necessaires à une entreprise d'une si vaste étenduë.

Ces Messieurs ont si heureusement reüssi dans le choix qu'ils ont fait des premiers Gouverneurs, qui furent presentez de leur part à sa Majesté pour commander dans toutes les Isles qui dépendent de leur authorité, qu'ils en meritent de la gloire.

La Martinique eut le bonheur d'avoir pour premier Gouverneur de la part du Roy, & de la Compagnie Royale, M. de Clodoré, Gentilhomme d'honneur, vaillant, integre, ferme dans ses resolutions, doüé d'un excellent esprit, vif, actif, & tel qu'il le faut pour faire un des braves de ce siecle. Il avoit passé 25. ou 26. ans dans le service, & plus de dix huit dans des employs honorables de Capitaine au Regiment de la Marine, de Major dans Calais, commandant en l'absence du Gouverneur, & du Lieutenant de Roy, & de Gouverneur dans la ville de Cardonne en Catalogne. Il fut presenté au Roy par la Compagnie, & en mesme temps agreé, & sa Commission expediée le onziéme Octobre mil six cens soixante-quatre.

Monsieur du Lion, dont j'ay déja fait l'éloge, lors que j'ay parlé de son établissement au gouvernement de l'Isle de la Guadeloupe par Monsieur de Tracy, en attendant la Commission du Roy, fut aussi confirmé dans cette mesme charge à la recommandation de M. Colbert, sollicité par des personnes tres puissantes.

Marigalande eut pour son Gouverneur un jeune, brave & vaillant Gentilhomme, nommé de Themericour, qui outre la qualité de debonnaire que tout le monde luy donne, fait admirer son bel esprit, qui paroist sçavant dans tous les Arts, sans les avoir appris. Il est fils de Madame de Champigny, à laquelle appartenoit cette Isle, aussi bien que la moitié de la Guadeloupe, & il y a apparence que Madame sa mere luy obtint ce gouvernement par son credit, lors qu'elle vendit les Isles, & prit part dans la Compagnie. Il fut presenté au Roy par la Compagnie, agreé comme les autres, & receut sa Commission au commencement de l'année 1665. comme je diray cy-apres.

L'Isle de la Grenade qui possedoit l'un des plus braves, des plus prudens, & des plus honnestes Gentilshommes du monde, qui estoit Monsieur Vincent, Capitaine d'une Compagnie au Regiment d'Orleans, que M. de Tracy avoit etably en la place du Comte de Cerillac, lors qu'il fut visiter cette Isle, ne fut pas privée de ce thresor : mais les Directeurs ne luy envoyerent qu'une Commission de leur part, laquelle il refusa avec raison, & en attendit une du Roy qu'il ne receut que le 29. de Novembre de l'année 1665. auquel jour il prit possession de cette charge, & de l'Isle au nom de sa Majesté, & de la Compagnie Royale.

Le Roy qui jusques alors n'avoit eu aucune consideration, n'y fait délivrer aucune Commission pour la coste de S. Domingue, agréa la presentation que luy fit la Compagnie, à la sollicitation de Monsieur de Clodoré, de la personne de M. Dogeron, dont j'ay déja parlé, & fait l'éloge qu'il merite.

Il fut pourveu du gouvernement de la Coste de S. Domingue, & de l'Isle de la Tortuë en l'année 1664. & en receut les Provisions à la fin de Février 1665. & s'y fit reconnoistre, comme j'ay déja dit dans l'histoire de cette Isle.

Voila les choix, & les promotions de tous les Gouverneurs des Isles, qui relevoient pour lors de la Royale Compagnie, qui font assez reconnoistre que ces Messieurs les Directeurs ont merveilleusement reüssi en cette occasion, puis qu'il n'y en a pas un qui ne vaille bien son employ, & quelque chose au delà; & je puis dire sans flaterie, que la Compagnie se doit reputer heureuse d'avoir esté servie par de si honnestes gens.

Ie parleray des Gouverneurs des Isles dependantes de la Seigneurie de Malthe, lors que nous les verrons changer de mains, & tomber sous la puissance de la Royale Compagnie.

Ces Messieurs choisirent aussi pour Intendant de leurs affaires, Monsieur de Chambré homme d'honneur, tres-habile, & qui avoit toutes les belles qualitez requises pour cet employ. Les Commis generaux pour la Guadeloupe, & pour la Martinique, furent les sieurs du Buc & Romelet, tous deux de la Religion pretenduë reformée; mais Monsieur Romelet se convertit, & fit abjuration de son heresie à la Martinique, ainsi qu'il l'avoit promis en partant de la Rochelle. Ils y furent envoyez les premiers en cette qualité, avec plusieurs autres Commis que ces Messieurs crûrent plus capables, & plus fidelles qu'ils ne les ont experimentez.

Entre environ quatre cens personnes levées pour estre embarquées dans la premiere Flotte que la Compagnie envoya aux Isles, sans y comprendre les Chefs, il y avoit environ quarante ou cinquante soldats, quantité de Commis, quelques engagez, & peu d'ouvriers, qui y estoient les plus necessaires, & plusieurs habitans.

Avant le départ de la Flotte, les Directeurs de la Compagnie avoient fait un estat de la dépense des Gouverneurs, des Officiers, & des soldats de toutes les Isles. Voicy celuy de la Martinique; & je croy que la mesme chose a esté aussi arrestée pour toutes les autres Isles.

Extrait de l'Estat de la dépense, que la Compagnie des Indes Occidentales, a ordonné estre faite par chacun an, pour l'entretien & subsistance des Gouverneurs, Officiers, & Commis de l'Isle de la Martinique : arresté au Bureau de la direction generale de ladite Compagnie le vingt-cinquiéme Octobre 1664. Signé Bechamel, Iacquier, Bibaud, Dalibert & Pocquelin. Par Nous Agent general de la Compagnie dans les Isles de l'Amerique.

PREMIEREMENT.

AV GOVVERNEVR.

POur ses appointemens douze cens écus en argent, qui seront payez à Paris.
Pour sa table, compris l'Aumônier, il sera distribué par chacune année, les vivres cy-apres declarez.
Sçavoir, deux mille quatre cens livres de farine.
Quinze cens livres de lard.
Deux mille livres de bœuf.
Cent quatre-vingts livres d'huile, ou de beurre.
Deux tonneaux & demy de vin François.
Vne botte de vin de Madere.
Vne Barique d'eau de vie.
Cent livres de poudre de chasse.
Quatre cens livres de plomb pour la chasse.
Extraordinaire pour les survenans à iours publics.
Trois muids de vin François.
Vne botte de vin de Madere.

AV LIEVTENANT.

Dix-huit cens livres payées en argent à Paris.

Huit cens livres de farine par an.
Cinq cens livres de lard.
Sept cens livres de bœuf.
Soixante livres d'huile ou de beurre.
Vn tonneau de vin François.
Le tiers d'une botte de vin de Madere.
Le tiers d'une barique d'eau de vie.
Trente-trois livres de poudre de chasse.
Cent trente-trois livres de plomb pour la chasse.

A LA GARNISON.

A un Chirurgien, deux rations chaque, composées de cinq quarterons de lard, deux livres de bœuf, & chopine d'eau de vie par semaine.
A un Canonnier aussi deux rations.
A un Armurier deux rations.
A vingt-quatre soldats, deux Caporaux, deux Sergens, sera delivré par chaque semaine, trente & une ration.
Sçavoir pour chaque soldat une.
Vne & demie pour chaque Caporal, & deux pour chacun des Sergens.

Sera pareillement delivré par semaine six rations pour les valets du Gouverneur, & deux rations pour les valets du Lieutenant.

Toutes lesdites rations que l'on doit livrer par semaine, se montent à quarante-sept, lesquelles font cinquante-huit livres trois quarts par semaine, & par an trois mille cinquante-cinq livres de lard.

Quatre-vingt quatorze livres de bœuf par semaine, & par an quatre mille huit cens quatre-vingt huit livres.

Quarante-sept chopines d'eau de vie par semaine, & par an deux mille quatre cens quarante-quatre chopines, qui font douze cens vingt-deux pintes, ou cinq bariques, & trois quarts de barique environ. Signé sur l'Original du present estat, DECHAMBRE'.

§ I.

Le départ & le voyage de la premiere flotte de la Royale Compagnie des Indes Occidentales, pour aller prendre possession des Ant-Isles.

CEtte premiere Flotte estoit de quatre Vaisseaux, dont le premier nommé l'Armonye, portoit le pavillon d'Amiral, & estoit de trois cens tonneaux, monté de vingt-quatre pieces de canon, & commandé par le Capitaine du Vigneau. Monsieur de Chambré, Agent general des affaires de la Compagnie, le monta avec M. de Saucé, 50. soldats, & quelques passagers, qui pouvoient faire en tout avec l'équipage, 160. personnes.

Le Vice-Amiral, nommé le S. Sebastien, du port de 250. tonneaux, monté de seize pieces de canon, & commandé par le Capitaine Bourdet, portoit Monsieur de Clodoré, Gouverneur de la Martinique, Madame sa femme, & quelques Damoiselles qui l'accompagnoient, quelques R R. PP. Iesuites, un Prestre seculier, le sieur Rovelet Commis general, plusieurs soldats & passagers, qui faisoient en tout 153. personnes.

Le troisiéme nommé le Mercier, du port de quatre cens tonneaux, monté de seize pieces de canon, commandé par le Capitaine Tardonneau, portoit M. du Chesne qui alloit estre Lieutenant au gouvernement de la Martinique, plusieurs Commis, des soldats, & des passagers, qui faisoient en tout 120. hommes.

Le quatriéme estoit une fluste nommée la Suzanne, du port de 300. tonneaux, monté de seize pieces de canon, commandé par le Capitaine Baron, & avoit tant en soldats, passagers, qu'en équipage, & en femmes 160. personnes; il estoit destiné pour l'Isle de Cayenne.

Cette petite Flotte partit de la Rochelle le quatorziéme
de

Décembre de l'année 1664. avec un vent tres-favorable; mais trois jours après de son départ elle fut toute divisée par une petite tempeste, & bien que l'Armonie, le saint Sebastien, & la Susanne, se rejoignissent quelques jours apres, le Navire nommé le Mercier commandé par Tardonneau ne fut plus reveu qu'aux Isles, où il arriva devant les deux autres; car la Susanne qui estoit destiné pour Cayenne, les quitta dés les Canaries, & fit route vers cette Isle.

Les deux autres Vaisseaux où estoient les deux principales testes, firent une traversée heureuse, paisible, & toute pleine de divertissemens. Lors qu'ils furent à la veuë de saint Yague, ces Messieurs crûrent qu'il estoit du service de Messieurs de la Compagnie Royale d'y aller faire amitié en leurs noms, avec le Gouverneur, afin qu'il fust favorable à leurs Navires, allans & retournans, soit des côtez de Guinée, de Cayenne, ou des Ant. Isles, ou aux autres qui y seroient portez par les tempestes, ou quelque autre accident impreveu.

Messieurs de Clodoré & de Chambré, estant arrivez le 20. d'Avril à saint Yague, y mirent pied à terre le mesme jour, accompagnés de tout ce qu'il y avoit de Gentilshommes, de Cadets, de Commis, & de gens les mieux mis, & les plus lestes qui estoient dans les deux Navires. Ils furent receus à leur descente par le Gouverneur, nommé Dom Antonio de Galvan, accompagné des plus honnestes gens de ce lieu, & ayant fait mettre la Compagnie de Garde sous les armes, l'Officier en teste la pique à la main, & le tambour batant.

Ce Gouverneur leur fit un accueil autant civil & honorable qu'ils le pouvoient desirer, & ces Messieurs luy firent leur compliment au nom du Roy, & de la Royale Compagnie des Indes Occidentales de France; & ayant pris pour sujet la bonne correspondance des deux Couronnes de France & de Portugal, ils conclurent en le priant d'avoir la bonté d'estre favorable aux Navires de cette Compagnie. Ils furent assez heureux pour rencontrer dans cette Isle un tres-habile Medecin nommé Iean de la Place, natif du Fauxbourg saint Michel de Paris, qui leur servit d'Interprete : & ce Gouverneur leur fit par l'organe de ce Medecin, des reparties si pleines de sagesse, qu'il se fit admirer de ces Messieurs, qui estoient tous deux tres-capables d'en juger & qui en rendent ce témoignage.

Ce bon Medecin qui pour avoir esté 20. ans parmy ces sortes de gens, n'a nullement degeneré de la generosité Françoise, leur rendit tous les bons offices qu'ils purent desirer de luy, les menant par toutes les Eglises & Convens, & leur faisant voir tout ce qu'il y avoit de rare dans cette ville. Il est apparemment riche, car il avoit preparé un magnifique festin, pour traiter ces Messieurs, qui ayant esté incommodez ce jour là, le festin fut mangé par les Volontaires, lesquels il fit servir par quarante de ses Esclaves, & tout en tres-belles vaisselles d'argent.

Cette visite se passa avec beaucoup de civilité de part & d'autre, & sur le soir nos Messieurs furent prendre congé du Gouverneur, qui les vouloit reconduire jusqu'au port : mais M. de Clodoré l'en ayant empéché, il les fit saluer en retournant à bord par le canon de la forteresse.

Monsieur de Chambré Intendant des affaires de la Compagnie, pour se lier davantage l'amitié de ce Gouverneur, luy voulut faire present de deux bariques d'excellent vin de France, & d'une au Major & aux soldats de la Garde. Elles luy furent presentées par un Commis, & bien receuës, mais à condition qu'elles seroient données aux Capucins, parce que le Roy de Portugal avoit expressément deffendu au Gouverneur, & aux Officiers de prendre aucun present des Etrangers. Monsieur de Clodoré en envoya aussi une de sa part à ces bons Peres, ausquels cette deffense n'est pas peu utile. Le Gouverneur ayant demandé à M. de Clodoré seulement un ruban, pour se souvenir de luy, il luy envoya quatre belles pieces de pousseau, & autant à la femme du Medecin, avec quelque douzaine de pendans d'oreilles, & quelques chapeaux à la Françoise, en reconnoissance des bons services qu'il leur avoit rendu.

Nos Messieurs trouverent dans cette Isle un grand nombre de chevaux, de bœufs, de moutons & de cabrites à vendre, qui auroient esté tres-utiles dans les Ant-Isles, & sur tout plus de deux mille Negres d'*Angolle* que l'on auroit eu à tres-bon marché; mais les Habitans de cette Isle, aymant mieux de l'argent de Portugal que des denrées, & nos Messieurs ne s'estant pas avisez d'en apporter, ils ne purent traiter que des viandes fraîches, & des fruits du pays, qui leur servirent fort pour achever le reste de leur route qu'ils accomplirent en 20. jours, & arriverent aux Ant-Isles tous sains & gaillards, n'ayant perdu dans toute la traversée qu'un seul homme qui mourut apres douze jours de fiévre, parce qu'ils furent tous bien nourris, estant tres-veritable que la plus grande partie de ceux qui meurent dans ces voyages, ne perissent qu'à faute de nourriture & de sollicitation.

I'ay tiré de divers memoires dequoy faire une petite description, tant de l'Isle de S. Yague que de la ville qui porte ce nom: & bien que je ne l'aye pas remplie de tout ce qui se pourroit dire pour la rendre parfaite; je ferois scrupule d'en priver la curiosité de plusieurs personnes, qui seront bien aises de la voir.

Description de la Ville de S. Yague.

CEtte Ville porte le nom d'une des plus grandes Isles du Cap-Verd, dans laquelle elle est située dans un petit vallon fort serré, & elle est environnée de grands rochers, qui la couvrent depuis le Nord Est jusques à l'Oest. Sa situation est toute Meridionale à l'égard de ses montagnes, ce qui fait qu'elle est extrémement chaude, parce que les vents alisez, qui vont toûjours de l'Orient à l'Occident, & qui sont comme établis de Dieu pour rafraîchir la Zone torride, n'y soufflent jamais. Il seroit asseurément impossible d'y vivre sans un grand nombre de fontaines qui sourcillent de toutes parts de ces Rochers, & qui apres avoir fait plusieurs ruisseaux, & rafraîchy tout le vallon, s'unissent tous ensemble, & font une petite riviere, qui passe par le milieu de la ville, & se va perdre dans la mer par le milieu du port : mais il faut remarquer que les Navires qui sont mouillez dans le port, n'y prennent jamais d'eau pendant le jour, parce que les Negres s'y lavent continuellement entre deux Soleils, & y vuident toutes leurs ordures.

Ce port est composé d'une petite ance, ou baye couverte du costé de la mer de cinq ou six rochers, qui sont au rais de l'eau, derriere lesquels les Navires vont mouiller l'ancre, lors qu'ils y veulent faire quelque sejour. Le fond en est pierreux, & fort haut, ayant jusques à trente ou quarante brasses d'eau tout proche de terre, mais à cent pas de la ville, il est tout gasté par des rochers qui couppent les cables des Navires, & les mettent en danger de se perdre.

L'avantage de ce port & les courans de ces belles eaux qui temperent l'ardeur de ce vallon, y ont attiré un grand nombre d'Habitans qui y ont formé une ville d'environ 4. ou 500. maisons, dont une partie est couverte de tuilles d'Hollande, c'est à dire cannellée, les autres de feüilles, de Palmiste de la tanniere, ou de balzier. La plus grande partie de ces maisons sont fort enjolivées par dedans. Les Eglises sont grandes, belles, claires, fort propres, & toutes revestuës ou incroustées en dedans de carreaux de Fayence, dont quatre font une belle rose, & composent une belle Tapisserie, qui est de longue durée.

Tout le commun peuple, c'est à dire plus des deux tiers des Habitans ne sont vestus que de toile de cotton rayée de bleu : les femmes de cet étage n'ont qu'une grande écharpe de cette toile qui les enveloppe comme un grand manteau, presque toutes ont les mamelles découvertes, & quelqu'unes les ont bandées par le milieu, en sorte qu'elles paroissent estre doubles, & qu'elles en ont quatre.

Il y a environ quarante mille ames dans cette Isle, que l'on dit estre fort grande, tres-belle, couverte de toutes sortes d'arbres portans tous les fruits qui croissent aux Ant. Isles, & une grande partie de ceux qui viennent dans l'Europe : elle est remplie de chevaux, de bœufs, de moutons, de cabrittes, & de toutes sortes de vollailles en tres grande quantité ; mais bien que le sol en soit merveilleusement fecond, les Peuples qui l'habitent sont si faineants & si lâches, que tout son commerce consiste en quatre grands Vaisseaux, que l'on y charge tous les ans de sucre & de cuirs.

Il y a une si grande quantité de Singes dans toute cette Isle, que les Habitans en sont extrêmement incommodez, parce qu'ils mangent une grande partie des fruits, des œufs, & des petits poullets, sans que l'on puisse remedier à ce mal.

Cette ville ne peut pas estre mise au rang des places bien fortes, si ce n'est à cause de sa situation, dont les rochers font une partie de l'enceinte, avec quelque bout de muraille qui l'acheve. Elle a à son entrée du costé du port, deux petits boulevars ou bouclains avec leurs embrazures, & autant de canons pour la deffendre.

Au haut d'un rocher fort élevé, est un fort de quatre petits bastions revestus, qui paroist à droit en entrant dans le port, & qui le deffend aussi bien que toute la ville, quoy-qu'il soit un peu haut.

---

§ II.

Arrivée des Vaisseaux à la Martinique, qui cause une courte ioye aux Habitans.

PEndant que Monsieur de Tracy s'occupoit dans la Guadeloupe à retenir les Peuples fameliques, & presque au desespoir, en leur faisant esperer un puissant secours de la part de la nouvelle Compagnie, & qu'il y reüssissoit si bien qu'il avoit déja transfiguré ce fantosme, ou ce loup garou de nom de côpagnie que les Hollandois & mal intentionnez tenoient toûjours devant les yeux des Habitans pour leur en faire horreur, en Ange de consolation, & d'une brebis qui leur venoit faire l'office de mere; le Capitaine d'un navire Hollandois luy vint donner avis qu'il avoit veu assez proche de la Martinique un Navire portant un pavillon blanc. Il crût à mesme temps, comme il estoit vray, que c'estoit un des Vaisseaux de la Compagnie, qui par quelque accident s'estoit écarté de la flotte. Dans cette pensée il fit mettre dés le mesme jour à la voile, & en arrivant à la Martinique, il y trouva le Capitaine Tardonneau, qui commandoit le Navire nommé le Mercier, lequel s'estant séparé de la Flotte, arriva à la Martinique six ou sept jours devant les deux autres. Le Navire nommé la Fortune qui avoit esté fretté à Nantes par la Compagnie, y moüilla en ce mesme temps, comme aussi le Navire du Roy, nommé le Terron, qui vint chargé de victuailles pour les troupes de M. de Tracy.

Six jours apres les deux principaux Navires de la Compagnie, où estoient Messieurs de Clodoré, Gouverneur de la Martinique, & de Chambré Agent general des affaires de la Compagnie, arriverent au quartier du Prêcheur, où ils apprirent que M. de Tracy estoit dans cette Isle; & voyant qu'il y avoit peu d'apparence d'aborder le moüillage ce jour-là, Monsieur de Clodoré luy envoya le sieur le Coureur Commis à la garde des Magazins de la Guadeloupe, pour sçavoir ce qu'il y auroit à faire, & pour recevoir ses ordres : mais il n'en tira point d'autre réponse, sinon qu'il mouroit d'impatience de les voir, & qu'ils vinssent promptement à terre. Sur cette réponse Messieurs de Clodoré, & de Chambré, bien qu'il fust presque nuit, se mirent chacun dans leurs esquifs, & vinrent trouver Monsieur de Tracy qui les attendoit au bord de la mer, & qui apres les avoir carressez, entra en conference avec eux de toutes les affaires.

La veuë de ces 5. grands Navires chargez de la plus grande partie de ce qui estoit necessaire aux Habitans de cette Isle, leur fit un peu évaporer cette bille noire, qui les mettoit en si mauvaise humeur contre la Compagnie, & les denrées ne furent pas plûtost en vente que les Habitans y accoururent en foule de tous les quartiers de l'Isle. Ce fut une confusion épouvantable, chacun voulant avoir toutes ses provisions de vin, de viande, de poudre, de plomb, de toiles, de soulliers, de chapeaux,

Des Ant-Isles de l'Amerique. 167

d'ustenciles, & de tout le reste, tout à la fois; & il est aisé de croire que les Commis, dont la plus grande partie n'estoient pas fort experimentez, firent en ce rencontre un terrible aprentissage: Rien n'estoit trop cher pour nos Habitans, parce que tout se donnoit à credit, de sorte que les plus gueux, & les moins solvables, qui n'estoient point connus des Commis, étoient ceux qui en demandoient davantage, & qui faisoient le plus de bruit. Il y en eut qui eurent un baril de viande qui n'en auroient pas eu une livre des Hollandois, & autant de perdu pour la Compagnie. La confusion & le trouble estoient si grands parmy les Commis, qu'ils baillerent à quelques-uns de l'eau de vie au lieu de viande.

Tout ce qui fut déchargé en ce rencontre ayant esté distribué assez inégalement, & sans beaucoup de circonspection à des gens affamez, ne parut que comme une goutte d'eau sur la langue d'un febricitant; de sorte qu'ils n'avoient pas plûtost receu ce que l'on leur pouvoit bailler, qu'ils murmuroient & pestoient contre la Compagnie; parce que ne pouvant satisfaire à leurs necessitez, elle empêchoit les Hollandois d'y subvenir, comme ils avoient coûtume de faire.

Mais quand ils virent (quatre jours apres) partir le saint Sebastien, & l'Armonie sans décharger ce qu'ils avoient apporté: ce fut alors qu'ils retournerent la medaille, pour considerer tout de nouveau cette nouvelle Compagnie, comme celle qui les alloit reduire aux mesmes miseres qu'ils avoient experimenté sous la premiere Compagnie. Ils regrettoient tout haut les Hollandois, donnoient mille maledictions à la Compagnie, & s'il y avoit eu une porte ouverte, plusieurs auroient abandonné le pays. Toutes les prudences, & les beaux discours de nos Messieurs, qui tâchoient de les détromper, & de les adoucir, se trouvoient épuisées; & sans l'autorité de Monsieur de Tracy, qui estoit également redouté, & aimé des Habitans, il y avoit à craindre qu'ils n'eussent fait des efforts pour secoüer le joug de la Compagnie, & que le feu qui demeura caché, & qui se découvrira bien-tost, n'eust éclaté dés ce temps à ses dépens, & peut-estre à la ruine de cette Isle, qui n'a jamais pû devenir sage par ses propres malheurs, qui l'ont tant de fois pensé aneantir.

§ III.

Monsieur de Tracy met la Compagnie en possession de l'Isle de la Martinique, y fait reconnoistre le Gouverneur, & reçoit le serment de fidelité des Estats de cette Isle.

LEs soins qui pressoient davantage M. de Tracy au milieu de tous ces embaras, estoit de mettre la Royale Compagnie en possession du don pretieux de la concession que le Roy luy avoit faite de toutes ces Isles, qui n'estoit pas un petit present, puis qu'en l'estat où elles sont, elles ne vallent guere moins qu'une des bonnes Provinces de la France.

Il choisit le dix-neufiéme jour de Février 1665. pour faire cette belle ceremonie, dont je crois estre obligé de décrire icy en détail toutes les circonstances, comme une des choses les plus considerables, qui se soient passées dans les Isles depuis qu'elles sont habitées par les François, & quoy que depuis l'on ait fait les mesmes choses dans quelques-unes des autres Isles, tant à l'égard des Gouverneurs que de la Compagnie, je ne les repeteray point, & me contenteray, lors que j'en parleray, de dire que ces mesmes choses y ont esté faites.

Le jour estant ainsi aresté, il convoqua tous les ordres des Religieux, composez des Reverends Peres Iacobins Reformez, & des Reverends Peres Iesuites : Secondement, le corps de la Noblesse; en suite les Officiers des neuf Compagnies de l'Isle, qui composent le Conseil souverain; en suite le tiers Estat, composé du Iuge ordinaire du lieu, du Procureur Fiscal, & le Greffier avec trois ou quatre des principaux

Habitans

Habitans de chaque quartier, & en dernier lieu, le menu peuple en grand nombre.

Avant que de s'assembler, la Noblesse, les Officiers, & les Habitans de cette Isle dresserent un memoire commun contenant plusieurs Articles concernant les privileges & exemptions des Gentilshommes & des Officiers, les taxes des denrées, le fret qu'il faloit payer des marchandises, tant en allant qu'en revenant de France. Monsieur de Tracy fit des réponses aux marges de chaque Article, faisant des reglemens tres-utiles & tres-necessaires pour le bien de la Compagnie, & le repos de tout le pays ; à la reserve neantmoins de quelques-uns qu'il fonda sur quelques Articles de l'Edit de sa Majesté, sans pouvoir deviner que leur inexecution à l'égard de la Compagnie, la mettroit en estat de ne pouvoir tenir ce qu'il avoit accordé aux Habitans. Il n'eut pas le temps de les achever à la Martinique, c'est-pourquoy il emmena avec luy un des deputez, pour y donner la derniere main à la Guadeloupe.

Le jour estant venu, auquel cette celebre Assemblée se devoit tenir, tous les convoquez s'y trouverent, & Monsieur de Tracy entra le premier dans la chambre de la Iustice. Il fut suivy de Messieurs de Clodoré, & de Chambré, de Messieurs les Officiers qui composent le Conseil souverain, & en suite des Ecclesiastiques, & du menu peuple, dont la plus grande partie ne pût entrer.

Apres que les seances furent prises, Monsieur de Chambré Agent general prit la parole, & dit qu'il estoit porteur de la Declaration du Roy, faite en faveur de la Compagnie des Indes Occidentales, de la Seigneurie de ces Isles ; & l'ayant presentée à Monsieur de Tracy, il demanda au nom de cette Compagnie, qu'elle fust leuë & enregistrée, & la Compagnie mise en possession de l'Isle au nom du Roy, suivant sa Declaration & Verification en Parlement, & il presenta aussi la Commission qu'il avoit de la Compagnie.

Le Procureur du Roy demanda au nom de toute l'Assemblée, que la lecture fust faite de l'un & de l'autre ; ce qui fut incontinent ordonné par Monsieur de Tracy, & le Procureur fiscal ayant conclu à l'enregistrement, toute l'Assemblée y acquiesça, à condition que les interests des enfans de Monsieur du Parquet fussent conservez, & Monsieur de Tracy prononça l'enregistrement, tant de la Declaration du Roy, que de la Commission de Monsieur de Chambré Agent general des affaires de la Compagnie : il le mit en suite en possession de l'Isle, & ordonna que acte luy en fust delivré.

Toutes ces choses achevées, Monsieur de Clodoré se leva, & presenta à Monsieur de Tracy sa Commission de Gouverneur de l'Isle de la Martinique ; & luy ayant representé que le Roy sur la nomination de Messieurs les Directeurs de la Compagnie l'ayant gratifié de cette charge pour l'exercer sous leur authorité, il requerroit d'y estre reconnu suivant l'intention de sa Majesté ; Monsieur de Tracy ordonna en mesme temps que sa Commission fust leuë ; ce qui ayant esté executé, il ordonna à toute l'Assemblée de la part du Roy, de le reconnoistre, & de luy obeyr en tout ce qui seroit du service du Roy, & la Compagnie.

Monsieur de Tracy receut en suite les sermens de fidelité des Ecclesiastiques du Conseil souverain du tiers Estat, & du peuple, en la maniere que je diray à la fin de ce §.

Les sermens de fidelité ayant ainsi esté prestez entre les mains de M. de Tracy, il fit un excellent discours, dans lequel il fit connoistre l'estime qu'il faisoit de Monsieur de Clodoré, & excita toute l'Assemblée à le respecter comme un homme de merite au dessus du commun, & à le considerer comme un Gouverneur, duquel ils devoient attendre toute la justice, la protection, & le repos qu'ils en pouvoient desirer. Monsieur de Clodoré repartit par un autre discours tres-judicieux, apres lequel il fut salué de tous les Officiers de l'Assemblée : & apres cela tous ces Messieurs sortirent de la Chambre de l'audiance.

Toute l'Assemblée estant au milieu de la place, il y eut plusieurs bariques de vin défoncées : Monsieur de Clodoré, & Monsieur de Chambré bûrent à la santé de sa Majesté, & tout le peuple se prit à crier, Vive le Roy, & au mesme instant, tout le canon du Fort S. Pierre tira, & fit un horrible tonnerre,

La santé de la Compagnie fut aussi buë, & mesme par des Habitans, car le vin met tout le monde bons amis.

Messieurs de la Compagnie avoient preparé un magnifique present, composé de pipes de vin d'Espagne, de barils d'Anchois, de Parmesan, & des choses les plus precieuses qui soient au rang des rafraîchissemens de mer, lequel fut presenté par Monsieur de Chambré à M. de Tracy, qui n'en ayant jamais voulu prendre que du Roy, le refusa, & ne prit qu'un petit morceau d'un Parmesan, pour faire honneur à la Compagnie.

Ces Messieurs avoient fait preparer une grande feüillée en forme de berceau, sous laquelle ils firent un magnifique festin à septante couverts, où tous les Officiers, & les principaux Habitans qui y furent invitez par ces Messieurs, dînerent, & se réjoüirent avec eux. La santé du Roy, celle de Monsieur de Tracy, & de la Compagnie y furent beuës, & tout se passa avec toute la joye, & l'allegresse ordinaire en semblables occasions. Monsieur de Tracy dîna chez luy, & vint neantmoins voir ces Messieurs sur la fin du repas.

Messieurs les Directeurs avoient pourveu un tres-honneste Gentilhomme nommé du Chesne, de la charge de Lieutenant de l'Isle de la Martinique ; mais parce que M. de l'Aubiere homme sage, & fort estimé dans le pays avoit esté établi dans cette charge à l'arrivée de M. de Tracy, il crut que pour contenir l'humeur inquiete des Habitans, & pour conserver & maintenir ces deux Messieurs chacun dans leur charge de Lieutenant, qu'il estoit necessaire de partager l'Isle, & d'ordonner à M. de Clodoré de leur terminer chacun leur distric, dans lesquels ils devoient commander sous l'autorité du Gouverneur.

Monsieur de Laubiere eut pour sa part, depuis la riviere de la Touche, qui est entre le Carbet, & le saint Pierre, jusques à la riviere du Gallion de la Cabsterre : dans cette étenduë de pays, sont comprises les deux Compagnies du Carbet, les deux de la case Pilote, & de la case des Navires comprenant le cul de Sac Royal, la Compagnie de la Peyre, qui contient les ances d'Arlet, celles du Diamant, la grande ance du

Y ij

Diamant, les ances Laurent, le cul de Sac marin, & la pointe des Salines.

Monsieur du Chesne eut pour son partage les deux Compagnies du Fort S. Pierre, les deux du Prêcheur, & les deux de la Cabsterre, des sieurs de Verpré, & de la Garenne; & tout cela neantmoins sous l'autorité du Gouverneur. Il a esté necessaire de marquer cecy pour l'intelligence de ce que nous allons dire.

Ie ne mets point icy les Commissions des Gouverneurs, & de l'Agent general des affaires de la Compagnie, parce que j'en ay déja mis de semblables dans la premiere Partie de mon Histoire. Mais voicy quelques autres pieces, que je crois estre obligé d'inserer dans ce Livre, comme necessaires & inseparables de cette Histoire.

Reception de Monsieur Clodoré Gouverneur, au gouvernement de la Martinique, le 19. Février 1665.

Prestation du Serment par les Estats de l'Isle de la Martinique.

Extrait des Registres du Conseil souverain de l'Isle de la Martinique.

DV dix-neufiéme jour de Février mil six cens soixante-cinq : Le Conseil souverain de cette Isle Martinique assemblé, où a presidé Monseigneur Messire Alexandre de Prouville, Chevalier Seigneur des deux Tracy, Conseiller du Roy en ses Conseils d'Estat & Privé, & Lieutenant general de sa Majesté, tant par mer que par terre, dans les Isles, & terre ferme de l'Amerique Meridionale & Septentrionale : & où assistoient la plus grande partie de Messieurs les Officiers de ceditte Isle, & où estoient mandez quatre des plus notables habitans de chaque Compagnie.

S'est presenté le sieur de Clodoré, lequel auroit remontré que le Roy par le vingt septiéme Article de son Edit du mois de May dernier, auroit accordé aux Seigneurs de la Compagnie des Indes Occidentales, de luy nommer & presenter tels Gouverneurs qu'elle jugera à propos; qu'ayant esté fait choix de sa personne par les Directeurs generaux de ladite Compagnie pour le Gouvernement de cette Isle Martinique, il auroit esté presenté par lesdits Directeurs à sadite Majesté; laquelle luy auroit accordé le gouvernement de cette Isle Martinique, pour sous son autorité, & celle de la Compagnie y commander, & suivant que plus amplement est fait mention dans lesdites Lettres du onziéme jour d'Octobre dernier. Pourquoy requiert qu'il soit par vous admis, & reconnu tant par les Ecclesiastiques, Noblesse, Messieurs du Conseil, que tiers Estat, pour Gouverneur pour le Roy, & Messieurs de la Compagnie, & de leur faire prester le serment de fidelité. Sur quoy, Veu par mondit Seigneur de Tracy, lesdites Lettres de sa Majesté, cy-dessus dattées, ensemble le consentement desdits Seigneurs les Directeurs du dix-neufiéme dudit mois d'Octobre dernier, a esté ledit sieur de Clodoré receu pour Gouverneur en cette Isle Martinique, pour en joüir, suivant & conformément à sadite Commission: & ont les Ecclesiastiques, Noblesse, Messieurs du Conseil, & tiers Estat, presté le serment de fidelité en la maniere qu'ils sont cy-apres inserez: & ordonné que lesdites Lettres seront en suite des presentes registrées pour y avoir recours en cas de besoin. Signé sur le Registre, TRACY.

Ensuivent les sermens pris par mondit Seigneur de Tracy.

Sermens prestez entre les mains de Monsieur de Tracy par le Conseil souverain, & les trois Estats de l'Isle de la Martinique, le dix-neufiéme iour de Février mil six cens soixante-cinq.

POVR LES ECCLESIASTIQVES.

Vous jurez & promettez à Dieu de travailler de tout vostre pouvoir au maintien de la Religion Catholique, Apostolique & Romaine, de l'avancer autant que vous le pourrez par vos exemples, & par vos soins, & d'estre fidelle au Roy, comme vous y estes obligez, sous l'autorité de Messieurs de la Compagnie des Indes Occidentales, Seigneurs de cettedite Isle, autres Ant-Isles, & autres pays concedez par l'Edit de sa Majesté, & de reconnoistre Monsieur de Clodoré pour vostre Gouverneur, pourveu du Roy sous la mesme autorité, & de l'avertir par les voyes permises, s'il venoit en vostre connoissance, qu'il se fist quelque chose contre le service de sa Majesté, ou de ladite Compagnie, & en cas qu'il n'y fust point remedié par ledit sieur de Clodoré vostre Gouverneur, d'en donner avis à sa Majesté, ou à Messieurs les Directeurs de ladite Compagnie.

POVR LA NOBLESSE.

Vous jurez & promettez à Dieu de bien & fidellement servir le Roy, & la Compagnie des Indes Occidentales, Seigneurs de cette Isle, & autres Ant-Isles & pays concedez par l'Edit de sa Majesté, sous la charge de M. de Clodoré, qu'elle a étably pour vostre Gouverneur sous l'autorité de ladite Compagnie, & que s'il venoit quelque chose à vostre connoissance, qui puisse estre contre vostre Gouverneur, & en cas qu'il n'y fust par luy remedié, d'en donner avis au Roy, ou à Messieurs les Directeurs de ladite Compagnie.

POVR LE CONSEIL SOVVERAIN.

Vous jurez & promettez à Dieu de bien & fidellement servir le Roy, & Messieurs des Indes Occidentales, Seigneurs de cette Isle, & autres Ant-Isles & pays concedez par l'Edit de sa Majesté dans la fonction de vos charges de milice, sous celle de M. de Clodoré, étably vostre Gouverneur en la mesme Isle par sa Majesté sous l'autorité de ladite Compagnie; & que s'il vient quelque chose en vostre connoissance, qui puisse estre contre le service du Roy, & de la susdite Compagnie, d'en avertir ledit sieur Clodoré vostre Gouverneur, & en cas qu'il n'y fust par luy remedié, d'en donner avis au Roy, ou à Messieurs les Directeurs de ladite Compagnie; comme aussi de garder une justice exacte, & de la rendre avec toute la diligence, & toute l'integrité que vous devez, sans acceptation de personne.

POVR LE TIERS ESTAT.

Vous jurez & promettez à Dieu de bien & fidellement servir le Roy, & Messieurs de la Compagnie des Indes Occidentales, Seigneurs de cette Isle, autres Ant-Isles & pays concedez par l'Edit de sa Majesté sous la charge de Monsieur de Clodoré, qu'elle a pourveu du gouvernement d'icelle sous l'autorité de ladite Compagnie, & de l'avertir s'il se passe quelque chose, qui fust à vostre connoissance contre le service de sa Majesté, ou de ladite Compagnie, & en cas qu'il n'y fût par luy promptement remedié, d'en donner avis au Roy, ou à Messieurs les Directeurs de ladite Compagnie. Signé TRACY. Signé en l'Original de la presente copie. Par Collation DE VILLIERS, Greffier, avec paraphes.

Reglemens faits à la Martinique par Monsieur de Tracy, le 17. Mars 1665.

NOVS Alexandre de Prouville, Chevalier, Seigneur des deux Tracys, Conseiller du Roy en ses Conseils, Lieutenant general des Armées de sa Maiesté, & dans les Isles de la terre ferme de l'Amerique Meridionale & Septentrionale, tant par mer que par terre: Ayant reconnu, que par concessions, Privileges & Coûtume, il se pratiquoit, ou devoit pratiquer en l'Isle de la Martinique les choses suivantes.

Desirant empécher les differends, & contestations qui pourroient naistre entre lesdits Habitans, demeurant en cette Isle, les Etrangers y residans, & entre les Officiers & Messieurs de la Compagnie des Indes Occidentales. Nous en vertu du pouvoir à Nous donné par sa Maiesté, Avons sur les Articles cy-devant, fait le Reglement qui ensuit.

PREMIEREMENT.

1. Qve les Seigneurs étoient obligez de faire desservir les Eglises par des Ecclesiastiques, & Religieux de capacité, exemple & pieté, pour y celebrer le service Divin, assister les malades à la

SÇAVOIR.

Sur le premier Article.

1. IL sera par Messieurs de la Compagnie des Indes Occidentales, Seigneurs de cette Isle, fourny le plus briévement que faire se pourra, des Prestres de bonne vie & mœurs, & de capacité requise,

mors

Des Ant-Isles de l'Amerique.

mort, faire toutes les fonctions curiales à leurs dépens.

où il n'y en aura pour faire desservir les Eglises, celebrer le service Divin, assister les malades, & faire les fonctions curiales, & dés à present sur la priére que Monsieur de Clodoré Gouverneur, & Monsieur de Chambré Intendant, ont faite aux Reverends Peres Iesuites, ils sont demeurez d'accord de faire desservir les Eglises du Fort saint Pierre du Carbet, & du Précheur ; ce qui donne lieu à Messieurs les Ecclesiastiques, qui sont dans les deux dernieres Paroisses, d'estre dés à present employez dans celles où il y a besoin d'y en avoir.

2. Que la Iustice a esté, ou deu estre renduë exactement avec acceleration, sans faveur ny exception de personne, aux dépens des Seigneurs, à l'exception des sallaires du Greffier.

2. La Iustice se rendra exactement avec acceleration sans faveur, ny exception de personnes, estant la volonté du Roy, & que cela est conforme au serment que nous en avons fait faire au Conseil souverain, & sera renduë aux dépens des Seigneurs, à l'exception des sallaires du Greffier, qui seront reglez par M. de Chambré, Intendant, avec connoissance de cause.

3. Qu'il n'y avoit que les Blancs sujets à la garde, ou à l'entretien d'icelles.

3. Cet Article sera executé, ainsi qu'il a esté fait par le passé.

4. Que les enfans blancs, natifs de l'Isle, aussi bien que leurs descendans, ne payoient aucuns droits pour leurs personnes, pour faire distinction entre les naturels du pays & les autres, ce qui nous a esté dit leur avoir esté accordé publiquement, & solemnellement de paroles verbales par le feu sieur du Parquet.

5. Que les Habitans, qui mourroient dans l'Isle sans heritiers y demeurans, leurs heritiers demeurans en France, heritoient tout ainsi, que si les deffunts eussent esté demeurans en France.

6. Que les Seigneurs étoient obligez de fournir les poids publics pour le soulagement des Habitans, moyennant une livre pour cent, de chaque marchandise, payable par lesdits habitans pour toutes les marchandises qui s'y pesoient.

7. Que les mesures estoient du pot mesme de France, de l'aune de Paris, du pied du Roy, le pas de trois pieds & demy.

4. La decision de cet Article est renvoyée à Messieurs de la Compagnie, qui sans doute n'y changeront rien, s'il est pleinement justifié à Monsieur l'Intendant qu'il soit de Iustice, dont il informera ladite Compagnie.

5. Nous demeurons d'accord que l'on pratique la mesme chose, contenuë en cet Arricle.

6. Ledit Article executé en son contenu, tant par les Seigneurs, que par les habitans, chacun à son égard.

7. Toutes les mesures seront reduites pour les liqueurs à la quarte de Paris: les poids, aunes & autres mesures, ainsi que ladite ville, & pour le pas sur le pied de trois pieds & demy, conformement à la mesure d'icelle, à cause que le changement pourroit apporter diverses contestations.

8. Qu'il y auoit des Iaugeurs & Visiteurs, qui estoient tenus de jauger & visiter les marchandises, & d'y agir en conscience & gens de bien, sur la parole de ceux qui s'en desiroient servir, moyennant quoy, ils estoient exempts pour leur teste des droits de capitation.

8. Il y aura ainsi que par le passé des Iaugeurs & Visiteurs en nombre competent, qui presteront serment devant le Iuge de la Seigneurie, de bien & fidellement s'acquitter de leurs fonctions, ce qu'ils feront à la priere de ceux qui s'en desireront servir, au moyé dequoy ils jouïront des droits de capitation pour leur teste, & faute de s'acquitter dignement de leurs charges, ils seront condamnez à l'amende, & decheus du privilege.

9. Que la taxe des marchandises estoit tous les ans faite de concert entre les Marchands, & quelques habitans connoissans, & de probité, qui estoient nommez à cet effet.

9. Ledit Article est accordé, à la charge que ceux qui seront proposez pour assister à ladite taxe, seront gens de negoce, de bonne conscience, & sans opiniastreté, connoissant le prix desdites marchandises.

10. Que les Habitans ne payoient que cent livres de petun pour tous droits par an, pour chacune teste, tant des François, étrangers, que des Negres & Negresses, depuis l'âge de quinze ans jusques à cinquante.

10. Cet Article sera executé, à l'exception que l'exemption des vieilles personnes, ne commencera qu'à cinquante-cinq ans, & les jeunes à quatorze.

11. Que les Gentilshommes d'extraction, les femmes & filles blanches ne payoient aucun droit de capitation, que les hommes qui se marioient, n'en payoient rien la premiere an-

11. Les Gentilshommes d'extraction, justifiez à Monsieur l'Intendant, & autres mentionnez audit Article, ne payeront aucuns droits de capitation, pendant la presente

Z ii

née pour leur teste, & les suivantes que 20. livres de petun pour leurdite teste.

12. Que les droits de capitation estoient payez dans les poids Royaux les premiers des grands petuns, des premiers apportez dans lesdits poids, & l'autre moitié dans le cours du mois de Septembre.

13. Que les Habitans qui desiroient faire porter leurs sucres, petuns, ou autres marchandises, soit en France ou ailleurs, & y passer, trouvoient toûjours des Navires disposez pour les porter, en payant le fret raisonnable au Maistre du Navire.

année, & pour l'avenir, il y sera pourveu par le Roy.

12. Cet Article sera executé, si on ne le peut faire plûtost qu'aux termes portez par ledit Article.

13. Attendu que suivant l'Edit du Roy, du mois de May 1664. il est seulement permis à Messieurs de la Compagnie des Indes Occidentales de faire le commerce en cette Isle, & qu'il n'est loisible à qui que ce soit d'y faire apporter aucunes marchandises, ny de s'embarquer que dans ses Vaisseaux, Ladite Compagnie sera tenuë d'en avoir nombre suffisant en cettedite Isle en temps convenable, & d'y embarquer pour le compte desdits Habitans & particuliers, pour rendre dedans les Ports & Havres de France, les sucres, petuns, & autres marchandises, dont ils seront requis, en payant le fret, que nous avons reglé du consentement de M. de Chambré Intendant, & desdits Habitans, à sept livres monnoye de France pour cent pesant net de sucre, petun & indigo, qui seront rendus aux

Ports de France, où les aydes & droits d'entrées ont cours: moyennant quoy Messieurs de la Compagnie acquiteront lesdits Habitans de tous droits d'entrée du Royaume deus à sa Majesté, en consideration de ce que par son Edit du mois de May 1664. Elle remet à ladite Compagnie moitié desdits droits, pour luy donner moyen de gratifier lesdits Habitans sur ledit Fret, ce qu'ils font par ladite convention de 7. livres pour quintal, ou cent pesant; ce qui leur est beaucoup plus avantageux, lesdits droits pour eux acquittez, que celles qui leurs estoient cy-devant accordées par les François & étrangers. Et quant aux autres Ports dudit Royaume, où les aydes n'ont cours à dix deniers en monnoye de France, pour chacune livre desdites marchādises nettes, poids du Roy en France, lesquelles marchandises desdits Habitans, seront renduës à leurs correspondans douze jours apres que les Vaisseaux seront arrivez au Port du Royaume.

14. Qu'il leur estoit permis pareillement de faire venir des effets, & choses necessaires dans tels Vaisseaux,

14. Attendu l'établissement de la Compagnie, elle sera obligée de donner passage en ses Vaisseaux ausdits ha-

que bon leur sembloit, & de revenir en iceux, en payant le fret raisonnable.

bitans, & leurs engagez, & d'y embarquer seulement les marchandises, qui leur seront necessaires pour leur usage, & de leurs habitations, en payant le fret sur le mesme pied, qui a déja esté payé par aucuns, qui sont déja embarquez, & fait venir des marchandises en cette Isle, depuis le mois de Février dernier dans les Navires des Capitaines Tuillier, Bichot, & autres.

15. Que tel qui embarquoit 3000. de sucre ou petun, étoit passé pour sa personne dans le Vaisseau, sans payer aucune chose pour son passage, que le fret desdits 3000. de petun ou de sucre.

15. Du consentement de M. de Chambré Intendant desdits Habitans, ceux qui embarqueront 4000. de sucre ou petun, leur passage est accordé franc pour une personne seule, en consideration des pauvres d'entre lesdits Habitans, à la charge que ceux qui embarqueront plus grande quantité, que lesdits 4000. ne pourront pretendre de passer gratis, que ledit homme seul.

16. Que les dettes deuës aux Habitans & Etrangers, se payoient également avec les nouvelles.

16. Du consentement dudit sieur de Chambré Intendant, & desdits Habitans, les dettes deuës par cy-devant se payeront également avec les nouvelles, attendu qu'on sera tenu d'en justifier audit sieur de Chambré, ainsi que les Etrangers pour leurs debtes, qui ne

17. Qu'il estoit permis aux Habitans d'avoir barques, canots, bateaux, pour aller & venir par les Isles, pour y aller prendre du sel pour la necessité des Habitans, pour s'en servir pour la chasse & pesche, pour passer lesdits Habitans d'Isle à autre, vacquer à leurs affaires, & qu'il estoit permis ausdits Habitans de traiter les uns avec les autres dudit sel, ou provenu de leur chasse ou pesche.

18. Que la chasse & pesche leur estoit permise, sçavoir la pesche, tant à la ligne qu'aux filets.

19. Que les Habitans qui faisoient des Sucreries nouvelles, joüissoient de trois années d'exemption de droits pour tous leurs gens, à cause des grands frais qu'il leur faloit, pour subvenir aux bâtimens, & autres dépenses, ce qui leur auroit esté concedé par le defunt sieur du Parquet.

pourront joüir de cet avantage, s'ils n'en ont de luy la permission.

17. Du consentement dudit sieur de Chambré, cet Article est accordé, à condition qu'il ne se passera rien au prejudice des interests de la Compagnie dans son execution.

18. Cet Article remis à l'Edit du Roy.

19. Du consentement dudit sieur de Chambré, & desdits Habitans, ceux qui feront des nouvelles Sucreries sur de vieilles places déja défrichées, joüiront de deux années d'exemption de droits de capitation, tant des anciens que des nouveaux Negres & Engagez, qu'ils pourront mettre sur ladite Sucrerie, à commencer du jour qu'ils feront leur declaration à Monsieur de Chambré Intendant, & pour ceux qui établiront des Sucreries sur des places nouvelles, qui ne sont défrichées,

ils joüiront de trois années de ladite Commiſſion, tant pour les vieux que nouveaux Negres & Engagez, du jour qu'ils feront declaration, comme deſſus.

20. Que ceux qui introduiſoient quelques manufactures nouvelles dans l'Iſle, eſtoient exempts eux & leurs gens y ſervans de l'exemption de tous droits.

20. Du conſentement dudit ſieur de Chambré Intendant, nous accordons cet Article, pourveu que ces manufactures ſoient utiles.

21. Qu'il n'eſtoit permis à aucun Habitant, ny autre d'achepter des Negres des Maiſtres des Navires, qui en eſtoient chargez, d'en faire regretage & les ſurvendre.

21. Cet Article aura lieu.

22. Que ceux qui ont été habituez la premiere année à la Cabſterre, ont eu exemption de droits, pendant dix ans ſuivans, la conceſſion à eux faite par feuë Madame du Parquet, tutrice & gardenoble des enfans de feu ſon mary, & d'elle.

22. Meſſieurs de la Compagnie des Indes Occidentales decideront de cet Article, auſquels nous en écrirons conjointement avec M. l'Intendant.

23. Que ceux qui ont le premier mis pied à terre en ladite Iſle de la Martinique, ont joüy de l'exemption de tous droits, conformément à la promeſſe verbale qu'on dit avoir eſté faite par le feu ſieur de Nambucq, confirmée par ledit feu ſieur du Parquet.

23. Monſieur l'Intendant examinera avec les habitans, quels ſont les exemptions & privileges portez par ledit Article, pour en informer Meſſieurs de la Compagnie, & recevoir leur ordre ſur ce ſujet.

24.

24. Que les Marchands & Maistres de Navires faisoient publier, & mettre affiches aux Paroisses deux mois auparavant le départ de leurs Navires, & qu'ils iroient prendre les marchandises & tabacs au poids du Roy suivant la coûtume.

24. Cet Article sera executé sans contredit, & Monsieur l'Intendant se chargera volontiers de ce soin.

Augmentant à ce que dessus, pour d'autant plus favoriser les Habitans, augmenter les graces de sa Majesté, & leur donner des marques du soin, & de l'affection de ladite Compagnie,

Nous demeurons d'accord que les Officiers, tant du Conseil souverain de milice qu'autres de ladite Isle, seront continuez dans leursdites Charges, pourveu qu'ils en soient jugez capables, & que ceux qui demeureront pour cette année en leurs charges, joüiront pendant icelle des exemptions & priviléges, qui leur ont esté accordez par feu Monsieur du Parquet, dont ils justifiront bien & deuëment à Monsieur l'Intendant, & quant à l'avenir, il en sera ordonné par sa Majesté, d'autant que c'est d'elle seule qu'il faut recevoir les graces, & pour leur en faciliter l'obtention, nous en écrirons à sa Majesté, & nous nous employerons auprés de Messieurs de la Compagnie, afin qu'ils ayent de leur part la satisfaction qu'ils en doivent esperer.

Que les terres par nous concedées, demeureront à ceux à qui nous les avons accordées, aux conditions portées par les concessions que nous en avons expediées, & à l'Ordonnance que nous avons fait sur ce sujet, en datte du 21. Février dernier, & pour les autres, elles demeureront pareillement aux possesseurs d'icelles, en justifiant de leur possession.

Pourront lesdits Habitans recevoir les marchandises qui leur viendront cette année, pour le retour des effets qu'ils ont envoyez l'année derniere en France, à la charge de justifier bien & deuëment à Monsieur l'Intendant desdits effets envoyez ladite année derniere, & que les marchandises qu'ils auront plus qu'il ne leur en faut pour leur usage, & de leurs habitations, seront par eux remises au Commis general de la-

A a

dite Compagnie pour le compte d'icelle, qui les remboursera du prix porté par la facture avec vingt-cinq pour cent de profit, afin d'éviter les abus qui se pourroient commettre, s'ils en avoient la disposition. Fait & arresté à la Martinique, le dix septiéme jour de Mars mil six cens soixante-cinq. Ainsi signé DE TRACY, & au bas, par Monseigneur DE RESSAN, & cacheté des armes de mondit Seigneur en cire d'Espagne rouge.

Collationné à l'Original exhibé par le sieur François le Vassor, Capitaine en cette Isle, & à luy rendu par moy Notaire sous-signé établi en cettedite Isle, ce 3. jour de Février 1668. Signé VVETIL *Notaire, avec paraphe.*

---

§ IV.

Sedition au quartier du Prêcheur à la Martinique, reprimée par Monsieur de Clodoré, Gouverneur de cette Isle, & la punition des Seditieux.

IL ne faut pas s'étonner, si une grande partie des Habitans de l'Isle de la Martinique, ont toûjours esté les plus mutins, & les moins soûmis de toutes les autres Isles, puis que les raisons en sont plus évidentes que le jour. Car Monsieur du Parquet ayant esté étably un peu trop jeune Gouverneur de cette Isle, par une complaisance qu'il crut necessaire pour la peupler, vivoit avec ses habitans, comme un jeune débauché avec ses camarades, les laissant vivre dans toutes sortes de libertez, souffrant mille choses qui ne devoient pas estre tolerées, & dans un si grand desinteressement, qu'il leur donnoit plûtost du sien, qu'il ne leur demandoit du leur. Ses habitans traitoient de pair à compagnon avec luy, & l'obeyssance qu'ils luy rendoient, procedoit plûtost de la tendresse qu'ils avoient pour sa personne, que de la consideration du service dû au Roy, ou à la Compagnie ; de sorte que dés ce commencement ses habitans prirent un si mauvais ply, que lors que son Isle vint à se peupler, il ne les en put jamais redresser ; & quand il voulut selon son inclination qui estoit toute bonne, & toute juste, les policer, & leur donner des reglemens, ils ne manquerent pas de luy faire ressentir combien il est dangereux de ne pas faire fléchir de bonne heure les peuples sous les loix qu'on leur veut faire garder. A peine M. du Parquet connut le devoir d'un veritable Gouverneur, que les forces, les membres, & la santé necessaires pour executer ses bons desseins, luy manquerent tout à coup, & il paroist par l'histoire de sa mort qu'il n'y estoit plus obey.

Les factions qui se firent durant le gouvernement de Mme sa femme, tres-incapable de les reprimer, ne firent que fomenter leurs rebellions, & l'avarice, aussi-bien que le peu d'inclination à rendre la justice, de ceux qui ont gouverné cette Isle, jusqu'à la nouvelle Compagnie, avoient toûjours entretenu les mutins dans la disposition de se soûlever insolemment contre leurs Superieurs ; de sorte que la mêche estoit si bien disposée, lors que la sedition dont nous allons parler, arriva, qu'il ne faloit qu'une petite étincelle pour luy faire prendre le feu.

L'on s'apperceut le jour auparavant le départ de M. de Tracy de quelque disposition à un soûlevement. Les murmures insolens des habitans, & quelques coups de fusils tirez la nuit, obligerent le Chevalier de Chaumont Capitaine de ses Gardes, de le prier de souffrir qu'il fût gardé cette nuit : mais il ne le voulut pas souffrir, & voyant que le lendemain il n'entendoit parler de rien, il fit voile le vingtiéme de Fevrier mil six cent soixante cinq sur les onze heures du matin, pour aller à la Guadeloupe y établir la Compagnie, faire reconnoître Monsieur de Chambré, qui estoit avec luy, & toutes les mesmes choses qu'il avoit faites à la Martinique.

Le mesme soir Monsieur du Buc, Commis general de la Martinique, fut au quartier du Précheur, pour y établir un magazin, sans sçavoir la mauvaise dispositiõ de quelques mutins qui murmuroient hautement contre la Compagnie, de ce qu'elle leur vendoit trop cher les denrées, & jettant de main en main une marmite qui avoit coufté feptante livres de petun, quoy-qu'elle ne valuft tout au plus que vingt-cinq ou trente fois en France, ils s'excitoient les uns & les autres à fe foulever.

Ce pauvre Commis ne fut pas plûtoft fur la place, qu'il y vid tout le quartier en rumeur & foûlevé par un nommé Rodomon, qui n'avoit rien de confiderable en luy que ce nom, & fa malice, & par cinq ou fix autres, defquels il s'étoit fait le Chef. Le Commis fut incontinent environné de tous ces mutins, qui le brocarderent & arcelerent affez long-temps, s'entreregardant, & attendant qu'un d'eux luy donnaft le premier coup, ou luy jettaft la premiere pierre. Il faifoit ce qu'il pouvoit par de belles paroles pour les adoucir en fe retirant toûjours vers la mer, & nos mutins le tiraillant jufques à ce qu'il fe fuft adroitement debarraffé d'eux, & jetté dans fa Chaloupe, & alors ils fe mirent tous à crier, Aux armes, Vive Monfieur du Parquet, & nargue de la Compagnie, & le pourfuivirent à coups de pierre jufques à ce qu'il en fuft hors de la portée.

Au commencement de la nuit, ce Commis general vint fort effrayé, faire le rapport au Gouverneur de tout ce qui s'eftoit paffé en ce quartier, & comme il a un efprit vif, & actif, & toûjours autant prefent dans le trouble que dans le repos, il conceut incontinent tout ce qu'il devoit faire, pour s'oppofer de bonne heure au principe de ce defordre, de peur qu'il ne s'accruft jufques à un foûlevement general.

Il envoya promptement avertir M. de Laubiere, Lieutenant de Roy en ce gouvernement & Colonel de la milice de cette Isle, de ce qui fe paffoit, & luy dire qu'il le vînt trouver au plûtoft, comme il fit fans aucun delay. Il donna en mefme temps ordre au fieur le Vaffor Capitaine d'une Compagnie de ce quartier d'aller à celuy du Précheur, dire au fieur de Francillon qui en eftoit Capitaine, qu'il amaffaft le plus qu'il pourroit de bons habitans, & qu'il vînt avec eux fur la place d'armes, pour s'oppofer aux feditieux. Le fieur le Vaffor revint le lendemain au matin dire au Gouverneur, que les feditieux, qui avoient commencé la folie dés le soir, avoient remis la partie au lendemain, & qu'ils estoient resolus de la continuer; que Rodomon qui s'estoit fait leur Chef, accompagné de 5. ou 6. autres, alloit de case en case, & faisoit revolter tout le monde.

Le Gouverneur, qui dés le soir avoit fait armer ce qu'il avoit de monde chez luy, avec sa Compagnie de vingt-huit Soldats, & deux Sergens, se voyant quarante bons hommes prests, envoya promptement Monsieur de l'Aubiere à la montagne, pour s'asseurer de la personne de Monsieur du Parquet, qui n'avoit alors que douze ou treize ans, de peur que ces seditieux ne s'en emparassent, & ne se servissent de sa presence pour faire revolter toute l'Isle : il fit aussi dire au sieur de Clermont cy-devant Gouverneur, & qui estoit Tuteur du petit du Parquet, qu'il eust à se rendre incessamment auprés de la personne du Gouverneur, & qu'il estoit doublement interessé à faire cesser ces mutineries, & tumultes, parce qu'il en seroit toûjours reputé l'Auteur, & que l'on n'en chercheroit point d'autre garant que sa teste.

Vn Capitaine, qui apparemment n'eust pas esté fâché que cette revolte eust eu son cours, & son entier effet, voyant partir le Gouverneur eut la temerité de luy demander où il alloit, & de luy dire que tout le monde se mutinoit, & demandoit s'il y avoit des ennemis à combatre dans l'Isle. Ce Gouverneur, qui n'est pas homme à estre intimidé, ny aresté par de semblables discours, luy repartit fierement, Ie vais châtier les seditieux, & je donneray du pistolet dans la teste au premier qui ne se mettra pas dans son devoir, & vous suivez-moy, & l'obligea à le suivre, sans que depuis il osast dire un seul mot.

Il y avoit dans ce quartier du Prêcheur, un bon habitant, nommé le Roy, qui connoissant fort Monsieur de Clodoré, dit à Rodomont, & aux autres mutins qu'ils prissent garde à ce qu'ils entreprenoient, & qu'ils avoient affaire à un homme qui marcheroit droit à eux, quand il n'auroit que dix hommes; & lors qu'il sceut qu'il estoit prés, il leur dit, Hé bien, je vous l'avois bien dit, le voila. Ce seul mot, le voila, les étourdit tellement, que se regardant l'un l'autre sans se dire mot, chacun se sauva dans sa case comme des lapins dans leurs terriers, quand ils sont poursuivis du Chien.

Le sieur de Francillon Capitaine avoit amassé une cinquantaine de bons hommes sur la place, mais au lieu d'arrester Rodomon, comme il le pouvoit faire aisément, conniva avec luy, le cajola, & luy dit qu'il faloit remettre la partie à une autre fois, & semblables autres discours qui firent voir ce dont il estoit capable, & croire qu'ayant épousé une cousine de M. du Parquet, il eust bien desiré qu'il n'y eust point eu d'autres Seigneurs dans cette Isle que ceux de cette famille.

Le Gouverneur estant arrivé, & ayant trouvé le sieur de Francillon sur la place, & sçeu ce qu'il avoit fait, dit tout haut que c'estoit une petite chaleur de foye, qui s'estoit dissipée avec la fumée de l'eau de vie & du vin, & se retournant vers Francillon, luy dit (Monsieur que chacun fasse son devoir, pour moy je feray toûjous le mien.) Ces paroles ambiguës r'asseurerent les mutins, qui creurent que le Gouverneur seroit encore assez heureux de les laisser en repos sans les rechercher; mais Monsieur de Clodoré ayant donné ordre au sieur des Iardins Lieutenant d'une Compagnie de ce quartier, de prendre Rodomon, & cinq ou six autres qui avoient paru les plus échauffez dans cette affaire, il s'en acquitta dignement, mais avec grand risque de sa vie; car Rodomon luy appliqua le bout de son fusil sur le ventre, & fit heureusement faux feu.

Il l'amena au Gouverneur, qui luy fit faire son procez, & l'envoya tout instruit par Monsieur de l'Aubiere à M. de Tracy, qui estoit à la Guadeloupe.

Monsieur de Tracy se mit incontinent en estat de partir avec deux cens soldats qu'il menoit avec luy, mais M. de l'Aubiere l'asseura que l'authorité estoit assez établie, pour faire justice de ce Rodomon, qui avoit déja merité la corde il y avoit plus de cinq ans pour de semblables folies.

M. de Tracy écrivant à M. de la Moignon premier President

Des Ant-Isles de l'Amerique. 191

dit, qu'il se resolut de le laisser executer avant son arrivée dãs cette Isle, afin de donner plus d'authorité à Messieurs de la Compagnie, & ses Officiers en faisant connoistre aux peuples des Isles voisines, tant François, qu'Estrangers qu'ils estoient en estat de chastier les seditieux dans celle qu'on croit la plus mutine, sans autre protection que les seules forces de la Compagnie, & le sçavoir faire du sieur de Clodoré, assisté des gens de bien.

M. de Tracy renvoya incontinent le sieur de l'Aubiere avec ordre de faire executer incessamment Rodomon, sans attendre qu'il fust arrivé, & luy mit vingt pistoles entre les mains pour faire les diligences necessaires, afin d'attraper les autres.

Rodomon estant interrogé par le Gouverneur se deffendit autant qu'il put, & fit tout son possible pour se faire passer pour innocent; mais apres avoir esté atteint & convaincu d'avoir esté l'auteur, & le boutefeu de cette revolte, il fut condamné par le Iuge du lieu à faire amende honorable la torche au poing, & à estre pendu & étranglé, sa teste mise sur un pôteau dans le lieu où s'estoit fait la sedition; & le nommé Henaut compagnon de Rodomon, fut aussi condamné à faire amende honorable la corde au col, & à assister, & estre present à la mort de Rodomon, & en suite à estre fouëtté, & banny à perpetuité.

Les quatre autres furent aussi arrestez quelques jours apres par le sieur des Iardins; & Monsieur de Tracy estant arrivé le lendemain de l'execution de Rodomon, ceux-cy furent jugez en premier ressort par le Iuge du lieu, trois à estre pendus, & un quatriéme aux Galleres pour 4. ans. Les trois appellerent de la Sentence au Conseil souverain, où Monsieur de Tracy ne se voulut pas trouver, afin d'autoriser davantage la Compagnie, & laissa presider M. de Clodoré, assisté de M. de Chambré Intendant. La Sentence de mort fut moderée, & changée pour les appellans à estre 4. ans aux galeres, aussi bien que l'autre, où ils ont esté conduits.

Monsieur de Tracy donna du contentement de M. de Chambré Intendant des affaires de la Compagnie, la confiscation du bien de Rodomon à sa femme, à cause qu'elle fut trouvée grosse, & Irlandoise & bonne femme, & elle n'en fut que mieux remariée, ainsi que les autres femmes des autres seditieux qui ont esté depuis executez; car l'on n'y regarde pas de si prés dans les Isles.

Monsieur de Tracy apres cette execution retourna à la Guadeloupe, & emmena avec luy le jeune du Parquet, & le fit embarquer dans le premier Vaisseau nommé le Terron, qui s'en alloit en France, & dans une lettre qu'il écrivit par ce mesme Navire à M. des Hameaux Conseiller d'Estat, il luy parle ainsi du renvoy de ce jeune Gentilhomme.

Ie vous renvoye le petit M. du Parquet, parce qu'il n'est pas de la prudence, ny de la tendresse que i'ay pour luy, de laisser un innocent exposé à l'extravagance de ceux qui ont fait mourir son pere de regret, & chassé Madame sa mere avec honte, & qui le voudroient avoir pour pretexte, lors que le vin échaufferoit des cervelles mal timbrées en y repassant les dissolutions, & le libertinage dans lequel ils ont vécu iusques au moment que ie suis arrivé dans les Isles. Celuy qui a esté pendu, estoit un de ceux qui ont commis tant d'insolences contre feu Monsieur du Parquet, voyez par là que les crimes ne demeurent pas impunis.

Monsieur de Tracy laissa le sieur de Clermont son Tuteur, dans l'Isle, pour prendre garde aux effets de ses pupils, & pour agir dans leurs affaires, & dans les siennes particulieres.

On ne sçauroit croire l'estime que s'acquit M. de Clodoré par cette action autant prudente que vigoureuse, & je ne m'en étonne pas: car bien qu'elle n'ayt pas esté la plus difficile, & la plus fâcheuse de toutes les broüilleries qu'il a euës à démêler dans cette Isle, elle estoit neantmoins d'une telle consequence que l'on peut dire que de là dépendoit le soûlevement general de toutes les Isles, la ruine de la Compagnie, & peut-estre celle de tout le pays. Il en receut aussi les applaudissemens de toutes parts, mais particulierement de la Cour, & de la Compagnie. Monsieur de Bechamel dans une Lettre qu'il luy écrit le vingt quatriéme de May 1665. luy en parle en ces termes.

Ie me contenteray de vous témoigner pour toute la Compagnie, & en mon particulier la satisfaction entiere que l'on a de vostre conduite toute prudente, & de la fermeté qui estoit à desirer dans une pareille action

action, Messieurs de Tracy, & de Chambré en ont rendu le témoignage, qui vous estoit deu, à la Compagnie, & m'en ont écrit en mon particulier: i'en ay rendu compte à S. M. à saint Germain, & luy ay fait connoistre vostre valeur.

M. Colbert eut aussi la bonté de luy en écrire dans des termes autant obligeans que glorieux pour M. de Clodoré: voicy sa Lettre.

Vous avez bien répondu à l'esperance que l'on a euë de vostre courage, & de vostre prudence, en reprimant en si peu de temps la sedition qui s'estoit formée dans l'Isle de la Martinique : la promptitude, avec laquelle vous l'avez executée, a fort pleu au Roy, & vous ne sçauriez rien faire qui luy soit plus agreable à l'avenir, que de tenir la mesme conduite, qui a paru iusques icy dans toutes vos actions. Vous sçavez que sa principale intention est, que vous avanciez le service de Dieu, preferablement au sien, que vous fassiez administrer à ses sujets une justice fort exacte, que vous preniez soin de chacun d'eux, ainsi qu'un bon pere de famille pourroit faire de ses enfans, & qu'apres avoir étably une bonne police parmy eux, vous travailliez à les rendre aguerris, & adroits dans l'exercice des armes, pour s'en pouvoir servir pour leur propre bien selon les rencontres qui s'en pourront presenter. Ie dois vous faire sçavoir de plus, qu'elle comptera vos services par le nombre des colons que vous attirerez chaque année dans l'Isle, surquoy pour luy donner une connoissance entiere, m'envoyerez, s'il vous plaist, de trois en trois mois des roolles de tous les habitans. Cependant, je suis,

Vostre tres-humble, & tres-affectionné
serviteur COLBERT

A S. Germain le
7. May 1665.

Apres cette justice exemplaire, qui dans le temps le plus opportun avoit si bien reprimé les seditieux de la Martinique, & retenu dans le devoir quelques mutins des autres Isles qui n'attendoient que le succez de la revolte de cette Isle, pour en faire autant dans toutes les autres, & mettre les affaires du Roy, de la Compagnie, & les leurs propres dans un desordre general, les affaires y demeurerent assez calmes, & plusieurs en attendoient un repos imperturbable, quoy-que les plus éclairez viſſent bien que l'on avoit bien reſſerré & contraint la flame du feu de la haine conceuë contre la Compagnie, mais qu'elle n'eſtoit pas éteinte ; & en effet nous la verrons dans deux ou trois mois reparoiſtre tout de nouveau, & donner des nouveaux ſujets au ſieur de Clodoré de faire briller ſa conduite, & eſtimer ſa valeur.

CHAPITRE II.

Eſtat des autres Iſles, juſques à l'acquiſition de celles qui dépendoient de Malthe.

Murmure general dans toutes les Iſles contre la Compagnie, nonobſtant les ſecours qu'elle avoit envoyez.

VN des Vaiſſeaux de la Compagnie fut d'abord à ſaint Chriſtophle dans un temps fort opportun pour luy ; car le nom de la Compagnie qui y eſtoit pour le moins autant en horreur, que dans toutes les autres Iſles, luy auroit cauſé une fort mauvaiſe reception ; mais l'extréme miſere, & la neceſſité de toutes choſes où ſe trouvoient alors les habitans, firent qu'il y fut aſſez bien receu. Il y traita toutes ſes denrées, ſur leſquelles la taxe fut miſe comme l'on avoit accoûtumé de faire aux traites des autres marchandiſes ; mais les habitans accoûtumez au ſtop de Hollande beaucoup plus grand que le pot de Paris, & d'eſtre meſurez à la grande aune, prirent delà, auſſi bien que de la cherté des denrées ſujet, les uns de ſe moquer, les autres de ſe plaindre, d'autres de murmurer, & de faire du bruit, crians contre la rupture du commerce ; sans considerer que depuis trois mois il ne pouvoit sortir aucuns Navires des Ports de Hollande, à cause de la guerre des Anglois ; & que ce secours estoit une grace que leur faisoit la Compagnie, qui n'estoit pas encore obligée de les secourir.

Cette Isle fut encore secouruë de quelques autres Navires de la Compagnie, avant qu'elle eust traité avec Messieurs les Chevaliers de Malthe, & qu'elle eust pris possession de ce qu'elle avoit acquis d'eux : mais tout cela estoit peu de chose à l'égard de ce qu'il faloit pour cette Isle, qui devoit fournir celles qui dépendoient de la Seigneurie de Malthe, que tous ces soulagemens qui auroient fort contenté les Isles dans un autre temps, ne faisoient qu'aigrir la mauvaise disposition des habitans, & augmenter leurs murmures.

L'Isle de la Guadeloupe fut aussi secouruë, non seulement par ce premier Navire qui y fut avec Monsieur de Chambré, mais encore par quelques autres déja arrivez, & qui arriverent du depuis : neantmoins comme cette Isle est fort grande, & fort peuplée, & qu'elle devoit aussi assister les habitans de la grande terre de Marigalande, & des Savites, tout ce que ce peu de Navires y apportoient, s'y abysmoit comme dans un gouffre, & ces pauvres petites Isles, dépendantes de ces deux principales estoient comme abandonnées, & souffroient de grandes miseres.

Mesme la Guadeloupe dés le commencement d'Avril étoit dans une si grande necessité, que Monsieur de Chambré, qui y estoit, le témoigna ouvertement dans une de ses Lettres, écrites à Monsieur de Clodoré en ces termes :

Nous sommes icy du moins aussi en peine que vous. Iugez du reste, puis que ie serois reduit à l'eau sans Monsieur de Tracy. Pour de la viande, il n'y en aura pas une livre dans les magazins dans cinq iours ; c'est-pourquoy pour vous, & pour nous, nous avons grand besoin de l'arrivée des Vaisseaux. Il faut qu'il ait fait mauvais temps, car selon ce qui m'a esté écrit, il en devroit encore estre arrivé huit, ou dix.

Il ne faut pas douter que la presence de M. de Tracy, pere des peuples, celle de M. du Lion, & de M. de Chambré n'ayent beaucoup contribué à tenir les peuples de cette Isle dans le devoir, & dans la soûmission. Il faut mesme avoüer que les peuples de cette Isle ont toûjours esté plus modestes, & plus retenus que ceux de la Martinique. Mais il est aussi veritable, qu'ils n'estoient pas moins mécontens, ny moins animez qu'eux contre la Compagnie; & je ne doute pas qu'ils n'eussent fait une tentative, aussi bien que ceux de la Martinique, afin d'en secoüer le joug, si l'autorité du Roy, soûtenuë par ces Messieurs, par les troupes qu'ils avoient avec eux dans de bons Forts, & par les bons Habitans, qui ne veulent point de revolte, ne les eussent fait douter du succez.

Cependant la Compagnie de la terre ferme de l'Amerique Meridionale, dont les interests estoient devenus cõmuns avec la nouvelle Compagnie, ou qui plustost estoit devenuë elle-mesme la Royale Compagnie des Indes Occidentales, par les nouveaux privileges & graces tres considerables de sa Majesté, & par le nombre des personnes de qualité qui y prenant interest, accreurent en mesme temps ses Finances, attendoit des retours pour les grands frais qu'elle avoit faits pour cette Flotte qui conduisit Monsieur de la Barre à Cayenne, & qui avoit apporté des secours assez considerables dans les Isles, tant en vivres qu'en marchandises, ne receut presque rien du tout cette année; tout ayant esté absorbé, comme le témoigne Monsieur de Tracy dans une Lettre qu'il écrit à la Compagnie, par le payement des troupes, des Commis, des Matelots, aussi bien que par le radoublement des vaisseaux, & autres menuës dépenses, que le mesme M. de Tracy jugea necessaires.

§ I.

Le Vice-Amiral Ruyter apres ses conquestes du Cap-verd, vient batre les Anglois de la Barbade, & passe aux Isles Françoises, sa reception dans la Martinique.

Quelque temps auparavant que la guerre fut declarée entre l'Angleterre, & les Estats des Provinces unies, pretendant que toute la Guynée leur appartenoit, avec tout le commerce, à l'exclusion de toute autre nation, & n'y voulant souffrir personne qui le partageast avec eux, traverserent si outrageusement les Marchands de la Compagnie d'Oestinde d'Angleterre dans le negoce qu'ils faisoient en ce pays, qu'ils furent obligez d'avoir recours au Serenissime Duc d'York, grand Amiral d'Angleterre, comme au Protecteur special de cette Compagnie. Ce genereux Prince ne manqua pas de leur donner incontinent des marques de sa protection, faisant partir le Major Olme avec une puissante escadre de Vaisseaux de guerre, & des forces suffisantes pour deffendre les Vaisseaux & les Marchands de cette Compagnie contre les insultes des Hollandois, & les maintenir dans la liberté du commerce qu'ils avoient exercé jusques à ce temps tout le long de cette Coste.

Le Major Olme y conduisit son escadre, & vid de ses yeux les torts que les Hollandois faisoient aux Marchands de sa nation, afin de leur faire abandonner leur trafic: Il pretend mesme que leurs outrages ayant passé jusques à luy, & à ses Vaisseaux, il a esté provoqué & contraint de les attaquer, & de reprendre sur eux, comme par forme de repressaille, plusieurs places, dont ils s'estoient emparez long-temps auparavant.

Les Estats generaux des Provinces unies, ne manquerent pas d'en faire leurs plaintes à sa Majesté Britannique, duquel ils tirerent cette réponse, *qu'il n'avoit donné aucun ordre au Ca-*

pitaine, ou *Maior Olme* de les offenser, qu'il l'avoit mandé, & qu'à son retour il s'informeroit de l'affaire, feroit punir les coupables, & leur rendroit toute justice.

Mais la Haute Puissance des Estats, ne se contentant pas de la réponse du Roy d'Angleterre, & aymant mieux se faire justice elle mesme que de s'attendre à cette parole Royale, envoya ordre au Vice-Amiral Ruiter, qui estoit alors dans la mer Mediterranée avec un escadre de douze grands Vaisseaux de guerre, de deux brulots, & de quelques barques, d'aller en Guinée, & de tirer raison des torts que le Major Olme leur avoit faits, d'y reprendre toutes les places dont il s'estoit emparé, & de chasser les Anglois de tout le pays.

Le Vice-Amiral Zutfen Van Mepelen, M. de Curlen, & plusieurs braves volontaires l'accompagnoient dans cette expedition, & outre les équipages des Navires, la Flotte estoit encore montée par deux mille cinq cens soldats choisis, & commandez par M. le Comte de Horme.

Le brave Ruiter arrivant en Guinée, d'où le Major Olme estoit déja party avec ses Vaisseaux de guerre, s'y voyant le maistre, & assez puissant pour chasser les Anglois de ce pays, commença par le pillage de neuf Navires marchands qu'il trouva le long de cette Coste, & y ayant descendu à terre, il reprit avec une legere perte de ses gens, *Tocorary*, *Courmantin*, *le Chasteau de la Mine*, & generalement toutes les places fortes qu'il y avoit dans cette Coste. Il y mit des garnisons, & apres y avoir fait un tres-riche butin, il en partit pour passer aux Ant-Isles, emmenant avec luy le General Anglois prisonnier.

Tout cecy est le veritable sujet, & le commencement de la guerre entre sa Majesté Britannique, & les Estats des Provinces unies; dans laquelle la France s'estant insensiblement engagée, ce qui s'est passé dans les Ant-Isles au sujet de cette guerre, me fournira de la matiere, pour ajoûter un quatriéme Volume à cette Histoire.

M. Ruiter passa en suite par l'Isle de la Barbade, où ayant rencontré quarante Navires marchands escortez d'un grand Navire de guerre, il les attaqua, & les pressa de si prés, qu'il les obligea de se mettre à l'abry du Chasteau de la ville de Pont, & si prés de terre, que l'Amiral Ruiter voulant s'approcher pour les foudroyer plus à son aise, toucha à terre, & faillit à se perdre. Tous les Navires Anglois furent protegez, & vigoureusement deffendus par le canon du Chasteau, l'espace de cinq heures, pendant lesquelles cet Amiral combatit si valeureusement, & tira une si grande quantité de coups de canon, qu'il brisa presque tous les Vaisseaux, foudroya quasi toute la ville, & la mit en tel desordre, que s'il y eust voulu descendre, il s'en fust infailliblement rendu le maistre: mais ayant ordre de Messieurs des Estats de ne rien hasarder, & de s'en retourner au plustost en Hollande joindre la Flotte, il quitta la Barbade toute desolée, bien du monde tué, & presque tous les Vaisseaux brisez.

Il parut à la rade de la Martinique le premier jour de May, & devant que de moüiller l'ancre il envoya sa chaloupe à terre avec deux Capitaines, dont l'un qui estoit son gendre, presenta une Lettre de cet Amiral au Gouverneur, dans laquelle il luy mandoit qui il estoit, & le prioit de luy permettre de moüiller l'ancre dans la rade de cette Isle, d'y prendre de l'eau, du bois, & quelques autres choses dont il avoit besoin. Le Gouuerneur luy renvoya incontinent deux Officiers pour luy faire compliment de sa part, & offre de tout ce qu'il y avoit dans l'Isle; & en moüillant l'ancre, les saluts furent rendus de part & d'autre.

La premiere chose que cet Amiral demanda au Gouverneur, apres les premiers complimens, fut de luy permettre de faire enterrer dans son Isle, les corps de quelques Gentilshommes volontaires, qui avoient esté tuez dans son bord en combattant contre les Anglois: cela luy fut accordé, & incontinent executé à la maniere d'Holande.

Le lendemain que cette belle escadre fut moüillée à la rade de la Martinique, Messieurs Ruyter & Vaumepelen descendirent à terre, accompagnez des Sous-Amiraux, & de plusieurs Gentilshommes. Le Gouverneur les receut au bruit du canon du Fort, les complimenta, & regala d'un dîner autant splendide qu'il s'en pouvoit faire dans le pays.

Le troisiéme jour de May, Ruyter invita le Gouverneur de la Martinique, & plusieurs Officiers qu'il connoissoit, à dîner dans son bord, où en beuvant à la santé du Roy, des Estats, & de la Compagnie, il fut tiré plus de cinq cens coups de canon, & le Gouverneur estant de retour dans l'Isle, le fit saluër de neuf coups pour le remercier de l'honneur qu'il luy avoit fait, & donna ordre qu'autant de fois que cet Amiral viendroit à terre, & s'en retourneroit à son bord, il fust salué de cinq coups de canon.

Cette Flotte demeura 5. jours à la rade de la Martinique, où elle se fournit d'eau, de bois, de pain, de farine, de vin, de viande, & de tout ce qu'elle avoit de besoin, selon l'estat & le pouvoir de cette Isle. L'on prit en échange 600. livres de poudre, dont l'on estoit pour lors en grande necessité. L'Amiral fit present au Gouverneur d'un jeune More, regala le fils aisné de ce Gouverneur de quelques sagayes, & de quelques autres petits bijoux de la Guinée.

En partant de la Martinique, il passa par les Isles de Monssarat, & de Nieves, & y enleva tout ce qu'il y rencontra de Navires Anglois. Il estoit fort en devotion de donner en passant bien des affaires aux Anglois de la Basseterre de l'Isle de S. Christophle; mais M. le Chevalier de Sales, pour ne point donner d'atteinte aux traitez d'union & d'amitié, tant de fois reiterez, signez & jurez entre les deux nations Françoise & Angloise de cette Isle, supplia genereusement cet Amiral de les laisser en repos; ce qu'il obtint apres de grandes instances, & en recompense de ce bon office, avant que l'année fust écoulée, le Gouverneur Anglois machina traitreusement sa mort, & celle de tous ses Habitans, au prejudice du concordat tout fraîchement renouvellé, comme nous verrons cy-apres.

§ 11.

Monsieur de Clodoré fait la guerre aux Negres Marons, ou fugitifs, & en ce mesme temps Monsieur de Chambré crée la Compagnie auxiliaire dans la Guadeloupe.

Depuis l'arrivée de M. de Tracy dans les Isles, jusques à son départ, qui fut en Avril 1665. les Hollandois amenerent dans la Martinique, & dans la Guadeloupe 12. ou 1300. Negres, lesquels il faisoit donner aux Habitans à fort bon compte. Et comme il avoit aussi un soin tres-particulier de les faire bien payer aux Marchands, c'estoit en ce temps là un moyen tres-seur pour en avoir dans les Isles, autant que l'on en pouvoit desirer. Mais à mesure que le nombre de ces Esclaves s'accroissoit dans la Martinique, pour la consolation & la richesse des Habitans, celuy des marons, c'est-à-dire fugitifs, s'augmentoit tous les jours pour les affliger.

Il se trouva alors dans cette Isle un puissant Negre, d'une mine martiale, & d'une grandeur fort extraordinaire, qui s'estant jetté parmy 3. ou 400. de ces fugitifs qu'il trouva dans les bois, se declara leur Chef, & se fit appeller Francisque Fabulé, qui estoit le nom du Maistre qu'il avoit servy. Ils étoient dispersez par plotons de 25. à 30. en divers endroits de cette Isle, & bien qu'ils ne fussent armez que de méchans arcs, & de quelques fléches, ils descendoient hardiment la nuit dans les cases un peu écartées, & y pilloient tout ce qui leur estoit propre, particulierement des armes, des munitions & des vivres. Quoy-qu'ils n'eussent encore tué personne dans l'Isle ; les Habitans craignans de plus grands malheurs, en avertirent Monsieur de Clodoré dans le Conseil, & luy dirent à mesme temps que ce Francisque Fabulé s'estoit

Cc

offert de retourner, & de ramener les autres, pourveu que l'on luy donnast la liberté, & la chose ayant esté mise en deliberation, elle luy fut accordée : mais soit qu'il se fust fait fort d'une chose qu'il ne pouvoit executer, ou bien qu'il eust changé de sentiment, il ne fut plus possible de le joindre.

Monsieur de Clodoré tint pour une seconde fois son Conseil, où ayant esté remontré, que ses sortes de gens pouvoient quand bon leur sembleroit, empécher la liberté des chemins, & la communication des quartiers, brûler des cases écartées, massacrer du monde, qu'ils surprendroient au travail, & mesme se rejoindre aux Sauvages, pour brûler & saccager dans cette Isle, comme ils avoient fait du temps de M. du Parquet : l'on se resolut de leur faire la guerre, & de tâcher par toutes sortes de moyens d'atraper ce Francisque Fabulé, pour le faire écarteler tout vif, & mettre ses quartiers dans les places publiques, pour servir d'exemple aux autres Negres, afin de les retenir dans la soûmission, & dans le devoir, & de poursuivre toute cette canaille, jusques à ce que l'on les eust tous pris ou exterminez.

Cette resolution parut fort salutaire dans l'Assemblée, mais elle se trouva tres-difficile dans son execution ; car ces fugitifs avoient pour azyle les bois, qui sont tres-épais & embarassez dans toute l'Amerique. Ils avoient pour forteresses des rochers, des montagnes & des precipices horribles : & la plus grande partie d'entre-eux estoit viste à la course, comme des Dains. Toutes ces difficultez furent proposées au Conseil, & au Gouverneur, qui ne laissa pas de passer par dessus, & d'entreprendre cette guerre : & dés qu'il eut recouvert de la poudre dans les Navires de l'Amiral Ruyter, il en fit distribuer à chaque Compagnie cinquante livres, & cent livres de plomb, & fit incessamment poursuivre ces marons par des hommes détachez de chaque Compagnie de l'Isle, par l'espace de trois semaines, ou d'un mois, sans autre fruit que de la prise de cinq ou six pauvres Negres plus mal à pieds que les autres, & tout le reste ne voulant point combatre, chercherent leur salut dans la suite.

Il y eut en cette mal-heureuſe guerre quatre ou cinq François mordus par les ſerpens, qui en penſerent mourir ; & les Habitans preſſez par la levée de leurs petuns, qui ſe gaſtoient en leur abſence par les mauvaiſes herbes, ſe rebuterent & prierent Monſieur de Clodoré de la remettre à un autre temps. Et cela leur fut accordé, comme une choſe tres-raiſonnable.

Durant cette ſurceance, Monſieur de Clodoré s'aviſa d'un expedient qui luy reüſſit incomparablement mieux que la guerre : car il fit paſſer une Ordonnance dans le Conſeil ſouverain de cette Iſle, par laquelle il eſtoit accordé à tous ceux qui rameneroient des Negres fugitifs depuis un mois, cent livres de petun ; depuis trois mois, cinq cens livres ; & depuis un an huit cens livres de recompenſe, leſquelles leur ſeroient payées comptant par les Maiſtres, auſquels les Negres appartenoient. Il y en eut pluſieurs de ramenez par des particuliers, & M. de Clodoré leur fit payer ce qui avoit eſté promis, & pardonna aux Negres, à condition qu'ils ſerviroient leurs Maiſtres avec plus de fidelité.

Cinq ou ſix mois apres, Franciſque Fabulé fit parler de compoſition, à laquelle le Gouverneur entendit tres volontiers, & luy promit la liberté, à condition qu'il rameneroit le plus de Negres qu'il luy ſeroit poſſible. Il revint hardiment ſur la parole du Gouverneur, avec ſix ou ſept Negres, deſquels il luy fit payer la recompenſe portée par l'Ordonnance, luy donna ſa liberté, le retint chez luy, le careſſa, & luy fit porter un ſabre. Il le renvoya du depuis vers les Negres marons, deſquels il ramena un aſſez grand nombre, & en fut payé comme des autres par les propres Maiſtres de ceux auſquels il les ramenoit.

Preſque en ce meſme temps, Monſieur de Chambré voyant que les Habitans ne revenoient point de l'averſion qu'ils avoient contre la Compagnie, dont il eſtoit Intendant, choiſit dans la Guadeloupe quarante bons ſoldats, auſquels il donna pour Capitaine un Gentilhomme, nommé de la Grange, qui avoit eſté à M. Hoüel. Il en fit Lieutenant le ſieur Thonier, & donna l'enſeigne au fils de M. du Blanc major de la Guadeloupe, il la fit appeller la Compagnie auxiliaire, luy donna le drapeau blanc, & resolut de s'en servir, pour s'opposer aux mutineries des peuples, dont toutes les Isles étoient fort menacées, aussi bien que pour secourir les Gouverneurs, en cas qu'ils ne fussent pas assez forts pour humilier les seditieux.

Il fit donner tant aux Officiers, qu'aux soldats de cette Compagnie les mesmes appointemens, & les mesmes subsistances, qu'aux troupes de la Compagnie. Il la faisoit marcher par tout, & embarquer sous ses ordres, & cela donna un peu de jalousie à M. du Lion Gouverneur de la Guadeloupe, & causa quelque démélé entre ces deux Messieurs, dont j'ay les decisions en main, que j'obmets, comme n'estant pas necessaires à l'Histoire.

§ III.

Erection de deux Hospitaux dans la Guadeloupe, & dans la Martinique.

LA juste compassion que tous les bons Habitans des Isles ont toûjours euë de l'extréme misere d'un grand nombre d'Engagez, & pauvres Habitans, qui estant attaquez des maladies ordinaires du pays, languissoient & mourroient sur la terre, dans les bois, & sur le bord des rivieres, où la soif enragée & insupportable de ces maux, les obligeoient de se traîner pour se rafraîchir & desalterer, avoit plusieurs fois fait projetter aux Gouverneurs de faire des Hospitaux, dans lesquels l'on auroit sauvé (depuis l'établissement des Colonies) dix fois autant de peuples qu'il y en a qui habitent ces Isles : au lieu que tous ces pauvres mal-heureux sont morts, faute d'un peu de soulagement, d'un peu de nourriture, de medicamens & de Medecin.

Monsieur de Poincy avoit heureusement reüssi dans celuy qu'il avoit étably à saint Christophle, & il a eu la consolation d'en voir le bon succez, & les fruits, dont il ne faut pas douter, qu'il ne reçoive la recompense dans le Ciel.

Monsieur du Parquet, qui avoit formé le dessein d'en bâtir un dans la Martinique, si Dieu eût prolongé ses jours, legua en mourant une place pour cet établissement : mais ses Successeurs ayant donné cette place à des particuliers, pour y faire des habitations ; l'on ne pensoit déja plus à la Fondation de l'Hospital, & au contraire, il se trouvoit des habitans assez durs pour s'y opposer, soûtenant que c'estoit le moyen de rendre les Engagez faineans. Ils s'efforcerent mesme de le persuader à M. de Tracy, qui bien éloigné de les croire, resolut d'en faire commencer un dans la Guadeloupe, sous le nom de S. Louys, & un dans la Martinique sous celuy de saint Iean-Baptiste.

Ce pieux Seigneur appliqua à celuy de la Guadeloupe quelque aubeine qui luy estoit écheuë, & tout le casuel qu'il se pouvoit approprier, qui se monterent bien à 72000. livres de sucre, & en acheta un heritage, sur lequel il fit bastir une maison proche du bourg de la Basseterre, pour le logement des pauvres, laquelle cousta 24000. livres de sucre sans le fond.

Cet Hospital est situé tout proche du bourg de la Basseterre de cette Isle, & dés auparavant que Monsieur de Tracy fut party, il eut la consolation d'y voir par ses soins & sa charité, plus de 30. pauvres malades, nourris & assistez autant quel l'on le peut estre dans le pays.

Il recommanda en partant cette fondation à Monsieur du Lion, Gouverneur de cette Isle, & à Monsieur de Chambré, Agent general, qui ont fait, à ce que l'on m'a dit, tout ce qu'ils ont pû pour le faire subsister, & pour l'augmenter par leurs propres aumosnes, & par les amandes qu'ils y ont appliquées. C'est ce que j'ay pû apprendre de cette fondation.

Mais comme les pieces autentiques de la fondation de celuy qui a esté étably dans l'Isle de la Martinique, me sont tombées entre les mains, & qu'à peu prés les mesmes choses ont esté faites pour celuy de la Guadeloupe, le modele de celuy-cy suffira, pour faire connoistre de quelle maniere l'on s'est comporté en toutes ces deux fondations.

Monsieur de Clodoré fit paroistre sa pieté, & l'ardeur de son zele dans cette occasion, en ayant luy-mesme dressé les statuts & les reglemens, dans lesquels il pare à tous les abus, & à tous les inconveniens qui se peuvent rencontrer dans les Hospitaux de l'Amerique, avec tant de dexterité & de jugement, qu'ils ont esté unanimement approuvez du Conseil souverain, des Religieux, & de tout le Peuple.

Pendant tout son gouvernement, il a eu un soin si empressé d'en augmenter le revenu qu'il ne se faisoit point de marché dans cette Isle qu'il n'y eust quelque chose pour l'Hospital. Toutes les amendes luy estoient appliquées, & plusieurs fautes, qui meritoient des peines corporelles, étoient remises, en donnant quelques choses à l'Hostel-Dieu. Et il est certain, que si son gouvernement avoit duré plus long temps, cette maison seroit devenuë tres-riche. Dés que les statuts furent receus, il prit le soin de faire acheter toutes les choses necessaires, pour y recevoir, coucher, entretenir & medicamenter les pauvres, & l'on m'a asseuré que sans luy, cette entreprise n'auroit jamais subsisté.

Extrait des Instituts, & établissemens de l'Hospital de S. Iean-Baptiste dans l'Isle de la Martinique, tiré de ses Registres.

LA pieté de feu Maistre Antoine Montillet, vivant Notaire, & Greffier en cettedite Isle Martinique, ayant laissé par son Testament, en datte du 22. Septembre mil six cens cinquante-trois, la quantité de quarante mille livres de petun, pour commencer la Fondation dudit Hospital.

Et suivant ce bon & loüable dessein, Messire Iacques Diel, vivant Chevalier, Seigneur du Parquet, Lieutenant general pour le Roy en cettedite Isle, sainte Alouzie, Grenade & Grenadins, & Seigneur & Proprietaire d'icelles, a laissé par son Testament, en datte du vingt huitiéme Decembre 1657. les étages des bois debout estant au dessus les habitations des sieurs Levesque, Vatenquitte, & autres voisins situez entre la riviere des Peres Iesuites, & du Fort S. Pierre; & les étages desdits Peres, ainsi que lesdites terres se contiennent & comportent.

Pareillement M. Messire Alexandre de Prouville, Chevalier, Seigneur Marquis des deux Tracy, Conseiller du Roy en ses Conseils, Lieutenant general pour sa Majesté dans toute l'Amerique Meridionale & Septentrionale, tant par mer que par terre, a laissé seize cens livres tournois en argent, & cinq mille livres de sucre, pour joindre aux susdits fonds, avec ordre à M. le Gouverneur de cette Isle, & au sieur Christophle Regnaudot, chargé des susdits fonds, qui luy a mis entre les mains, de commencer à l'établissement dudit Hospital, & de faire acheter quelques maisons commodes. Ce qui a esté fait ainsi qu'il paroist par le Contrat passé pardevant de Villers, Notaire & Greffier en cettedite Isle, le 21. May de la presente année mil six cens soixante-cinq, conformément à ce que dessus. Le Conseil ayant deliberé par trois diverses fois sur l'établissement dudit Hospital, a decreté ce qui en-suit.

Du Lundy troisiéme Aoust 1665.

Le Conseil ayant esté invité par plusieurs fois par Monsieur le Gouverneur, de vouloir penser meurement, & solidement à l'établissement d'un Hospital, pour recevoir les pauvres, les faire traiter dans leurs maladies; Ledit Hôpital ayant esté resolu par la pieté de M. Messire Alexandre de Prouville, Chevalier, Seigneur Marquis des deux Tracy, Conseiller du Roy en ses Conseils, Lieutenant general pour sa Majesté dans toute l'Amerique Meridionale, & Septentrionale, tant par mer que par terre, suivant les bonnes, & loüables intentions de feu M. Messire Iacques Diel, vivant Chevalier, Seigneur du Parquet, Lieutenant general pour sa Majesté des Isles Martinique, sainte Alouzie, Grenade & Grenadins, & Seigneur proprietaire d'icelles, & le leg pieux de feu Maistre Antoine Montillet, vivant Notaire & Greffier de cettedite Isle, par les fonds qu'ils ont laissez, pour en commencer la fondation.

Sçavoir ledit feu sieur Montillet, de la quantité de quarante mille livres de petun en l'année mil six cens cinquante-trois, comme il paroist par son Testament du 22. Septembre de ladite année.

Et par feu Monsieur du Parquet, des étages situez entre la riviere des Reverends Peres Iesuites, au quartier du Fort saint Pierre, & les étages desdits Reverends Peres, ainsi qu'elles se contiennent en son Testament du 28. Decembre mil six cens cinquante-sept.

Et Monsieur de Tracy de la somme de seize cens livres tournois, & du nombre de cinq mille livres de sucre.

Avec ordre à mondit sieur le Gouverneur, de faire acheter une maison, & place commode pour fonder un Hôpital sous le nom de saint Iean-Baptiste. L'affaire ayant esté mise en deliberation par trois jours de Conseil consecutifs: A esté ordonné ce qui ensuit.

Que sous le bon plaisir de Messieurs de la Compagnie des Indes Occidentales, Seigneurs de l'Isle, l'Hôpital sera étably au lieu où l'on a acheté une maison, proche la riviere, le Fort S. Pierre & la mer; & qu'il sera acquis, les maisons & heritages qui seront jugez à propos par les Directeurs & Administrateurs dudit Hôpital, qui seront nommez par le Conseil pour la premiere fois seulement, & à la fin du present acte, lesquels Administrateurs auront pouvoir de disposer des revenus dudit Hôpital, travailler à les ameliorer & bonnifier, trouver des moyens justes & legitimes pour cela. Recevoir les aumosnes & legs pieux, qui seront faits; recevoir les malades, leur donner congé, mettre des gens pour les traiter, penser & medicamenter, & faire generalement ce que lesdits Directeurs jugeront pour le bien & avantage dudit Hôpital, en changeant le lieu destiné, s'ils en trouvent un plus commode, & que ce soit fort l'avantage dudit Hôpital.

Lesdits Directeurs seront nommez au nombre de trois, qui seront trois ans dans ladite charge. Mais comme il est à propos qu'il y en reste des anciens avec les nouveaux, les trois premiers qui seront éleus, comme dit est, par le Conseil, il en sortira un à la fin de la troisiéme année, qui finira le jour de S. Iean-Baptiste, que l'on comptera mil six cens soixante-huit, lequel sera tiré au sort pour la premiere & seconde année; sçavoir en celle de mil six cens soixante-huit, sera fait trois billets mis dans un chapeau, dont l'un sera marqué d'une croix, qui marquera celuy qui doit sortir, & auquel il écherra. Mais avant que de tirer, lesdits trois Directeurs ensemble en éliront un autre à la pluralité des voix, sinon sera tiré au sort s'ils en nomment trois differens; & celuy qui écherra, ou sera éleu, on l'envoyera querir, s'il y a commodité de ce faire, & en sa presence l'on mettra les susdits billets dans le chapeau, pour voir celuy qui doit sortir: & du tout en sera fait acte dans les Registres de l'Hôpital, tant de l'élection que du sort qui aura esté tiré.

En l'année mil six cens soixante-neuf, jour de S. Iean, sera pareillement éleu un autre Directeur, & les deux anciens tireront au sort, pour voir qui sortira des deux, & cela en la

Dd

presence du nouveau élu, qui aura pris séance le dernier des quatre. Apres quoy celuy qui doit sortir se levera, & prendra la derniere place, jusques à la fin de l'Assemblée, où il pourra demeurer ou se retirer, pour donner ses avis, sur ce qui sera jugé à propos de faire.

La troisiéme année mil six cens soixante-dix, le dernier sortira sans qu'il soit besoin de tirer au sort apres l'élection faite de l'autre Directeur, qui luy doit succeder, comme cy-dessus : & toutes les années suivantes audit jour de S. Iean, sera élu un Directeur à la place de celuy qui aura achevé les trois années.

Et en cas qu'il arrivast mal à un des Directeurs avant le temps expiré desdites trois années, en sera élu un par les deux restans, pour achever lesdites trois années ; apres quoy en sera élu un autre en la place, ou continué, comme le trouveront à propos lesdits deux restans; & en cas de contestation entre-eux, ceux qu'ils auront nommez seront écrits à chacun un billet de pareille grandeur mis dans un chapeau, & tiré au sort par un enfant, en sorte que celuy qui viendra, ce sera luy qui sera Directeur : ce qui sera pareillement observé par ceux qui s'en iront en France, mais auparavant avertiront de leur départ, & éliront un autre en leur place, & en cas que les trois en nommassent chacun un, seront tirez au sort, comme cy-dessus, & du tout en sera fait un acte.

Les Directeurs feront leurs Assemblées tous les Dimanches avant le Lundy, que l'on tient conseil apres Vespres dans l'Hôpital, pour aviser à ce qui est plus expedient pour le bien des pauvres, dont chacun d'eux aura besoin par semaine ou par mois, comme il sera jugé le plus à propos par lesdits Directeurs; & sera tenuë une Assemblée generale ledit jour de S. Iean, où les anciens Directeurs seront appellez par honneur, pour donner leurs avis. Monsieur le Gouverneur sera prié de s'y trouver, & le pourra toutes fois & quantes qu'il y aura Assemblée de direction ; & le Procureur fiscal se trouvera à toutes les deliberations, soit ordinaires ou extraordinaires, afin d'avoir soin de ce qui concerne le public; & le sieur Curé de la Paroisse du Fort, quand il y en aura un ; cependant le Reverend Pere Superieur des Iesuites sera prié d'y assister : & en cas qu'il y ait chose importante à faire, sera proposée au Conseil souverain, pour estre le resultat suivy des sieurs Directeurs.

Lors qu'il se presentera des malades audit Hôpital pour y entrer, le Directeur de semaine ou du mois, les pourra recevoir, & s'informera quels ils sont, ledit Hôpital n'estant fondé & construit, que pour les personnes libres, malades, & non pour les autres. Le Conseil ayant preveu l'abus qu'il y pourroit avoir d'y recevoir les Esclaves & les Engagez, a défendu & défend tres-expressément, d'en recevoir aucun, qui n'ait bonne attestation d'estre libre, & d'avoir fait ses trois ans, s'il est venu engagé, sçachant que plusieurs mauvais Maîtres donnent la liberté à leurs Engagez, lors qu'ils les voyent malades du mal d'estomac, de peur d'estre obligez de les nourrir & faire penser, comme charitablement ils y sont obligez.

Et en cas que quelques Maistres voulussent se charger du soin de faire penser leurs Engagez, & les mettre audit Hôpital, ils y seront receus, & seront obligez d'écrire sur le livre Iournal leur demande, qu'ils signeront, pour éviter l'abus qu'il y pourroit avoir. Apres quoy le Directeur de semaine ou de mois, luy donnera entrée, en payant par lesdits Maistres des Engagez cinq livres de petun par jour, pour la dépense des medicamens de chaque Engagé.

Et jusques à ce que le fonds de l'Hôpital soit plus grand, Messieurs de la Compagnie seront tres-humblement priez de vouloir par charité y faire quelque fondation. Monsieur l'Agent general sera pareillement prié d'y contribuer, & appuyer cette juste demande de son autorité, & se trouvera, s'il luy plaist, dans toutes les Assemblées, & déliberations dudit Hôpital, & y aura séance apres M. le Gouverneur, & en son absence y presidera.

En attendant que le fonds soit fait assez suffisamment pour assister tous les pauvres malades gratis, apres qu'ils seront gueris travailleront pour ledit Hôpital, pour gagner la depense qu'ils auront faite, à raison de 5. livres de petun par jour, sinon donneront au Maistre qui les loüera, pour payer pour eux, bien entendu qu'ils soient en estat de travailler pour gaigner leur vie, & la somme au delà qu'il conviendra pour les acquitter, cela se devant faire par l'ordre des sieurs Directeurs, qui seront les Maistres à les juger de ce qu'il est plus à propos touchant ce present Article.

Lesdits sieurs Directeurs sont autorisez, de retirer les dettes deuës audit Hôpital, & en acheter des Negres, pour les faire travailler sur le fonds dudit Hôpital, ou les loüer au risque de celuy qui les loüera, pour avoir du moins du revenu pour ayder à soûtenir la dépense dudit Hôpital.

Seront obligez lesdits Directeurs de se presenter au Conseil qui se tiendra tous les ans le premier Lundy du mois de Iuin, & rendre compte au Conseil de leur administration pendant l'année derniere, recevoir les ordres du Conseil, qui examinera publiquement leurs comptes, tant de recepte que dépense, & qui approuvera ce que lesdits Directeurs auront fait pendant ladite année sans contredit.

Cecy estant seulement pour donner connoissance au public de la bonne administration de l'Hôpital, ce que les gens de bien ont interest qui soit veu, pour recevoir l'applaudissement du Conseil, & du peuple, de leurs charitez, soins & vigilances au bien des pauvres.

Veu par le Conseil la requisition du Procureur fiscal, lequel conclud à l'enregistrement de ce qui est cy-dessus porté; le Conseil faisant droit ausdites Conclusions, a ordonné & ordonne que les Articles cy-dessus portez seront enregistrez sur les Registres du Conseil Souverain, pour demeurer stables à toûjours: & ledit Conseil procedant à la nomination de trois Directeurs Administrateurs dudit Hôpital, a éleu les personnes des sieurs François le Vassor, Capitaine d'une Compagnie, Christophle Regnaudot, & Urbain Guillon, sieur de la Charvelle, lesquels se presenteront pardevant Monsieur le Gouverneur, pour prester le serment. Signé, DE CLODORE.

Du 19. jour d'Aoust audit an, à l'issuë des Vespres, Assemblée a esté convoquée audit Hôpital, où s'est trouvé Messire Robert le Frichot des Friches, Chevalier Seigneur de Clodoré, Président au Conseil Souverain de cette Isle, & Gouverneur pour sa Majesté en icelle sous l'autorité de Messieurs de la Compagnie des Indes Occidentales: le Reverend Pere Laurent Mareschal, Superieur de la Maison des Reverends Peres Iesuites ; Messire Iean du Chesne, Lieutenant pour Messieurs de la Cōpagnie au gouvernement de cette Isle; Maître Nicolas Hebert, Prestre Aumônie de M. le Gouverneur; Maistre François de la Cale, Commis general de Messieurs de la Compagnie des Indes Occidentales; Maistre Gabriel Turpin, ancien Conseiller au Conseil Souverain de cette Isle : & Maistre Iacques de Launay, Conseiler du Roy, & Procureur fiscal en cettedite Isle ; Les sieurs le Vassor Capitaine, Renaudot, & la Charvelle, Directeurs éleus par le Conseil.

Sur ce qui a esté representé à l'Assemblée par le Procureur Fiscal, que par l'Arrest & resultat du Conseil du troisiéme de ce mois, pour l'établissement de l'Hôpital, il a esté éeu les personnes des sieurs François le Vassor, Capitaine en cette Isle, Christophle Regnaudot, & Vrbain Guillon sieur de la Charvelle pour Directeurs & Administrateurs dudit Hôpital, il pleust faire prester le serment de bien & fidellement se comporter en leurdite administration ; lesquels acceptans ladite charge, aux conditions portées par l'Arrest du Conseil cy-dessus, ont presté le serment de s'en bien & fidellement acquitter.

Et à l'instant a esté convenu que lesdits sieurs Directeurs se chargeront chacun par mois du soin des pauvres, & des necessitez, & affaires particulieres de l'Hôpital ; le sieur le Vassor s'estant chargé du courant, le sieur Regnaudot du suivant, & le sieur de la Charvelle du troisiéme.

Pareillement a esté resolu que l'Hôpital seroit étably dans le logis acquis du nommé Iean de la Porte, suivant le Contract d'acquisition fait par ledit sieur Regnaudot, suivant les ordres de Monsieur de Tracy, & de Monsieur le Gouverneur; laquelle maison estant mal couverte de tuiles, A esté resolu par l'Assemblée, pour plus grande commodité des pauvres malades, qu'elle sera couverte d'essentes.

La pieté du sieur Renaudot Directeur, l'ayant meu à faire charité aux pauvres, a fait don irrevocable, & donné dés à present, la maison & caze à luy appartenant, & où il fait sa demeure, joignant celle cy-dessus acquise pour l'Hôpital, se consistant en deux travers & deux étages, dont il a promis passer Contract de donation incessamment. Ce qui a esté accepté par l'Assemblée au nom des pauvres.

Pareillement le sieur le Vassor aussi Directeur, poussé d'un même zele, a donné & donne une Vache pour l'utilité des pauvres : ce qui a esté pareillement accepté par l'Assemblée.

Comme aussi ledit sieur de la Charvelle Directeur, poussé du même motif, a donné & donne en faveur de l'Hôpital, pouvoir de faire bâtir toutes fois & quantes un Moulin & Sucrerie au dessus du sien, en tel lieu commode que les sieurs Directeurs le trouveront pour le mieux sur la place, pour pouvoir porter les cannes commodément de celles de l'Hôpital audit Moulin, souffrir un chemin au travers de sadite place, par où il sera avisé par lesdits Directeurs ; & s'oblige pareillement de faire coupper à ses dépens, les cannes qui viendront sur la place dudit Hôpital, les faire porter moudre, & faire le sucre qui proviendra desdites cannes, pendant les six premieres couppes, dont il se contente de la moitié du provenu du sucre, & de tout ce que dessus, en passer Contract au premier jour : ce qui a esté pareillement accepté par l'Assemblée.

A esté résolu qu'il seroit tenu plusieurs Registres, concernant toutes les affaires de l'Hôpital, tant des fonds, donations, revenus, dépenses, receptions des malades, que generalement de toutes les affaires concernant ledit Hôpital.

Pareillement que les sieurs Directeurs acheteront dix Negres du fonds de l'Hôpital, à la premiere commodité, pour les faire travailler au profit des pauvres.

Que les sieurs Directeurs poursuivront les debteurs de l'Hô-

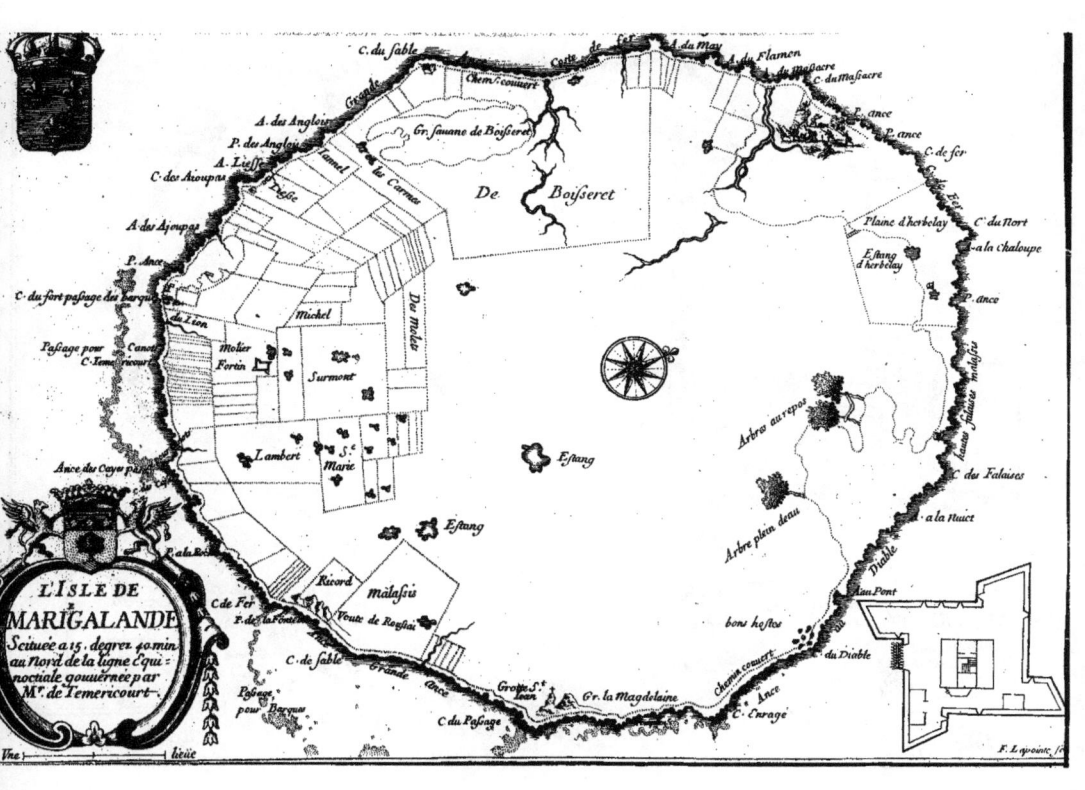

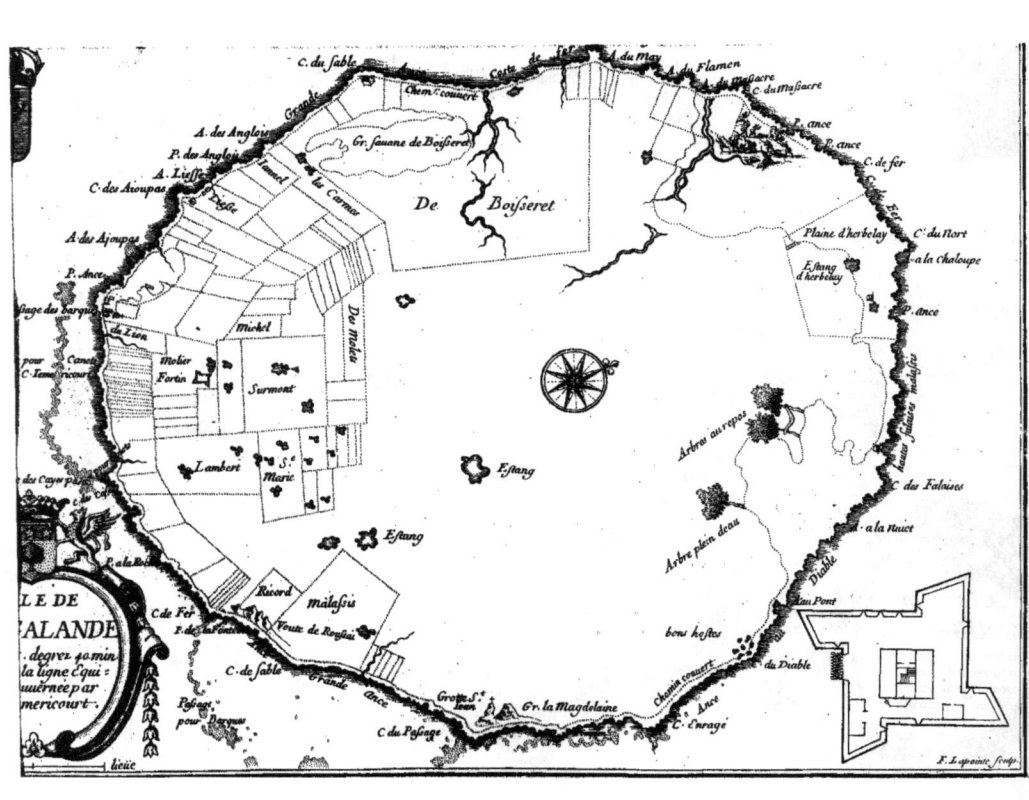

Des Ant-Isles de l'Amerique.

pital, pour en estre payez au plus tard dans le mois de Iuin prochain.

Qu'il sera fait six couches avec six paillasses, & acheté six couvertures. Faut faire des tables, bancs, armoires, & acheter des medicamens, meubles, & ustancilles necessaires, pour assister les pauvres.

Qu'il sera gagé un Chirurgien, deux femmes, & un homme pour assister les malades.

Fait & arresté à l'Hôpital, les an & jour que dessus. Signé DE CLODORE, Laurent Mareschal de la Compagnie de IESVS, du Chesne, le Vassor, Turpin, N. Hebert, la Cale, Regnaudot, Guillon, & de Lannezy.

Vn honneste homme, nommé Renaudot, & une femme devote, nommée la Ferriere, en a eu fort long-temps un soin, dont les habitans en estoient édifiez.

§ IV.

Monsieur de Themericour pourveu du gouvernement de l'Isle de Marigalande, arrive aux Isles, & prend possession de son gouvernement.

Monsieur de Themericour fils de Madame de Champigny, qui avoit épousé en premiere nopce Monsieur de Boisseret, lequel avoit acquis des Seigneurs de la premiere Compagnie, les Isles de la Guadeloupe & de Marigalande, fût presenté au Roy le 7. Février 1665. par les Seigneurs de la Compagnie nouvelle, pour estre pourveu du gouvernement de Marigalande.

Sa Commission est du dixiéme du mesme mois, & expediée en mesme forme que celle des autres Gouverneurs, & il presta le serment de fidelité entre les mains de M. le Chancelier le 20. du mesme mois, & de la mesme année.

Il arriva à la Martinique au mois de May, où il ne fit aucun sejour, se hâtant d'aller à la Guadeloupe, pensant y trouver M. de Tracy; mais l'ayant trouvé party pour le Canada, il fut prendre possession de son gouvernement de Marigalande le huitiéme de Iuin 1665. Sa Commission fut enregistrée, & il receut le serment de fidelité de tous les petits Estats de l'Isle, le mesme jour, en la mesme façon que j'ay dit qu'il fut fait à la Martinique. Il trouva que ce gouvernement avoit esté si fort negligé depuis son départ des Isles, que la garnison n'étoit plus que de dix soldats, & toute la Colonie composée de 500. ames, entre lesquels se trouvoient seulement 150. hommes portant armes.

Ce jeune Gentil homme fut d'abord receu & consideré à la Guadeloupe par certains Officiers, qui pensoient faire leur Cour à la Compagnie, comme un Seigneur depossedé, & à ce que ses parens disent, que l'on n'eût pas esté fâché de mécontenter, pour l'obliger à s'en retourner en France. Mais comme il a beaucoup d'esprit, il dissimula tout, & garda une conduite si juste & si moderée, tant à l'égard de ceux qui avoient les interests de la Compagnie entre les mains, qu'envers ses habitans, que l'on n'a entendu aucune plainte de luy: Et l'Isle de Marigalande, nonobstant l'abandon que l'on en a fait, a toûjours augmenté depuis qu'il en a esté Gouverneur.

Une curiosité loüable le porta à rechercher tout ce qu'il y avoit dans cette Isle qui la pouvoit rendre recommandable, & pour cet effet il entreprit d'en faire le tour, accompagné de M. de Malassis son frere; & suivy de quelques autres, & de quatre puissans Negres, pour porter leur provision, & de deux Sauvages qui leur servoient de guide, parce qu'il n'y avoit encore aucun chemin fait, sinon dans les lieux, où elle estoit habitée.

Un Gentilhomme de la troupe a écrit une Relation de leur voyage : mais comme elle m'a semblé un peu trop prolixe, j'en ay fait un extrait que je mets icy, parce que l'on n'a pas encore fait aucune description de cette Isle.

Ils

Ils y remarquerent d'abord plusieurs belles sources d'eau vive, dont l'on croyoit que cette Isle estoit privée, entre lesquelles il y en a une qui sort d'une grotte, dans le fond de laquelle il y a un canal ou riviere soûterraine, qui va fort loin dans la terre, dans laquelle il se trouve une merveilleuse quantité de grosses Ecrevisses. Ils y ont aussi trouvé plusieurs rivieres & estangs d'eau douce, remplis de poissons, & ont aussi remarqué en divers endroits des grottes merveilleuses, pour leur hauteur, largeur & profondeur, ausquels ils imposerent les noms, de S. Iean-Baptiste, de la Magdelaine, & quelques autres.

Ils font un cas particulier de deux lieuës d'étenduë de Falaises d'une beauté merveilleuse, & d'une si excessive hauteur, qu'ils font trembler ceux qui les regardent d'embas : elles sont escarpées dés le haut jusques au pied, comme si elles avoient esté taillées au marteau, & aussi droites & à plomb, que si elles avoient esté construites avec cimétrie ; & ce qui est admirable dans toute cette haute elevation, & cette grande étenduë de deux lieuës ; ces Falaises sont remplies d'une infinité de trous aussi proches que dans un Colombier, où il y a une infinité d'Oyseaux, que l'on appelle Oyseaux du Tropic, parce qu'ils ne se voyent que dans la Zone torride, lesquels font leur nid dans ces trous, où ils sont fort en seureté. Ils sont blancs comme neige, gros comme des pigeons, ont le bec long, pointu & tout rouge, aussi bien que les pates, & une longue plume, qui leur sert de queuë, qui les a fait nommer par les Matelots *Festu en cul.*

Ces Messieurs firent des échelles pour monter aux plus grands arbres, afin de contempler le pays, où ils ne pouvoient pas aller, & ils asseurent que tout ce qu'ils ont veu, leur fait croire que bien que cette Isle ne soit pas la plus grande, qu'elle est la plus belle & la meilleure.

Monsieur de Themericour qui est Gouverneur de cette Isle, & qui en a fait plusieurs fois le tour, en a fait une carte fort exacte : en voicy la copie tirée sur l'Original, qui est tracé de la main de ce Gentilhomme, sur le peau d'une brebis, dont il a luy mesme fait le parchemin, apres avoir mangé la beste ; en faisant le tour de l'Isle, pour en tirer le plan.

§. V.

Divers soûlevemens dans l'Isle de la Martinique, appaisez par Messieurs de Clodoré & de Chambré.

Nous avons laissé l'Isle de la Martinique, aussi bien que toutes les autres dans le Calme, & dans un repos forcé & arresté par la crainte & l'exemple du chastiment fait aux seditieux de la Martinique. Pendant ce temps chacun s'occupoit à faire des marchandises, & la recolte parut si belle & si abondante, que l'on croyoit dans cette Isle que vingt Navires ne la pourroient pas enlever, & les habitans qui n'avoient encore veu que dix ou douze Navires de la Compagnie, étoient dans une crainte continuelle de voir perdre une recolte capable de les enrichir, faute de Navires pour l'enlever, & de denrées pour troquer à l'encontre : de sorte qu'en toute occasion, ils ne se pouvoient empécher de faire rejaillir des étincelles du feu de la sedition, qui embrasoit le cœur des plus impatiens, sans considerer qu'elle estoit inseparable de leur ruine.

Au commencement du mois d'Avril, quelques Navires vinrent de France (je crois que c'estoient les Capitaines *Bichot*, *Belliard* & *Tillier*,) bien chargez de vivres, & de toutes sortes de marchandises, à la reserve des souliers à femmes, des coiffes, des dentelles, des affiquets, & autres ustancilles qui leur sont propres. Cette omission fut d'autant plus dangereuse, qu'elle choquoit des cervelles plus delicates, & plus vindicatives que les hommes : car lors qu'elles virent qu'il n'y avoit rien pour elles dans les Vaisseaux de la Compagnie, & que quelques-unes estoient contraintes d'aller nuds pieds à la Messe ; la patience leur échappa, & il est constant que la fureur de ces femmes qui n'avoient pas leur compte, & qui en ce pays ont assez de pouvoir sur leurs maris, contribua beaucoup à la sedition, dont nous parlerons incontinent.

Les deux derniers Navires apporterent aussi une nouvelle qui aygrit tellement les esprits, & alluma un si grand feu par toute l'Isle, qu'il ne se put éteindre qu'avec du sang. Les Correspondans de quelques habitans de cette Isle, c'est-à-dire des Marchands, de Diepe, du Havre, de la Rochelle, & des autres Ports de France, qui estoient animez jusques à l'excez contre la Compagnie, qui leur ostoit le pain de la main, faisoient de leur part tout ce qu'ils pouvoient pour la décrier, & eussent esté bien aises de la voir pousser à bout par les habitans, afin de rentrer dans le commerce qu'elle leur avoit osté. Cela parut en ce qu'ils manderent malicieusement, que l'on avoit refusé d'embarquer dans les Vaisseaux de la Compagnie des victuailles & des marchandises qu'ils y vouloient embarquer pour le compte des habitans, en payant le fret conformément aux Ordonnances de M. de Tracy.

Cela fut suffisant pour mettre l'alarme par toute l'Isle de la Martinique, & pour renouveller tous les murmures passez: les habitans crioient tout haut que l'on leur vendoit les denrées plus cher que les Hollandois, que l'on leur ostoit la liberté de faire venir de France ce qui leur estoit necessaire, & que la Compagnie n'ayant des Vaisseaux qu'à demy pour charger leur marchandise, elle demeureroit sur leurs bras, & se perdroit.

Le petit nombre de barques que la Compagnie entretenoit par toutes les Isles, n'en mettant qu'une, où il en faloit six pour leur tabac & leur sucre, estoit encore un sujet de leur plainte; & ces esprits prevenus & entestez de longue main, se servant de tous ces pretextes, pour flater leurs mauvaises dispositions, se precipiterent malheureusement dans la fosse, dont ils ne faisoient que de sortir.

Vn Commis de la Cabsterre donna avis au Gouverneur, que les habitans mutinez de ce quartier, avoient attaché au haut d'une perche un pavillon Hollandois, & avoient crié insolemment, Vive les Hollandois & les Flamands; &

cette action fut diſſimulée par le Gouverneur, pour ne pas remuer à contre-temps.

Quelques jours apres une grande partie des habitans de la Baſſeterre, vinrent tumultuairement aſſemblez trouver le Gouverneur, & luy preſenterent une requeſte, dans laquelle ils traitoient Monſieur de Clodoré de Gouverneur pour le Roy, ſans dire ſous l'autorité de la Compagnie, & ſe plaignoient à luy de ce que la Compagnie ne faiſoit point executer les Reglemens de M. de Tracy ; comme ſi cela n'euſt dépendu que de luy, outre que la plainte eſſentielle contenuë dans cette requeſte, n'a jamais eſté avoüée de la Compagnie, & elle a toûjours ſoûtenu qu'elle n'a jamais deffendu d'embarquer aucune choſe qui appartint aux habitans. Quoyqu'il en ſoit, le Gouverneur receut cette requeſte, & la leut ; & comme il ignoroit ſi ce qu'elle contenoit eſtoit veritable ou faux, il les harangua, & les pria de ſe donner un peu de patience, leur promit d'envoyer leur requeſte à la Compagnie, & que meſme il s'intereſſeroit pour leur faire donner contentement ; mais qu'au reſte il les prioit de ſe tenir dans le devoir, & de ne plus s'aſſembler ſans ſa permiſſion : & comme il y avoit dans cette troupe pluſieurs bons habitans, qui eſtoient plus portez à la paix qu'aux ſeditions, les autres furent contens de promettre avec eux qu'ils ne s'aſſembleroient plus, & chacun s'en retourna chez ſoy en apparence aſſez content.

Monſieur de Chambré Agent general eſtant venu à la Martinique vers la Pentecoſte, une centaine de Torqueurs de petun vinrent tumultuairement aſſemblez le trouver chez le Gouverneur. Il faut icy ſçavoir que ce mot *Torqueur* exprime une ſorte de gens veritablement neceſſaires dans les Iſles, leſquels gagnent gros ſix ou ſept mois, & dont une grande partie ſont vagabons le reſte de l'année, & ne font que courir de caſes en caſes, & de magaſins en magaſins, c'eſt-à-dire de cabarets, & qui à l'ombre des bouteilles & des pots, ont toûjours commencé toutes les revoltes des Ant-Iſles. Ce Gouverneur les voyant en troupe, ſe mit dans une ſi terrible colere, que s'il y avoit eu des priſons dans l'Iſle, il les y auroit tous fait enfermer sur le champ. Il les rebuta fierement, & ne les voulut jamais écouter en troupe; mais il leur accorda d'envoyer des Deputez, pour luy faire entendre leur raison.

Ils se plaignirent tout de nouveau que les Commis des quartiers ne leur bailloient pas leurs necessitez en payant, qu'ils leur jettoient de la toile par la fenestre, & avec mépris, & la moitié de ce qu'ils en avoient besoin. Monsieur de Chambré les exhorta à avoir patience, & les asseura qu'en peu de temps les magasins seroient si bien remplis, que chacun seroit content; & que pour remedier presentement aux desordres, qu'il faloit qu'ils missent un honneste habitant dans les magasins, pour voir comme se feroit la distribution des denrées; & que si les Commis ne suivoient point l'ordre qu'on leur donneroit, il feroit infailliblement chasser les Commis delinquans, ou les puniroit selon leur démerite. Cela les contenta, & ils se retirerent pour une seconde fois assez satisfaits en apparence.

§. VI.

Messieurs de Clodoré & de Chambré font construire un Fort à la Martinique, pour contenir les peuples dans leur devoir.

Cette maniere d'agir insolente & seditieuse, fit bien connoistre à ces Messieurs qu'il estoit de la derniere importance de faire un Fort, ou au moins un reduit pour mettre un Gouverneur à couvert des insultes des mutins, qui n'ont rien à perdre, lesquels je distingue toûjours des gens sages & des bons habitans, ennemis de toute revolte. Messieurs de Clodoré & de Chambré en avoient eu ordre avant que de partir de France, & M. de Tracy en avoit luy-mesme designé le lieu où estoit autrefois le Fort S. Pierre, qui n'estoit qu'une forte muraille avec huit ou dix embrazures, où il y avoit autant de canons.

M. de Chambré traça promptement un fortin de deux demy bastions, du costé de la terre, & une grosse tour de celuy de la mer, à la pointe, & sur le bord de la riviere de Rousselan. L'on fit incessamment amasser des materiaux, & comme c'estoit une affaire pressée, l'on y fit travailler les soldats de la Compagnie, aussi bien que les Engagez & Negres. L'on y travailloit avec empressement, lors que Monsieur de la Barre passa à la Martinique, pendant les deux seditions dont nous allons parler. Monsieur de Clodoré Gouverneur de cette Isle, qui ne le connoissoit que par la reputation d'un homme qui avoit esté Maistre des Requestes, Intendant de Province, Gouverneur de Cayenne, & interessé dans la Compagnie, le receut avec tous les honneurs deus à tant de beaux employs, & le traita le plus somptueusement qu'il luy fut possible. Il luy fit voir le plan & la situation de cet Ouvrage, s'entretint avec luy des raisons qu'il avoit de le faire, & de ce qu'il pourroit couster, sans que Monsieur de la Barre luy témoigna y trouver aucune chose à redire; mais estant prest à partir apres la sedition, dont nous allons partir, il dit à un Missionnaire que ce Fort estoit mal placé, qu'il le faisoit pour se rendre necessaire, & qu'il ne s'acheveroit pas, en effet estant arrivé en France, il dit ses pensées aux Directeurs, qui en écrivirent en ces termes à Monsieur de Clodoré:

La grande dépense qu'il coustera pour le Fort que vous faite, & le peu de necessité qu'il y a de le rendre regulier, nous obligent d'en faire cesser le travail, & vous prier de vous contenter d'un reduit, qui vous mette vous & vos soldats à couvert des insultes des habitans, n'ayant besoin à cet égard d'une plus grande deffense: car pour les autres occasions, le Fort ne deffendant point la rade, comme Monsieur de la Barre nous en a asseuré, il est inutile de le fortifier davantage: Et Monsieur de Bechamel dans une Lettre particuliere, luy écrit ces mots: *J'ay veu Monsieur de la Barre, avec lequel j'ay conferé de vostre Fort, qu'il ne trouva pas bien pla-*

cé, & dont l'excessive dépense ne peut estre portée par la Compagnie. Ces Lettres sont du sixième de Novembre mil six cens soixante-cinq.

La pierre de ce Fort estoit déja toute taillée, les materiaux amassez, les fondemens creusez, & quelques travaux de pilotage, commencez pour les asseoir, lors que ces Lettres arriverent. Messieurs de Clodoré & de Chambré s'en offencerent & écrivirent tous deux aux Directeurs, & leur soûtinrent que la situation de ce Fort estoit excellente, & qu'il ne pouvoit estre placé ailleurs plus avantageusement : de sorte que la situation n'en fut point changée, mais seulement le plan. Ces Messieurs se reduisirent à faire une simple terrasse (du costé de la mer) avec deux guerites aux deux coins, & huit embrazures pour autant de canons qu'il en faloit pour deffendre la rade. Du costé de la terre il y a deux grosses tours aux deux extremitez d'une muraille d'envrion trente-cinq toises de face. Chaque tour a 4. embrazures avec leurs canons, & au milieu de cette face, il y a une terrasse avec 2. autres pieces, le tout batant & commandant sur la place d'armes & sur le bourg. Les murailles sont par tout de quatre pieds & demy d'épaisseur, sur lesquels on a ménagé un parapet avec des creneaux pour tirer, & un chemin pour les rondes : elles sont basties de moellon de rocher fort dures, avec des chaînes de neuf pieds en neuf pieds dedans & dehors, & un cordon tout à l'entour, de pierre de taille. Toute la circonference est sans fossé, mais les portes sont couvertes en dehors d'une forte pallissade, capable de les deffendre. Ce Fort ne fut achevé qu'au commencement de la guerre.

§ VII.

Grande sedition dissipée par la diligence de Monsieur de Clodoré, au quartier de la Case pilotte.

Messieurs de la Compagnie n'ayant pû tenir quelques-unes des choses convenuës & arrestées par Messieurs de Tracy, de Clodoré, & de Chambré, avec les habitans, & particulierement l'article 13 de ses Ordonnances, par lesquelles il est dit, *Que la Compagnie sera tenuë de rendre dans les ports & havres de France où les Aydes ont cours, les sucres, tabacs, indigo, & autres marchandises, franches & quittes du fret, & de tous droits d'entrée du Royaume; moyennant sept livres d'argent monoyé de France, pour cent livres net de marchandises;* & ce en consideration de ce que sa Majesté, par le sixiéme article de son Edit du mois de May 1664. remet à la Compagnie la moitié des droits d'entrée, pour luy donner moyen de gratifier les habitans. Et à l'égard des autres ports du Royaume où les Aydes n'ont point de cours, les habitans donneront dix deniers de fret pour chaque livre de marchandises; lesquelles leur seront renduës, ou à leurs Correspondans, dix jours après l'arrivée des vaisseaux.

Cela donna lieu à la sedition dont nous allons parler, quoyque la Compagnie eust mandé en mesme temps, qu'elle ne pouvoit tenir cet article, parce que le Roy ne vouloit point remettre cette moitié des droits, & qu'ainsi estant obligée de payer sur le pied de quatre livres d'argent monoyé, il ne luy restoit qu'un escu pour le fret de chaque cent, au lieu de cinq livres que Monsieur de Tracy avoit creu luy donner; & que cette seule raison luy avoit fait demander neuf livres, tant pour le fret que pour le droit d'entrée. Cette raison n'ayant pu satisfaire des gens d'ailleurs tout disposez à la sedition, un nommé Guillaume le Roy, & dix ou douze autres

qui

qui avoient apparemment lié la partie avec les habitans de la Cabsterre, le premier jour de Iuin se mutinerent tout à coup contre le Commis du quartier de la Case pilote, l'obligerent à se sauver, & une centaine d'habitans s'estant joints à eux, ils pillerent le magasin de la Compagnie, crierent aux armes, obligerent tous ceux qui estoient presens à les prendre, & allerent par tout le quartier de case en case, faire soûlever tout le monde, & puis envoyerent jusques dans le cul de sac faire la mesme chose.

Mais comme ils n'avoient point de Chef pour les conduire dans une entreprise si dangereuse, & que d'ailleurs ils sçavoient qu'ils avoient affaire à un homme intrepide, auquel les Officiers avoient confiance, comme à un homme tres-experimenté dans la guerre, & capable de les humilier; ils furent tenter le sieur de Merville Lieutenant de la Colonelle, & brave, & firent tout ce qu'ils purent pour l'engager à estre leur Chef dans une affaire où ils disoient qu'il y alloit du bonheur de l'Isle, qu'elle estoit infaillible, & qu'ils avoient des intelligences avec tous les autres quartiers de l'Isle, & il n'estoit que trop vray, & que le lendemain ils auroient toute l'Isle pour eux. Mais ce Gentilhomme qui est un homme prudent, n'y voulut jamais entendre, non pas mesme se mêler avec eux. Ils firent en suite de puissans efforts sur le sieur de l'Isle pour la mesme chose; mais il se delivra de leurs mains, feignant d'avoir la goute, & s'en vint trouver le Gouverneur, & l'avertir.

Ce mesme jour qui estoit le 1. de Iuin à une heure apres midy, le Gouverneur tenant actuellement le conseil où étoient tous les principaux Officiers de l'Isle, Mademoiselle de la Vallée femme du Capitaine de la Case pilote, où se faisoit le soûlevement, envoya en grande diligence un Negre à son mary, avec un billet, dans lequel elle l'avertissoit de tout ce qui se passoit dans le quartier.

Monsieur de la Vallée ayant leu le billet, le remit entre les mains du Gouverneur, qui sur le champ rompit le Conseil, & renvoya tous les Capitaines, & les autres Officiers dans leur quartier, pour y ranger chacun dans son devoir,

F F

faire prendre les armes aux bons habitans, & y attendre ses ordres ; ce qui fut executé, chacun s'efforçant d'imiter l'activité merveilleuse de leur Gouverneur en ces sortes d'occasions.

Le Gouverneur commanda aux sieurs de la Vallée, & du Bois Iourdain, Capitaines de la Case pilote, & de la Case des Navires, où estoient les seditieux, de s'y rendre en diligence, & de faire en sorte de remettre les habitans dans le devoir, en leur promettant le pardon de leur faute, mais qu'ils en exceptassent toûjours les Chefs, & qu'ils luy donnassent incessamment des nouvelles de ce qui se passeroit.

La diligence que fit M. le Gouverneur pour son armement est presque inconcevable ; car bien qu'il fût déja une heure apres Midy, lors qu'il receut l'avis de la sedition qui se faisoit à quatre grandes lieuës de son quartier, & que les chemins fussent montagneux & tres-difficiles, il fit neantmoins son armement, & se rendit avec son monde par mer & par terre à la Case pilote avant la nuit, qui se ferme ordinairement à six heures dans les Isles.

Estant sur le point de partir, M. de Laubiere Lieutenant au gouvernement de cette Isle, luy donna avis, que le quartier du Carbet à une lieuë du Fort S. Pierre estoit aussi soûlevé, & qu'il y avoit apparence d'une revolte generale ; ce qui l'obligea de commander à tous les Navires qui étoient en rade, de s'approcher le plus prés de la terre qu'ils pourroient, pour le soûtenir avec leurs canons en cas de combat. Il fit aussi prendre les armes aux habitans du bourg, fit partir la Chaloupe pleine de braves & bons habitans, & marcha hardiment avec cent hommes en toute diligence vers les revoltez.

Il s'attendoit de les trouver au Carbet ; mais il n'y rencontra personne sous les armes, la crainte de sa venuë ayant retenu tout le monde dans le devoir, tout y paroissoit fort calme. Il fit prendre les armes à quelques-uns ; & parce que la Chaloupe n'avoit pû aller si viste que luy, il tint Conseil sur la place d'Armes en attendant M. de Laubiere, qui fut d'avis que le Gouverneur se postast sur une montagne voisine, d'où il pourroit voir ce que feroient les revoltez. Mais ce Gouverneur, qui sçavoit ce que luy avoit valu cette vigoureuse promptitude, avec laquelle il avoit affronté & dissipé les revoltez du quartier du Prêcheur, sans leur donner le temps de se reconnoistre, rejetta cet avis, comme une proposition qui luy paroissoit injurieuse, & qui pouvoit faire croire à ces mutins, qu'il estoit capable de douter de leur ruine & de leur défaite. Monsieur de Valmeniere accordoit bien au Gouverneur qu'il devoit estre par tout, mais il soûtenoit que d'abord il ne devoit pas exposer sa personne.

Toutes ces propositions ne luy ayant pas agreé, il commanda au sieur de Valmenier, d'aller de sa part trouver les revoltez, de leur commander de se mettre dans leur devoir, & les asseurer que s'ils attendoient le combat, il n'y auroit aucun quartier pour eux. Il luy donna quelques Esclaves, qu'il devoit laisser à l'écart pour (en cas qu'il fust arresté par les seditieux) en venir donner avis au Gouverneur, & luy faire sçavoir de ses nouvelles à tous momens.

La Chaloupe où estoient les braves, d'Orenge, Renaudot & Hebert, & plusieurs bons habitans, estant arrivée, il continua son chemin par terre, la Chaloupe costoyant aussi viste que luy jusques à la *Savanne Capot*, où il trouva le sieur de Lisle, Lieutenant de la Colonelle, qui estoit venu dans son canot pour le joindre, & luy donner avis que les seditieux venoient vers luy tambour batant, & qu'ils estoient déja fort avancez. Le Gouverneur s'écria, tant mieux, tant mieux, ils nous épargneront la peine d'aller plus loin, & nous les expedirons plûtost, & ayant continué son chemin jusques au fond de *Laislet* une barque arriva, qui donna avis que les seditieux estoient au nombre de quatre cens chez Monsieur de Merville, qui n'estoit qu'à une demye lieuë delà.

Le Gouverneur ayant eu cette derniere nouvelle, détacha un Sergent, avec dix soldats, & luy donna ordre de marcher devant luy droit à la maison, & commanda à mesme temps à la Barque, & à la Chaloupe d'aller mettre à terre proche de cette maison, & que dés le moment qu'ils en-

Ff ij

tendroient tirer qu'ils donnassent du costé de la mer ; & apres leur avoir donné signal & un mot de r'aliment, tous marcherent fort resolus de bien combatre, & de perir ou de vaincre : mais estant arrivez à la maison, il ne s'y trouva personne : tous les mutins s'estant deja retirez à la Case pilote.

Cependant le Gouverneur voyant qu'il n'avoit aucune nouvelle des trois Capitaines, qu'il avoit envoyez vers les revoltez, croyant qu'ils les avoient arrestez, aussi bien que les Esclaves qu'il leur avoit donnez, se resolut de les aller combatre en quelque estat qu'il les pourroit trouver ; & pour cet effet il sépara toute sa troupe en deux bandes, en donna la moitié à Monsieur de Laubiere, retint l'autre pour luy, & marcha en grande diligence vers la Case pilote, où il devoit infailliblement trouver les revoltez. Il estoit encore un peu de jour, lors qu'il parut sur une petite colline, d'où il pouvoit estre veu par les seditieux : les barques s'y rendirent aussi-tost que luy, pour donner en queuë selon leur ordre, lors qu'ils entendroient tirer le premier coup.

Monsieur de Valmeniere qui avoit esté si occupé à persuader les mutins de se mettre dans le devoir, qu'il avoit oublié de faire sçavoir ce qu'il faisoit, avoit fort heureusement reüssi dans sa negotiation : car ayant fait connoistre aux bons habitans la faute qu'ils faisoient de risquer si mal à propos l'honneur, leurs femmes, leurs enfans, leurs biens, leurs fortunes & leurs vies, ils se retirerent malgré les Chefs, qui persisterent opiniastrement dans le dessein de se batre.

Dans ce mesme moment Monsieur de Valmeniere jettant les yeux sur la croupe de la montagne, & y appercevant Monsieur le Gouverneur avec sa troupe, leur dit : *Hè bien, puis que vous voulez vous batre, battez-vous, vous en aurez tout incontinent le plaisir. Voila Monsieur le Gouverneur avec ses soldats, qui paroist pour vous satisfaire* : & il n'en falut pas dire davantage, pour leur faire gagner les bois.

Messieurs de la Vallée & de Bois Iourdain vinrent trouver Monsieur le Gouverneur avec plusieurs bons habitans, luy rendirent compte de ce qu'ils avoient fait dans leurs quartiers, & comme tout s'y estoit appaisé. Le Gouverneur campa ce soir à la Case pilote, il y souppa, & y passa la nuit; & le lendemain sa troupe s'augmenta de plusieurs bons habitans, qui luy vinrent donner des témoignages de leur affection, & de leur fidelité au service du Roy, & de la Compagnie.

Monsieur le Gouverneur qui estoit fort resolu de faire une justice exemplaire des Chefs de cette sedition, de peur de les effaroucher, fit un discours au sieur d'Emery Curé de la Case pilote, dans lequel il luy dit, qu'il faloit que tout le monde se rangeast à son devoir, & que pour luy il feroit toûjours le sien, & plusieurs choses ambigues, qui firent croire à ce bon Curé, que le Gouverneur avoit pardonné à tout le monde, & ne manqua pas de le dire le lendemain à son prosne, quoy-que cela fust fort éloigné de la pensée du Gouverneur.

Les paroles de ce bon Curé r'asseurant ceux à qui l'épouvante avoit fait gagner les bois, & mesme les plus coupables (à la reserve des deux) revinrent chez eux en toute asseurance; mais un Sergent de la Compagnie du quartier, ayant esté un peu envelopé dans cette malheureuse affaire, obtint son pardon, à condition de prendre les deux Chefs, qui tenoient les bois; ce qu'il fit peu de jours apres, & tous les autres Chefs furent aussi arrestez, & mis aux fers. Nous dirons la justice qui fut faite de tous ces pauvres malheureux, apres que nous aurons parlé de la sedition, qui se fit à mesme temps à la Cabsterre.

§. VIII.

Premiere Revolte de la Cabsterre de la Martinique.

Ceux qui avoient commencé la sedition de la Case pilote n'avoient pas trop mal pris leurs mesures, pour faire un soulevement general. Ils sçavoient tres bien qu'il y avoit par tous les quartiers plus de mal contens & de mutins, que de personnes paisibles ; & que si une fois ils pouvoient se joindre à ceux de la Cabsterre, le nombre des revoltez seroit si grand, qu'ils feroient entrer dans leur party, malgré eux, ceux qui n'en avoient aucune envie. Ils avoient si bien disposé les choses pour parvenir à leur dessein, que sans la valeur & le sçavoir faire de leur Gouverneur, tout ce qu'il y avoit d'Officiers de la Compagnie eût esté exterminé, & toute l'Isle dans une desolation si effroyable, qu'elle feroit horreur à ceux qui sçavent ce que c'est de tomber sous la domination des seditieux, lors qu'ils triomphent de la veritable authorité.

A peine quatre jours s'estoient écoulez à rasseurer les esprits des quartiers de la Basseterre de cette pauvre Isle, & à faire recherche des chefs de la derniere sedition, que le Gouverneur fut averti que le sieur Massé, d'ailleurs honneste homme & l'un des principaux de ce quartier, s'estoit laissé emporter au torrent, & persuader par les plaintes des peuples, jusqu'à souffrir que les assemblées des mécontens se fissent chez luy, lesquels avoient dé-ja envoyé un nommé du Guain, pour solliciter un habitant du Prêcheur nommé Le Roy, de vouloir accepter la charge de Syndic du peuple.

Le sieur Rosselan se chargea aussi en mesme temps de porter une lettre à Monsieur de Valmeniere, Gentilhomme de merite & Capitaine de cavalerie, par laquelle il estoit prié de se vouloir declarer le chef & le Protecteur du peuple. Ce Gentilhomme receut cette lettre dans le fonds de Canouville, où il faisoit faire un canot ; & apres qu'il l'eut leuë il la mit dans sa poche, & dit à Rosselan : *Que chacun fasse son devoir ; les plus courtes folies sont toûjours les meilleures :* & il s'en vint peu de temps apres apporter sa lettre au Gouverneur.

Le Gouverneur qui estoit fidellement averti de ce qui se passoit avant la venuë de Rosselan, le fit appeller en arrivant, & l'ayant tiré à part & demandé quelles bonnes affaires l'amenoient au Fort, Rosselan tout surpris & chancelant, tâcha de déguiser son voyage, en pretextant quelques affaires indifferentes. Mais le Gouverneur luy ayant dit d'un ton plus fier & plus élevé, qu'il y alloit de sa vie si il ne luy disoit la verité, il changea de couleur, & luy avoüa en tremblant, qu'il avoit apporté une lettre à Monsieur de Valmeniere ; & dit aussi la réponse qu'il luy avoit faite. Le Gouverneur le questionna fort long-temps, & aprés avoir tiré de luy tout ce qu'il vouloit sçavoir, il l'envoya prisonnier dans vn navire qui estoit à la rade.

Le mesme jour une femme prudente du fonds de Canouville, ayant veu que cinquante hommes estoient venus la nuit dans sa maison, & avoient eu de grandes conferences avec son mary, & qu'ils luy avoient promis d'amener deux cens la nuit suivante, pour marcher où estoit le Gouverneur ; apprehendant sa perte, vint trouver un Pere Jesuite qui estoit son Confesseur, auquel elle découvrit toute l'affaire, & le pria d'aviser avec elle aux moyens de sauver son mari. Le Pere Iesuite luy conseilla de venir avec luy trouver le Gouverneur, & il luy promit qu'avant que de luy rien découvrir, il le prieroit avec tant d'instance, qu'il obtiendroit le pardon de son mari : ce qu'il fit, & l'ayant obtenu assez facilement, ils luy découvrirent toute la conjuration.

Le Gouverneur envoya à la mesme heure prendre cet homme, lequel estant arresté, cette malheureuse entreprise fut dissipée, dans la pensée qu'eurent ceux qui la composoient, que l'affaire estant decouverte, le Gouverneur auroit pris des mesures pour les détruire. L'affaire de la Cabsterre restoit encore en son entier, & paroissoit d'autant plus dangereuse & plus difficile, qu'elle se faisoit dans vn lieu plus éloigné du Gouverneur, & d'vn plus difficile accez. Le sieur Massé & ceux de son parti estoient dans l'attente de la réponse de leurs lettres, & de la disposition de ceux ausquels elles estoient écrites, sans qu'ils sçeussent rien de la prise de du Guain & de Rosselan. Cela fit haster le Gouverneur incontinent aprés l'arrivée du sieur de Valmeniere, d'envoyer le sieur du Chesne Lieutenant de ce quartier, avec douze soldats de la Compagnie du Gouverneur dans sa chaloupe à la Cabsterre: & comme l'artifice estoit plus propre & plus necessaire que la force en cette occasion; il luy donna ordre de faire semblant de prendre prisonnier le sieur Planson Commis de la Compagnie, dont les habitans faisoient de grosses plaintes.

Il écrivit aussi vne lettre fort civile au sieur de Verpré l'un des Capitaines de ce quartier, qui avoit épousé la fille du sieur Massé, par laquelle il luy mandoit que Monsieur du Chesne luy communiqueroit vne affaire assez fascheuse, mais qu'à sa consideration il la vouloit traiter le plus doucement qu'il luy seroit possible.

Monsieur du Chesne arrivant à la grande Ance de ce quartier, fut découvert par les habitans, qui coururent aux armes & le conduisirent cottoyant la mer, & faisant mine de tirer sur luy, jusqu'au Marigot où il devoit descendre & demeurerent armez dans les lisieres du bois, jusqu'à ce qu'ils le virent repartir.

Monsieur du Chesne ne manqua pas de remontrer au sieur de Verpré, que son Beau-pere s'estoit engagé dans vne mauvaise affaire, & que le seul moyen de s'en retirer estoit de se servir de la bonne disposition du Gouverneur, & de l'envoyer avec luy pour moyenner luy-mesme son accommodement. Le Gendre y fit resoudre son Beaupere; mais ce fut à condition qu'il ne seroit point arresté prisonnier; & Monsieur du Chesne le luy accorda, quoy-qu'il n'en eust aucun ordre du Gouverneur. Tout cela se fit à petit bruit & avec vne adresse & vne diligence merveilleuse, sans que les autres mutinez

tinez eussent le temps de faire aucune reflection sur ce qui se passoit : de sorte que le sieur Massé pensa mourir de peur lors qu'il se vit prisonnier dans le vaisseau, qui estoit à la Rade, où le Gouverneur le fit mettre aussi tost qu'il fut arrivé, nonobstant la parole que le sieur du Chaisne avoit donné à son gendre. Mais plusieurs honnestes gens reguliers & seculiers, qui sçavoient fort bien qu'il y avoit plus de facilité & de foiblesse dans sa faute, que de malice, firent de si pressantes sollicitations auprés du Gouverneur, qu'ils obtinrent sa liberté à la caution de son gendre ; & ce ne fut qu'aprés le jugement des criminels, & encore sur vn plus ample informé.

Rosselan courut le mesme sort : mais les deux Chefs de la sedition de la Case pilote furent pendus, & il arriva vne chose assez considerable au deuxiéme, qui pensa ne le pas estre. Car la corde s'estant rompuë par deux fois, il fut remonté jusqu'à la troisiéme fois, & l'on le laissa mourir au gibet sans le secouër, de peur de ne pas trouver de corde, (laquelle estoit fort rare dans l'Isle) pour le pendre vne quatriéme fois. Leurs testes furent portées & mises sur des posteaux devant le magasin, qu'ils avoient commencé de piller. Les autres furent condamnez aux galeres, & embarquez pour y estre conduits ; mais ils furent assez heureux pour estre mis dans vn navire François, qui fut pris comme Holandois, par vn navire d'Angleterre. Tous les condamnez aux galeres n'en furent pas fort faschez ; & ils s'offrirent bien volontiers à prouver cette fausseté, pour avoir leur liberté ; & le Gouverneur de l'Isle de la Iamayque ne fut pas si delicat que plusieurs autres qui ne voulurent jamais juger sur ce témoignage, qui neantmoins luy parut plus que suffisant pour declarer que ce navire estoit de bonne prise, & pour donner la liberté à ses témoins.

Monsieur de la Barre qui estoit encore à la Martinique, fut prié par le sieur de Clodoré Seigneur de la Compagnie, de vouloir donner son avis sur le jugement que l'on devoit asseoir sur les chefs de cette troisiéme sedition, qui estoient prisonniers & convaincus : & je le mets icy d'autant plus volontiers, qu'il est plus que suffisant pour faire voir que celuy qui a donné à Clousier, *La relation de ce qui s'est passé dans les Isles de l'Amerique pendant la guerre entre la France & l'Angleterre*, disant au fueillet 18. *que l'on a mal à propos qualifié de titre de sedition, quelques petits remuëmens, lesquels sont arrivez avant cette derniere sedition*; a esté ou ignorant, ou assez malitieux pour ternir par ce coup de langue, la gloire de ceux qui ont exposé leur vie pour les reprimer, & sauver toutes les Isles; ainsi que le Roy, la Compagnie, & tous les Gouverneurs des Isles l'ont témoigné.

Avis de Monsieur de la Barre, sur une sedition à la Martinique.

MONSIEVR de Clodoré Gouverneur de la Martinique, m'ayant fait la grace de me prier de luy donner mon sentiment dans l'occurrence des affaires qui se sont présentées depuis quinze jours, au sujet des émotions populaires qui s'y sont faites; j'ay creu que l'interest considerable que j'ay dans la Compagnie, m'obligeoit de ne le luy pas refuser. Et ainsi après avoir examiné les affaires, qui se reduisent à deux principales actions,

Dont la premiere est vne assemblée, à port d'armes, & son de tambour, à la Case pilotte, faite par vne troupe de gens peu considerables, accompagnée de discours & desseins seditieux, allant directement contre les intentions du Roy, & l'interest de la Compagnie, *Qui eust eu des suites sans doute plus fascheuses, si elle n'eust esté prevenuë & dissipée par la vigilance & la vigueur extraordinaire dudit sieur de Clodoré, Gouverneur*: de laquelle action l'on tient les principaux auteurs & complices prisonniers, avec preuves juridiques & suffisantes.

La seconde est, une lettre écrite par un homme de peu, en presence & par la suggestion d'une personne de quelque consideration en cette Isle, adressante à une personne de service & de consideration de cette mesme Isle, pour l'inviter à se faire chef des habitans de la Cabsterre, qu'il faut connoistre se trouver dans les mesmes desseins & pensées que ceux de la Case pilote, de laquelle action il y aura, quand on voudra, des preuves suffisantes & convaincantes.

J'estime qu'il faut auparavant que de donner mon sentiment, examiner deux choses considerables. La premiere est, l'estat de l'Isle, & la disposition des esprits : la seconde, l'interest de la Compagnie.

Quant à la premiere, nous devons faire deux classes des habitans de cette Isle, en gens qui ont du bien & quelque chose à perdre; & en ceux que la fortune & la naissance a également dépourveus de biens & des moyens d'en acquerir; & considerer ces deux sortes de personnes, comme ulcerées de ce que sa Majesté a deffendu le commerce de ces lieux aux étrangers, & persuadez qu'elles en recevront vn notable prejudice en leur commerce, biens & affaires : Avec cette difference toutefois, que les premiers enseveliffent leurs pensées dans le silence; & les seconds les font paroistre dans leurs discours, actions & écrits, qu'ils pretextent d'un manquement des choses necessaires à la vie, d'une cherté extraordinaire, & mauvaise qualité de si peu qu'il en est venu icy, & d'une arrogance & mauvaise conduite des Commis particuliers dans les quartiers de l'Isle.

Pour la seconde, il est constant que la Compagnie n'ayant pû dés ces commencemens fournir les Isles des choses necessaires, avec la mesme abondance que faisoient les étrangers, qui avoient entrepris le commerce depuis plus de vingt ans, & qui en faisoient leurs principaux negoces; son interest est de faire cesser pareilles plaintes, appaiser ces emotions, & dissiper ces factions de gens de neant, qui pourroient avec le temps, entraisner à leurs cabales des gens plus considerables, & jetter dans leur parti la meilleure partie des habitans de cette Isle; soit par inclination, soit par crainte des seditieux; & remettrant le calme dans les esprits, donner lieu à tout le monde de reprendre les pensées du travail interrompû, par la naissance des nouvelletez où l'esprit du François se porte par vne naturelle inclination.

Pour à quoy parvenir, j'estime deux choses necessaires;

vne prompte fin aux affaires commencées, & asseurance de pardon pour tous ceux qui ont lieu de craindre ; & que l'on fasse en sorte que par quelque chastiment d'vn petit nombre, & vn pardon pour le reste, la peine tombe sur peu, & la crainte sur tous : sans que neantmoins le remords du passé les puisse troubler à present.

J'appuye cette opinion sur deux raisons. La premiére sur la consideration des forces des habitans de cette Isle, que toutes celles de la Compagnie ne sont en estat de reduire, s'ils avoient entierement secoüé le joug & pris alliance avec les Anglois, qui dans la belle humeur où ils sont, ne trouvent rien à refuser de ce qui les peut rendre plus puissans & considerables en ces pays. Ioignez-y, que ces nouvelletez servent d'vn entretien continuel à tous les peuples, nourrit leurs esprits d'vn secret poison contre la Compagnie, qui pourroit enfin produire de tres-mechans effets dans les suites. Ce qui cessera d'estre, si-tost que ne se parlant plus de ces choses, d'autres occuperont l'esprit & l'entretien des François, amateurs de toutes nouvelletez.

La seconde est, que la Compagnie pouvant & voulant dans les suites pourvoir plus abondamment aux necessitez de ces peuples, les soins joints avec la clemence dont on vsera avec ces gens, ostera enfin de leurs esprits les simples impressions, & peut-estre le desespoir où une trop grande severité les pourroit porter. Ajoustez y, que dans les grandes & dangereuses maladies, il est quelquefois fort utile de changer de remedes, *Et que la severité que l'on a exercée contre la premiere sedition, n'ayant fait qu'en allumer deux autres ensuite*, je voudrois essayer si la douceur ne rameneroit point plustost les esprits, que la rigueur des supplices aigrit plustost qu'elle ne contient ; & vser de clemence dans le temps que l'on est en pouvoir de faire les plus grands & éclattans chastimens. Ce n'est pas que je voulusse par vne molle tolerance, donner lieu à une dangereuse pensée dans l'esprit de ces peuples, que nostre crainte eusse retenu nostre bras, & que l'apprehension des suites l'eust emporté sur nous, à ce qu'en pourroit exiger vne justice bien reglée. Ainsi je suis d'avis,

Que l'on acheve le procez des coupables de la sedition de la Case pilotte. Et comme il me paroiſt par les charges, que l'on ne peut aſſeoir autre jugement que de mort contre les plus coupables; qu'on expie par une victime le crime de tant d'aveuglez, & que l'on pardonne au reſte: ſi ce n'eſtoit que l'on conneuſt parmy les priſonniers, quelque eſprit factieux & capable de faire de nouvelles cabales; auquel cas il ſeroit bon de le punir, mettant au ſurplus tous les autres dans une ſeureté entiere, pour ce qui peut concerner leur malheureuſe entrepriſe.

Et quant à l'affaire de la Cabſterre, je voudrois en tirer des preuves contre les accuſez & priſonniers, capables de les perdre, en cas de recidive, & me contenter en ſuite de cela; & ſur une requeſte qu'ils preſenteroient, ordonner qu'ils ſeroient quant à preſent élargis, en donnant bonne & ſuffiſante caution de ſe repreſenter à toutes aſſignations qui leur ſeroient données pour le ſujet de cette accuſation : ce que j'aimerois mieux qu'un jugement de Plus amplement informé, & cependant élargis; parce que la caution donnée de ſe repreſenter, leur fera conſiderer avec plus de crainte, leur accuſation ſubſiſtant, qu'un élargiſſement pur & ſimple, & donne plus de lieu de leur repreſenter à la premiere occaſion de leur part, la procedure encommencée, qui demeure en ſa force & vertu. C'eſt mon advis. Donné à la Martinique le 20. Juin 1665. Signé LE FEVRE DE LA BARRE.

§ IX.

Messieurs du Lion & de Chambré envoyent du secours à Monsieur de Clodoré, & le second allegue des Raisons de ces soûlevemens.

Monsieur du Lion ayant eu advis de l'estat auquel se trouvoit Monsieur de Clodoré, qui n'avoit pour luy que les Officiers, & les plus honnestes habitans, entre lesquels il y en avoit quelques-uns de suspects, qui s'estoient persuadez qu'en secoüant le joug de la Compagnie, ils faisoient un sacrifice à Dieu, un service au Roy, & un bien au public.

Il luy envoya promptement la Compagnie de la Jeunesse de son Isle, & plusieurs Volontaires, commandez par M. Inselin, son Lieutenant; & M. de Chambré ayant fait tous ses efforts pour se rendre à la Martinique avec 200. bons hommes, & ayant esté contraint de relascher, tout malade, il luy envoya par un autre navire, la Compagnie auxiliaire; mais tout ce secours arriva trop tard, tout ayant esté terminé avant mesme qu'il fust en mer.

Monsieur de Chambré faisant un peu de reflexion sur les seditions de la Martinique, dit dans une lettre qu'il écrit à M. de Clodoré sur ce sujet, qu'elles n'ont esté causées que par deux sortes de gens : premierement par la canaille, qui dans le desir de piller les riches, s'y portent avec passion, sans penser à la consequence. En second lieu par les Marchands, qui par l'interdiction du commerce sont demeurez sans fonctions, leurs magazins vuides, & leurs fortunes ruinées.

Il me semble neantmoins que cette premiere cause est inseparable de toutes les seditions qui se font au monde; & je

Des Ant-Isles de l'Amerique.

ne doute pas qu'elle n'ait eu quelque part dans les soûlevemens de la Martinique : Mais je croy aussi qu'elle se rencontre moins dans les Isles qu'en quelque autre lieu du monde : parce qu'il y a moins d'argent, de vaisselle, de bijoux, & d'autres meubles prenables, qui sont ordinairement la proye de la canaille dans les seditions : de sorte que toutes les richesses des Isles ne consistant qu'en terres, Negres, ou bestail, qui ne se peuvent cacher ; il les faudroit infailliblement rendre, apres que l'ordre seroit restably.

La seconde raison semble avoir un peu plus de fondement : puis qu'il est indubitable que ces Marchands de relais ont fomenté de tout leur cœur la sedition, & auroient esté bien aises que la Compagnie y eust succombé, pretendant qu'elle leur ostoit le pain de la main, & qu'elle mesme ne pourroit jamais subvenir à ce qu'elle avoit entrepris.

Mais pour en dire sincerement la verité comme je la pense, je croy qu'il faut chercher la cause de tous ces soûlevemens, dans une haine inveterée des peuples contre le nom de Compagnie, & de ses Commis, excitée par deux pretextes specieux, qui ont toûjours esté adroitement tenus devant les yeux des habitans, par ceux qui vouloient estre les maistres du commerce, au préjudice des Compagnies.

Le premier a toujours esté fondé sur le peu de secours, tant de la premiere que de la seconde Compagnie, & sur l'oppression & les friponneries de quelques Commis : & le second sur la cherté des danrées qu'ils debitoient dans toutes les Isles.

Les quatre premiers Partisans qui voulurent sous le nom de Monsieur le General de Poinci, devenir les maistres du commerce de l'Isle de S. Christophe, au préjudice de la premiere Compagnie, laquelle n'a jamais esté en estat d'y subvenir, se servirent de ce premier pretexte pour parvenir à leur fin : & prenant occasion de leur impuissance & du peu de secours qu'elle envoyoit aux Isles, ils persuaderent à Monsieur de Poincy d'establir des magazins, d'y faire mettre toutes les Marchandises des Hollandois, de s'en rendre le garand, & de faire leurs deniers bons, moyennant quatre pour cent. La diſtribution en eſtoit enſuite faite, apres une taxe aſſez haute par ces quatre perſonnes, & quelques ſous-Commis, qui ont fait plus de bruit & de friponeries, que tous les Commis de la premiere & de la ſeconde Compagnie.

C'eſtoit veritablement Monſieur de Poincy, & ces quatre perſonnages qui faiſoient tout le commerce de cette Iſle : Et bien que les Hollandois n'y paruſſent avoir qu'un guain fort modique, ils avoient par ce moyen, tout le fret, qui eſt fort conſiderable, & attiroient tout le commerce de cette Iſle, & tout le bien des habitans dans leur pays.

Les Officiers de la compagnie ne manquerent pas de s'en plaindre, & ces quatre Partiſans, & leurs Commis, qui s'enrichiſſoient par ce commerce, appuyez de l'autorité de Monſieur de Poincy, commencerent à deſcrier la Compagnie & ſes Officiers, & ils ſceurent ſi bien empauſmer les eſprits, qu'elle y devint en tel horreur, que perſonne n'en oſoit parler qu'en la maudiſſant. Et ce different entre les Officiers de la Compagnie & ceux qui faiſoient ce commerce s'aigrit à tel point, que Monſieur de Poincy ſe ſervant de la diſpoſition des peuples, chaſſa de cette Iſle l'Intendant, les Commis de la Compagnie, & tous ceux qui voulurent prendre leurs intereſts.

Ce venin ſe gliſſa preſque par les mêmes intrigues dans les autres Iſles : & quoyque les Commis de Meſſieurs les Gouverneurs ne fuſſent pas plus ſages ny plus moderez que ceux de la Compagnie, neantmoins la puiſſance, l'authorité, & l'artifice des Gouverneurs preſens & de leurs creatures, avoient tellement confirmé les peuples dans cette averſion, qu'ils ſe ſervoient du nom de Compagnie, comme de la teſte du loup, pour en faire horreur au menu peuple & aux petits enfans. Cependant ils faiſoient leurs affaires, & s'enrichiſſoient aux dépens du peuple & de la Compagnie, laquelle ils ont enfin pouſſé juſqu'à la reduire à leur vendre toutes les Iſles pour un morceau de pain. Et depuis ce temps, l'on peut bien croire qu'ils n'ont obmis aucune choſe, pour confirmer les peuples, dans l'averſion & dans la haine que
l'on

l'on leur avoit inspirée contre la Compagnie, pour empefcher qu'elle n'y rentraft jamais, & qu'ainfi ils demeuraffent les maîtres de tout le commerce, & n'y fuffent éclairez de perfonne.

Le fecond pretexte dont l'on s'eft toûjours fervi, comme du plus plaufible moyen pour fouflever les peuples contre les Compagnies, a efté la cherté des traites qu'elles envoyent de France pour eftre debitées dans le pays, lefquelles eftoient ordinairement venduës plus cher que celles des Hollandois.

C'eft encore le fecond pretexte dont les mutins (je ne dis pas les bons habitans, les gens d'honneur, & d'efprit) fe font fervis pour faire fouflever la racaille des Ifles contre les Officiers de la derniere Compagnie, lefquels fous pretexte que les Hollandois donnoient leurs traites à meilleure compofition qu'elle, pretendoient qu'il eftoit injufte de leur empefcher le commerce avec eux.

Ie ne doute pas que la nouvelle Compagnie, qui avoit fait de grandes dépenfes pour faire valoir la conceffion que le Roy luy avoit faite de toutes les Isles, auffi-bien que pour y foûtenir tout le commerce qu'elle avoit entrepris à l'exclufion des Eftrangers, n'ayt efté obligée de prendre garde à elle, & tafcher de retirer quelque guain de fes traites, pour continuer avec honneur ce qu'elle avoit commencé. l'avoüe auffi que n'ayant pû, d'abord, prendre toutes les mefures neceffaires pour faire les profits fecrets dont les Hollandois eftoient de longue-main en poffeffion, il luy a efté impoffible de donner fes marchandifes à fi bon compte qu'eux. Mais il faut en mefme temps demeurer d'accord que cela alloit à tres-peu de chofe, & que les Hollandois avoient fouvent commis plus d'excez en cette matiere, que la Compagnie, fans que jamais les habitans euffent fait aucun bruit, ni couru aux armes, comme l'averfion qu'ils avoient contre la Compagnie, leur a fait faire dans les dernieres émotions de cette Ifle.

Il n'eft pas hors de propos d'approfondir un peu cette matiere, & de faire voir qu'il eftoit aifé aux Hollandois de donner leurs Marchandifes à bon compte, & mefme de ne fe pas soucier d'y perdre quelque chose, pourveu que par l'abondance qu'ils entretenoient dedans les Isles, ils se maintinssent dans l'amitié des peuples, & y conservassent leur commerce; ayant d'ailleurs trois moyens infaillibles de se recompenser au centuple.

Premierement, ils estoient asseurez de ne jamais retourner à vuide, & d'avoir tout le fret des marchandises, qui les pouvoit recompenser de toutes leurs pertes, & en mesme temps obliger les autres nations à venir chercher chez eux toutes les marchandises des Ant-Isles.

Le second moyen estoit vn double profit qu'ils faisoient sur les factures tant des marchandises provenantes des Isles, que de celles qu'ils y renvoyoient pour le compte des habitans; prenant des unes & des autres trois pour cent. Il faut sçavoir la quantité des marchandises qui sortent des Isles, & celle des danrées que l'on y envoye tous les ans, pour concevoir où peut aller ce guain.

En troisieme lieu l'argent provenant des marchandises des habitans, leur demeurant entre les mains sans qu'ils en payassent aucun interest, leur donnoit lieu d'en profiter eux-mesmes, de le faire valoir, & de se bien recompenser du bon marché de leur traite, & de faire des profits sur les habitans, incomparablement plus grands que ceux que la Compagnie pouvoit faire par la cherté de leurs danrées. C'est ainsi que les pauvres habitans des Isles ont esté leurez par ceux qui ont voulu se rendre maistres du commerce & s'enrichir à leurs dépens; & il ne faut point chercher d'autre source des soûlevemens de la Martinique, que l'aversion qui a este inspirée aux peuples contre la Compagnie, par ceux qui se voyant décheus du commerce dont ils estoient en possession, ont tenté toute sorte de moyens pour y rentrer.

§. X.

Piraterie des Anglois dans les Ant-Isles: Ils abandonnent l'isle de sainte Lucie, & prennent celle de Tabac & de S. Eustache sur les Hollandois.

LEs Fribustiers, ou Avanturiers Anglois des Ant-Isles, prevoyant bien que l'interest que Sa Majesté Tres Chrétienne prenoit dans leur accommodement avec les Hollandois nous broüilleroit infailliblement avec eux ; commencerent, à leur ordinaire, leur piraterie dans ces isles, plus de huit mois avant la declararion de la guerre. Car dés le mois de Juillet 1665. quatre ou cinq Avanturiers de la Jamayque, s'emparerent à la hauteur de la Vermude, du navire mommé la Fortune, appartenant à la Compagnie, sous pretexte qu'il y avoit quelques Hollandois embarquez dans son bord : & en continuant jusqu'à la declaration de la guerre, ils nous prirent ou pillerent encore sept ou huit barques, tant à la Compagnie qu'à divers particuliers, comme j'ay dit cy-devant. Le sieur de Mondifort, Gouverneur de la Jamayque, fit en ce mesme temps la friponnerie de confisquer le navire du sieur Girault, apres luy avoir donné sa parole & sa permission de traitter dans son Isle ; sans que l'on ait jamais pu avoir aucune raison ny justice du Milord willougby, ny de luy ; quoy que tous ces outrages ayent obligé Messieurs de Clodoré & de Chambré de deputer vers ce Milord Monsieur du Blanc, afin de luy en demander satisfaction, comme nous dirons bientost.

Pendant que ces brigandages s'exercent dans les Isles, au grand dommage de la Compagnie & des habitans de ces Isles, six deputez du Gouverneur & des habitans de l'isle de sainte Lucie arriverent dans un bateau à la Martinique, & declarerent de leur part, en presence de Messieurs de Clodoré, de Chambré, & du Conseil souverain, qu'ils s'estoient

Hh ij

emparez de cette isle, ne leur croyant faire aucun tort : mais que Dieu leur avoit fait connoistre qu'ils avoient usurpé le bien d'autruy, par les chastimens qu'il leur avoit fait ressentir, qui estoit tel que le flux de sang, la famine, les guerres, & les incursions continuelles des Sauvages, les avoient reduit de 1500. à 89. & supplioient tres-humblement ces Messieurs de vouloir reprendre cette Isle, & tout ce qui leur appartenoit, & leur donner des barques pour les transporter dans une autre terre.

Nos Messieurs se disposoient pour aller reprendre cette Isle, lors que le sieur Robert Kouek qui en estoit Gouverneur, ayant receu quelque esperance de secours du Milord Vvilloughby, envoya desavouër ses deputez : & neantmoins quelques jours apres la misere luy faisant perdre patience, il se resolut avec le pitoyable reste de sa colonie, à une desertion autant honteuse, que son usurpation avoit esté injuste. Car un Forban de cette nation qui avoit besoin de soldats, les débaucha, & sixiéme de Ianvier 1666. le Gouverneur fit mettre le feu au Fort, & abandonna l'Isle à ceux qui s'en voudroient emparer. Cependant une barque du Milord Vvilloughby chargée de vivres, de munitions, & de tout ce qui leur estoit necessaire, y arriva deux jours apres, qui n'ayant trouvé que la cage, fut porter la nouvelle au Milord que les oyseaux s'estoient envolez.

Environ ce temps l'Isle de Tabago, scituée sous le onziéme degré seize minutes au Nord de la ligne Equinoctiale, que le sieur de Rochefort décrit sous le nom de nouvelle *Oüalcre*, & à laquelle il attribuë avec des exagerations ridicules & fausses pour la plus part, tout ce que j'ay dit de beau & de bon de toutes les Ant-Iles de l'Amerique ; fut prise par sept advanturiers Anglois, arrivez en ce lieu dans deux fregates & deux barques mediocres. Cette Isle estoit au rapport de ce mesme Auteur, dés l'an 1655. munie de trois forteresses, dont il y en avoit deux presque imprenables, & habitée par douze mille habitans. Il est vray qu'elle n'estoit plus gouvernée par le brave Gentilhomme nommé de Beveren, auquel il donne tant de beaux éloges ; mais par un Orfevre, qui sçavoit mieux batre l'or sur une enclume, que les ennemis à coups d'epée, de mousquets & de Canons.

 Ce brave Commandant (car la haute puissance des Estats ne les appelle pas Gouverneurs) estoit dans un bon Fort, où il y avoit douze pieces de canon avec 150. soldats, sans les habitans desquels il pouvoit estre secouru, s'il eust fait un peu de resistance : mais il se contenta d'une composition des Anglois qui le prirent prisonnier de guerre, & accorderent aux habitans de demeurer dans l'Isle, à condition de prester le serment de fidelité à sa Majesté Britannique. Mais apres que les Anglois eurent mis une bonne garnison dans le Fort, ils se moquerent de la capitulation, pillerent tous les habitans, & envoyerent à deux diverses fois à la Martinique, tous les François qu'ils trouverent dans l'Isle de Tabac, sans en avoir averti ni pris aucun ordre du Gouverneur ; comme ils le devoient faire.

 Peu de temps apres, les Hollandois perdirent encore l'Isle de S. Eustache, qui n'est à proprement parler, qu'un fort naturel de quatre lieuës de circuit, escarpé presque de toutes parts, ayant sur la falaise de la Rade un Fort qui la commande, lequel a esté construit par Monsieur de Cahusac, Chef d'une belle Esquadre de sa Majesté tres-Chrétienne que le Cardinal de Richelieu envoya dans les Isles, en l'année 1635. & il est constant que les Hollandois ne se sont emparez de ce Fort que parce qu'il sembloit estre negligé par les François.

 Cette Isle si forte d'elle mesme, qui avoit du monde plus qu'il n'en falloit pour la defendre contre une armée, fut conquise par deux cens Boucaniers, commandez par le Colonel Morgan Anglois, mais apres une foible resistance d'un voilier qui en estoit le Commandant : & il est constant que sans quarante ou cinquante François qui estoient avec eux, lesquels combatirent presque seuls, les Anglois ne l'eussent jamais emportée.

 Outre les richesses qu'ils y pillerent, ils profiterent encore de plus de 500. negres & d'une grande quantité de bestiaux. Nous verrons dans le livre où je traiteray de nos guerres avec les Anglois, reprendre ces deux Isles par nos braves François, avec un peu plus de gloire.

TRAITÉ IV.

DE CE QUI S'EST PASSÉ, TANT DANS l'acquisition & prise de possession des Isles dependantes de Malthe, que de celles de la Martinique & de la Grenade.

CHAPITRE PREMIER.

La Compagnie traite des Isles dependantes de Malthe, avec Monsieur le Chevalier de Lomellini, Ambassadeur extraordinaire de cet Ordre.

BIEN-QVE la Compagnie des Indes Occidentales eust dé-ja, en vertu de l'Edit du Roy donné à Paris au mois de May 1664. pris possession des Isles de la Guadeloupe, de la Martinique, de Marigalande, & de la Grenade ; elle n'avoit pas encore traité avec les seigneurs & proprietaires de ces lieux, de leurs droits & domaines ; ni avec les Chevaliers de Malthe, des Isles de S. Christophle, & de celles qui dependoient de cet Ordre, qui luy estoient absolument necessaires, pour faire valoir & reüssir le dessein qu'elle avoit d'attirer à soy tout le commerce de ces Isles.

Cette Compagnie eut assez de credit aupres de sa Majesté, pour l'engager à témoigner à son Eminence de Malthe, qu'elle desiroit que la Religion luy vendist tout ce qu'elle possedoit dans les Ant Isles habitées par la nation Francoise; & la Religion y ayant consenti, une Bulle fut expediée par le Grand Maistre de cet Ordre, le dixiéme d'Avril, à Monsieur le Chevalier de Lomellini, Grand Prieur d'Angleterre, & Ambassadeur extraodinaire auprés de sa Majesté tres-Chrestienne; dans laquelle il luy donne vn plein pouvoir de traiter des Isles de S. Christophle, de Sainte Croix, de S. Barthelemy, & de S. Martin; & de vendre à la Compagnie des Indes Occidentales, la propriété, la Seigneurie, & tous les droits que la Religion de Malthe avoit acquis dans ces Isles: & ce par un Contract, passé le vingtiéme May 1651. pardevant Vautier & Parque Notaires au Chastelet de Paris, entre Monsieur le Chevalier de Souvré, Baillif & Ambassadeur de cet Ordre vers sa Majesté tres-Chrestienne, d'une part; & Messieurs Berruyer & de Loine Directeurs de la premiere Compagnie, de l'autre, tous deüement autorisez pour cet effet.

Monsieur le Chevalier de Lomellini ayant fait voir sa Bulle aux Directeurs de la Compagnie des Indes Occidentales, les Seigneurs de cette Compagnie firent une assemblée generale, dans laquelle il fut arresté, que les seuls Directeurs, qui estoient alors Messieurs Bechameil, Bibault, Hoüel, Bertelot, & Dalibert, signeroient le Contract.

Ces Messieurs furent prés de trois mois à negocier, avant que de demeurer d'accord des conditions du Contract, qui fut passé pardevant les Notaires du Chastelet de Paris, le dixiéme d'Aoust, par lequel il paroist que Monsieur Lomellini, en vertu de son pouvoir exprimé dans sa Bulle, vend à la Compagnie des Indes Occidentales non seulement la proprieté, la Seigneurie, & tous les droits appartenans à son Ordre dans les Isles sus-nommées, sans garantie, restitution de deniers, ni recours quelconque, sinon des faits & promesses de cet Ordre à la Compagnie; mais encore les habitations, terrains, bastimens, équipage, Canons, negres, bestiaux, de quelle qualité qu'ils soient, moulins à sucre, les munitions, les armes, les meubles d'hostel, les sucreries, avec leurs ustencilles; & generalement tout ce qui appartient & peut appartenir à la Religion de Malthe, estant presentement en nature: & le tout pour la somme de cinq cens mille livres tournois, payable comme il est porté plus au long par le Contract.

Ie mets icy cette Bulle que j'ay traduite en François, afin que tous ceux qui liront ce livre, entendent ce qu'elle contient. Ie mets ensuite la deliberation de l'assemblée generale de la Compagnie, qui donne pouvoir aux Directeurs de traiter de cette affaire avec cet Ambassadeur, & de signer le Contract.

Traduction de la Bulle de son Eminence de Malthe, donnée à Monsieur le Chevalier de Lomellini son Ambassadeur prés de sa Maiesté trés-Chrestienne.

FR. DOM NICOLAS COTTONEO, par la grace de Dieu humble Maistre de l'Hospital de S. Iean de Ierusalem, & de l'Ordre militaire du S. Sepulchre de Nostre Seigneur, & Gardien des Pauvres de Iesus-Christ.

A Venerable Religieux du mesme Ordre & Convent, nostre tres-cher en Iesus-Christ Estienne Marie Lomellini, Prieur de nostre Prieuré d'Angleterre, Salut en Nostre Seigneur, & Diligence dans l'execution des affaires à vous commises.

Comme la qualité d'Ambassadeur extraordinaire, à laquelle nous vous avons éleû, vous oblige d'aller en France pour y traiter quelques affaires de nostre Ordre : Nous, ayants une particuliere confiance en vostre prudence & integrité, avons jugé à propos de vous donner, comme en vertu de ces presentes Bulles nous vous donnons & accordons tres-ample pouvoir & faculté de droit requise, & generalement toute nostre autorité, pour pouvoir en nostre

nom

nom vendre, ceder, & aliener; & que vous vendiez en effet, cediez, & alieniez pour telle somme d'argent que vous trouverez bon, & sous telles conditions & conventions que vous jugerez à propos, les Isles de S. Christophle, de Sainte Croix, & autres en dependantes, que nostre Religion possede dans l'Ocean de l'Amerique, par la donation que luy en a fait sa Majesté tres Chrestienne par ses Lettres Royaux, expediez l'an mil six cent cinquante-trois, avec toutes leurs jurisdictions, domaines directs, proprietez, forts, biens meubles & immeubles, & tous autres droits & appartenances, que nostre Religion y a & y peut avoir en vertu de la susdite donation. Declarans que ladite vente, cession, & alienation doit estre faite à telles, ou telles personnes, ou Compagnie que le souhaitera sadite Majesté tres-Chrestienne, au bon plaisir de laquelle nous voulons obeïr. Et de plus de pouvoir passer & stipuler tous & quelconque instrument public, ou contract, sous les clauses & conditions necessaires. Promettans d'avoir pour fait & arresté pour toûjours, tout ce que vous aurez fait & conclû sur cette affaire, de mesme que si le tout avoit esté fait & conclû par nous mesme. Gouvernez vous donc en sorte dans cette affaire susdite, que vous nous donniez occasion de nous loüer de vostre negociation. En foy de quoy nos Sceaux ont esté attachez en plomb à ces presentes. Donné à Malthe en nostre Convent, le dixiéme jour d'Avril 1665.

Signé E. L. Chancelier, Dom Francisque de Torré, Pacheco de Cardenas. Et sur le reply, F. D. Emanuel Arias, Vice-Chancelier. Et à costé est écrit, Enregistré en la Chancellerie, & Scellé en plomb sur lacs de corde. Et au dos de ladite Bulle est écrit ce qui suit, Paraphé *ne varietur*, suivant le contract de vente passé pardevant les Notaires au Chastelet de Paris soussignez, ce jourd'huy dixiéme Aoust 1665. Fr. Estienne Marie Lomellini, Prieur d'Angleterre: Bechameil, Bibault, Houël de Sainte Marie, Bertelot, Dalibert, de Beauvais, & Monet.

Extrait des regiſtres des Deliberations de la Compagnie des Indes Occidentales.
Du Huitiéme de Iuillet 1665.

LA Compagnie extraordinairement aſſemblée, ayant eſté informée par Meſſieurs les Directeurs des diverſes negociations qui y ont eſté faites depuis deux mois, au ſujet de l'acquiſition des Isles de S. Chriſtophle, Sainte Croix, S. Barthelemy, & autres appartenantes audit Ordre en Amerique, dont ſa Majeſté a deſiré que ladite Compagnie traitaſſe, pour faciliter le commerce qu'elle a entrepris : Et ledit Ordre ayant envoyé un Ambaſſadeur extraordinaire vers ſa Majeſté, pour en convenir de prix ; il auroit eſté reglé à la ſomme de cinq cent mille livres, tant pour la ſeigneurie & proprieté deſdites Isles, armes, munitions, baſtimens, negres, negreſſes, meubles, beſtiaux, que pour tout ce qui appartient audit Ordre dans leſdites Isles ; payables aux termes & conditions qui doivent eſtre reglez. Sur quoy leſdits ſieurs Directeurs ayant deſiré avoir l'approbation de ladite Compagnie, avant que de paſſer outre à la ſignature du Contract qui en doit eſtre fait : Il a eſté arreſté que ledit Contract d'acquiſition deſdites Isles de S. Chriſtophle, Sainte Croix, S. Barthelemy, & autres appartenantes audit Ordre en Amerique, ſera paſſé par leſdits ſieurs Directeurs avec ledit ſieur Ambaſſadeur extraordinaire, & autres ayants pouvoir ; moyennant la ſomme de cinq cens mille livres payables aux termes qui ſont accordez, & ſous les autres clauſes & conditions dont on conviendra. Signé, Bechameil, Thomas, Bibault, Dalibert, Bertelot, Rambouïllet, Sabliere, Bechameil, Deſormes, Martel d'acier, Landais, Le Febvre, de S. Coſme, & Meniot. Au-deſſous eſt écrit ce qui ſuit.

Collationné à l'original, par moy Secretaire general de la

dite Compagnie : signé Daulier, avec paraphe *ne varietur*, suivant le Contract de vente pardevant les Notaires soussignez ce jourd'huy dixiéme Aoust 1665. signé F. Estienne Lomellini, Prieur d'Angleterre, Bechameil.

§ I.

Monsieur de Chambré prend possession de l'isle de Saint Christophle, & des autres isles, par des Procureurs.

AV mois de Novembre mil six cens soixante-cinq, Monsieur de Chambré, Agent General des affaires de la Compagnie, receut dans l'isle de la Guadeloupe, les contracts des acquisitions que la Compagnie avoit faites des Isles dependantes de la Seigneurie de Malthe, de celles de la Martinique, & de la Grenade ; & à mesme temps, la Commission de la part du Roy & de la Compagnie, de Gouverneur General de l'isle de S. Christophle, & de celles qui en dépendent, pour Monsieur le Chevalier de Sales. Il fit aussitost enregistrer toutes ces pieces au Greffe de la Guadeloupe, & partit incontinent apres, pour aller prendre possession de ces nouveaux acquests.

Il fut receu à S. Christophle par Monsieur de Sales, avec toutes les marques d'honneur & d'amitié qu'il en pouvoit desirer. Il luy fit voir les Lettres Patentes du Roy, le contract, la Bulle du grand Maistre de l'Ordre de Malthe, & quelques missives dont il estoit authorisé par la Compagnie : Et le troisiéme Decembre ensuivant il se transporta au Chasteau de la grande Montagne, accompagné de Dupas & de Tregret Notaires de cette Isle ; où il fit sommer Monsieur le Chevalier de Sales, en presence de Messieurs les Chevaliers de Roux & de Grivault, & de plusieurs Officiers, de le mettre en possession de ce que la Compagnie avoit acquis par ce contract, sous le bon plaisir de sa Majesté.

Monsieur de Sales qui en avoit eu un ordre particulier de sa Religion, luy repartit, qu'il ne luy empeschoit nullement de faire tous les actes necessaires pour acquerir à ses Maistres une valable & reelle possession, aux conditions portées par le contract de vente : & en mesme temps il luy mit la clef de la principale porte du Chasteau entre les mains.

Incontinent apres Monsieur de Chambré, Agent general des affaires de la Compagnie, prit possession au nom de ses Maistres, tant du Chasteau que de ce quartier de l'Isle de S. Christophle, avec toutes les ceremonies necessaires pour rendre la possession valable. Il les a descrites si exactement dans une de ses Lettres, que je crois estre obligé de les mettre icy dans les mesmes termes:

Ayant, dit-il, *receu la clef, i'en ouvris & fermay les portes. I'entray & ressortis. Ie descendis aux Officines, où ie fis faire feu & fumée, i'y beus & y mangeay. I'entray dans la Chapelle, & y fis celebrer la Messe, apres le son de la cloche. I'entray dans le corps de Garde, & i'en fis sortir la Garnison, & la fis rentrer sous l'autorité de la Compagnie des Indes Occidentales. Ie foüillay la terre, & tiray des pierres. Ie couppay des arbres par le pied ; & i'arrachay des herbes & en replantay d'autres : & ie fus en suitte sur le Perron, où ie fis tirer du canon, & crier Vive le Roy & la Compagnie.*

Le Verbal de cette prise de possession d'où j'ay tiray tout cecy, est du troisiéme Decembre mil six cens soixante-cinq, & est ainsi signé, De Chambré, le Chevalier de Sales, le Chevalier de Saint Laurent, le Chevalier de Grimault Beesques, du Guery, de la Grange, de Priamont, de Monviller, du Coudray, Duclos Poulin, & de Treger & Dupas Notaires, avec paraphes.

Le sieur du Guery, l'un des Seigneurs de la Compagnie, fondé en procuration de Monsieur de Chambré, passa à l'Isle de sainte Croix, & fut mis en possession de cette Isle par Monsieur du Bois, qui y commandoit alors pour la Religion de Malthe, le huitiéme de Decembre. Il estoit authorisé d'une procuration de Monsieur le Chevalier de Sales en datte du 4. Decembre 1665.

Il y a apparence que dans ce changement Monsieur du Bois ne receut qu'une commission de Gouverneur de la part de la Compagnie. Mais il me paroist par les Provisions de sa Majesté, expediées pour ce Gouvernement en sa faveur le 14. jour de Septembre 1669. qu'il y avoit déja une pareille Commission Royale de trois ans expirée. De sorte qu'adjoûtant le peu d'intervalle qu'il y a entre l'une & l'autre; il doit avoir esté honoré de la premiere tres-peu de temps apres la prise de possession de cette Isle par la Compagnie.

Le mesme sieur du Guery fut à S. Barthelemy, & le sieur Beauplan qui y commandoit, le mit en possession de cette Isle le 1. de Janvier 1666.

De là il passa à l'isle de S. Martin, & en fut mis en possession le 4. de Janvier 1666. par le sieur du Clivet, qui y commandoit en l'absence du sieur Le Fevre.

Ces deux dernieres Isles de S. Barthelemy & de S. Martin estoient de tres-petite consideration; & les Colonies qui les habitoient depuis leur établissement, s'estant plustost diminuées qu'accruës, elles ne faisoient pas en tout quatre ou cinq cens hommes lors que la Compagnie en prit possession. L'on m'a dit qu'il y avoit dix Sucreries dans Saint Martin: mais je crois que l'on y comprenoit celles des Hollandois. Le reste des habitans n'y faisoient que du petun, que l'on alloit querir avec des barques, qui alloient de temps en temps à ces petites Isles.

§ II.

Resolution de quelques difficultez qui arriverent à la prestation du serment de fidelité.

IE collige des Lettres de Messieurs de Sales, de Saint Laurent, & de Chambré, qu'encore que ce changement de Seigneurs se soit fait à l'égard des Gouverneurs, des Officiers, & des habitans, avec toute la soûmission & le respect qui est deû aux ordres & aux volontez du Roy; il y eut neantmoins plusieurs choses qui furent contestées, & qui donnerent bien du sujet aux uns & aux autres de se plaindre.

Il y avoit déja eu du desordre causé par les Commis de la Compagnie, qui avoit fait murmurer les habitans; & cela n'exigeoit que la presence de Messieurs de Sales & de Chambré pour y donner ordre : Mais il survint des choses de plus grande consequence desquelles Monsieur de Chambré témoigne dans la Lettre qu'il écrit à Monsieur de Clodoré, ne pouvoir arrester le cours. *Ie mettray*, dit-il, *ordre entre les Commis de Saint Christophle, mais non pas aux desordres qu'a causé un certain torrent : Le maistre de la barque vous le dira.*

Ie decouvre quel a esté ce torrent dans une autre Lettre de Monsieur de Sales, écrite le vingt-deuxiéme de Decembre 1666. où sont ces mots. *L'on a icy de la peine à se relascher de ne pas avoir des personnes commises pour la taxe sur les marchandises necessaires à la vie, dont la Communauté de l'Isle est en possession; & c'est ce que M. l'Intendant dit ne pouvoir accorder, non plus que la liberté du commerce avec les Anglois. Ie ne sçay ce qu'il en fera, puisque toute la Communauté demeure ferme, & cela neantmoins avec tout le respect qui se doit aux volontez du Roy.*

Cet illustre Chevalier ayant accepté le gouvernement general des 4. Isles aux mesmes conditions qu'il les possedoit sous l'autorité de son Ordre; & y ayant esté reconnû avec une joye indicible de tout le monde ; il fut question de recevoir le serment que tous les Estats de cette Isle devoient prêter au Roy, & à la Compagnie. Et ce fut en ce rencontre que toute la noblesse receut un coup qui luy fut presque aussi sensible que la mort. Voici comme M. de Sales en parle dans une autre lettre que j'ay en main. *Enfin la prestation de serment a esté faite avec beaucoup de froideur, en ce qui concerne les droits deus aux Seigneurs de la Compagnie : la pluspart des principaux s'estants adroitement retirez pour ne pas signer, sur ce que M. de Chambré leur refusa la ratification de leurs anciens privileges : ce qu'il leur devoit accorder, (à mon avis) de bonne grace, puisqu'ils se les maintiendront fort bien ; estans fondez par bonnes transactions. Je fus pareillement obligé pour l'interest de mon Ordre, de faire ma protestation, soit à l'acceptation de ma Commission, sous l'autorité de la Compagnie, soit à la prestation de serment ; pour ne pas prejudicier aux droits de mon Ordre, faute de non payement du prix des Isles dans les termes portez au Contract : Ces Isles ayant esté venduës à la moitié moins qu'elles ne valent, sans garentie, ni restitution de deniers, ni retour quelconque.*

Mais laissant à part la contestation de Monsieur de Sales pour les interests de son Ordre, il faut, pour bien juger du mécontentement des Officiers, sçavoir trois choses.

La premiere, que le droit de capitation fait le principal domaine, le plus solide & le plus asseuré revenu des Seigneurs de ce pays. Ce droit se leve Annuellement sur tous les habitans du pays, libres ou esclaves, depuis quinze jusqu'à 56. ans ; à la reserve des Ecclesiastiques, des Officiers, des Gentilshommes, des femmes & des filles blanches, pour leurs personnes, & des libres creolles, & leurs descendans, c'est-à-dire, tous ceux qui naissent dans le pays.

Monsieur du Parquet estant devenu seigneur des Isles de la Martinique, de Sainte Alousie, & de la Grenade, exempta tous les serviteurs blancs & noirs, de tous les Ecclesiastiques, de tous les Officiers, & de tous les Gentilshommes. Et le droit establi comme une loy dans cette Isle, commençoit à se pratiquer dans les autres, quoy que la premiere Compagnie eust toûjours esté si reservée sur l'exemption absoluë de ces droits, que les Religieux ne l'ont jamais pû obtenir que pour un nombre tres-modique de leurs gens : & je trouve mesme que Monsieur le General de Poincy se plaint aux Directeurs de la premiere Compagnie, de ce qu'elle ne luy exempté de ces droits capitaux, que soixante de ses domestiques.

La seconde est, que les Officiers de Saint Christophle avoient appuyé leurs anciens privileges dont ils avoient joüi depuis l'établissement des Colonies, sur de bonnes transactions faites lorsque la Religion des Chevaliers de Malthe prit possession de ces Isles, apres les avoir achetées des premiers Seigneurs des Isles de l'Amerique. Si bien que tous ces Messieurs pretendoient estre maintenus dans leurs privileges. Et voyant que Monsieur de Chambré avoit des ordres tous contraires, ils se retirerent tres-mal satisfaits de la Compagnie ; & particulierement Monsieur de Poincy, neveu de Monsieur le Baillif de Poincy, cy-devant General des Isles, auquel la Religion avoit accordé le tiers des droits du quartier où il commandoit, sa vie durant : Car il se voyoit non seulement privé de ce benefice, mais encore obligé à payer les droits de ses serviteurs & de ses esclaves. Ie n'ay neantmoins pas appris que Messieurs les Directeurs, ayent encore pressé les Officiers de payer ces droits.

La troisieme chose qui regarde la liberté du commerce entre les deux nations, c'estoit une chose (à mon sentiment) que la Compagnie devoit avoir accordé ; parce que c'estoit manifestement contrevenir au dernier concordat fait par Monsieur de Sales & le sieur Vvast Gouverneur des Anglois, en l'année mil six cens soixante-six, par lequel il est dit :

Que les Marchands de quelque nation qu'ils soient, ne refuseront des Marchandises qu'ils auront fretez sur la terre Françoise ou Angloise, au mesme prix qu'ils les vendent à la nation sur laquelle ils demeurent, à peine de deux mille livres d'amende & deux mille livres de petun, à l'habitant qui aura payé plus que le prix payable à la nation où est la faute commise.

Toutes ces choses firent (quoy qu'inutilement) regretter le Gouvernement de la Religion de Malthe : Et je ne sçay si je dois donner plus de loüanges à la prudente conduite de Monsieur de Sales, en moderant adroitement les esprits irritez fitez en cette occasion ; qu'à la modestie & retenuë de la noblesse & des Officiers, qui nonobstant le plus grand déplaisir qu'ils pouvoient recevoir, souffrirent avec patience, sans jamais faire paroistre aucune action qui tendist à la mutinerie, ny à la revolte : Et cela dans un temps le plus dangereux qui se vit jamais dans les Isles ; comme je le diray bientost.

Toutes ces difficultez furent neantmoins terminées à l'amiable, par l'accommodement suivant : Mais comme l'article de la liberté du commerce entre les deux Nations sembloit estre d'une plus grande consequence que tous les autres articles proposez par les habitans, Monsieur de Chambré exigea prudemment le sentiment & l'aveu de Monsieur le Chevalier de Sales, sur ce qu'il avoit à respondre & à conclure à l'égard de ce sixiéme Article qui en fait mention, avant que de signer cette Convention, qui mit tout le monde en repos.

Advis de Monsieur le Chevalier de Sales, pour la derniere réponse de Monsieur de Chambré aux Habitans de Saint Christophle, le vingt-quatriéme de Decembre mil six cens soixante-cinq.

NOUS soussignez le Chevalier de Sales, sur la requisition qui Nous a esté faite par Monsieur de Chambré, Agent General des Seigneurs de la Compagnie des Indes Occidentales de France, de luy donner nostre Advis par escrit sur les demandes que font Messieurs les Officiers & Habitans de cette Isle de Saint Christophle presentées à Mondit Sieur de Chambré, & nommement celle, Que les Accords & Concordats faits entre les deux Nations Françoise & Augloise habituées en cettedite Isle, soient ponctuellement conservez, pour l'entretien de la bonne union & correspondance d'icelle : Declarons qu'apres avoir eu communication de leurdite demande, & entendu desdits sieurs Officiers & Habitans leurs raisons, & notamment leur derniere Response par escrit, du vingt-cinquiéme du present mois, que Nostre Advis est, que mondit Sieur de Chambré accorde & promette ausdits Officiers & Habitans, qu'il ne sera rien innové ausdits Concordats arrestez entre lesdites deux Nations, à moins des ordres exprés de Sa Majesté. En foy de quoy Nous avons signé les presentes, à Saint Christophle ce vingt-quatriéme de Decembre mil six cens soixante-cinq.

Le Chevalier de Sales.

EXTRAIT DES MINVTES DV GREFFE
de la Basterre de l'Isle de Saint Christophle.

LEs Officiers & Habitans de cette Isle informez que Monseigneur son Eminence de Malthe, de l'avis de son sacré Conseil, auroit vendu aux Seigneurs de la Compagnie des Indes Occidentales, cette dite Isle de Saint Christophle, & dependantes, avec la seigneurie, proprieté, & droits qui leur appartenoient en icelle ; que mesme Monsieur de Chambré, Conseiller du Roy en ses Conseils, Agent General pour lesdits Seigneurs, en auroit pris possession ; requierent qu'avant la publication & enregistrement tant dudit contract de vente, que prise de possession, & prestation de nouveau serment, il plaise à mondit sieur de Chambré, leur accorder acte authentique au nom desdits Seigneurs, en vertu de sa commission, & du pouvoir à luy donné pour ladite prise de possession, comme ils seront conservez & maintenus dans tous les droits, privileges & exemptions dont ils ont iouy depuis l'establissement de cette Colonie, tant sous les Seigneurs de la premiere Compagnie, que sous mondit Seigneur son Eminence de Malthe, & qu'en consequence les articles suivants leur soient accordez.

ARTICLES contenans les pretétions de Mrs les Officiers & Habitans de l'Isle de S. Christophle, par eux presentez au S. de Chambré, Agent General des Seigneurs de la Compagnie des Indes Occidentales, le 25. de Novembre 1665.

REPONSE DV dit sieur de Chambré, sur les Articles des Officiers & Habitans.

ARTICLE I.

Qu'il leur soit permis une Communauté en corps, comme ils ont eu de tout temps, & ont encore maintenant, laquelle Cōmunauté se pourra assembler quand le cas y écherra pour deliberer de leurs affaires communes & du commun: en donnant toutefois prealablement avis à celuy qui commadera pour sa Majesté. Qu'elle aura des Syndics, ou Directeurs, comme il se pratique dans les moindres bourgades de France, lesquels pourveus de pouvoirs de ladite Communauté pourront en son nom agir par voyes ordinaires de justice, tant en demandant qu'en deffendant, pour maintenir les droits d'icelle.

ARTICLE I.

D'Accord de cet article, pourveu qu'il soit justifié par titre. A la charge aussi que ladite Communauté ne s'assemblera que par l'ordre & du consentement de Monsieur le Gouverneur pour sa Majesté.

11. Qu'elle aura un Receveur comme elle a toûjours eu, & a pour recevoir les droits imposez du commun consentement du peuple, au nom de ladite Communauté.

111. Qu'elle aura aussi un Secretaire pour rediger par écrit, ce qui par ladite Communauté sera resolu dans ses deliberations.

IV. Que Monsieur le Gouverneur, les Iuges de cette Isle, appellez avec eux nombre d'Officiers suffisans, & principaux Habitans, mettront une taxe raisonnable sur toutes les Marchandises, suivant leurs qualitez & valeur, conformement aux Ordonnances Royaux, qui non seulement attribuënt le droit & jurisdiction aux Iuges, Officiers & Habitans des lieux; mais encore leur enjoignent de ce faire sous de grosses peines, & suspensions mesme de leurs Charges, & suivant la pratique generale de la France, dans toutes les bonnes villes, comme dans Paris la Police à Monsieur le Lieutenant Civil & à Monsieur le Prevost des Marchands : dans Orleans au Prevost qui est le juge naturel de la ville; &c.

11. D'accord, en justifiant comme dit est.

III. D'accord.

IV. Les exemples alléguez en cet article ne sont pas tels, & Monsieur le Lieutenant Civil, & Prevost des Marchands ne mettent la taxe que sur les Marchandises necessaires à la vie, & le bois & charbon; & quand au reste de toutes autres sortes de marchandises, comme étoffe de soye, de laine, de fil, toille, & generalement toutes les autres se vendent à l'amiable entre le vendeur & l'acheteur.

Comme il n'est pas raisonnable que des personnes interessées soient seuls juges en leur propre cause; il n'y a nulle aparence que les dessusnommez en cet Article, excepté Monsieur le Gouverneur, soient les seuls qui doivent faire les taxes des marchandises; quelque pratique qui ayt esté au contraire.

& comme il a esté observé dés le temps des Seigneurs de la premiere Compagnie, & toûjours continué du depuis, quand la necessité l'a requis, ainsi qu'il se verifie par les Regiſtres des taxes gardées.

Mais pour faire connoiſtre à tous Meſſieurs les Habitans, la juſtice & l'équité des Seigneurs de la Compagnie, & qu'elle a plus à cœur le bien de ſes vaſſaux que le ſien propre, ledit ſieur de Chambré, leur Agent General dans les Isles Ant. Isles, conſent pour eux, que Monſieur le Gouverneur de cette Isle nomme deux ou trois principaux des plus gens de bien, & connoiſſans le fait de la marchādiſe, d'entre leſdits ſieurs Habitans, qui conjointement avec luy, ledit ſieur Agent General, s'il eſt ſur les lieux, & autres de la part deſdits Seigneurs en nombre égal aux ſuſdits Habitans, reſouderont les taxes des marchandiſes de la Compagnie; dont le reſultat ſera au Conſeil, pour eſtre enregiſtré au Greffe; ſur lequel reſultat ledit ſieur Agent General donnera ſon ordonnance qui ſera affichée & publiée en tous lieux & endroits où beſoin ſera, à la diligence du Procureur Fiſcal deſdits Seigneurs, des Extraits d'icelles delivrez aux Commun, & à tous autres qui en auront beſoin : le tout pour ſuivre l'ordre preſcrit audit

v. Qu'ils seront en possession de corps & de Communauté comme ils ont esté de tout temps

v i. Que les Concordats faits avec Messieurs les Anglois habituez en cette Isle, seront exactement observez; & ce d'autant plus, qu'il n'y va pas seulement de l'interest des particuliers d'entretenir la paix & union qui a esté jusqu'à present entre lesdits sieurs Anglois habituez en cettedite Isle & nous; mais encore de celuy de sa Majesté.

sieur Agent General par les instructions & ordres qu'il a des Seigneurs.

v. D'accord en justifiant.

v i. Les Concordats faits avec Messieurs les Anglois, seront renouvellez; ausquels dits sieurs Anglois, il sera libre de se fournir en payant, des marchandises dont ils auront besoin, dans les magazins desdits Seigneurs; attendu que sa Majesté n'entend pas qu'autres que lesdits Seigneurs debitent, vendent ni fassent aucun trafic de marchandises dans les Isles qu'elle leur a concedée, ledit sieur Agent General ne peut permettre que les François s'aillent fournir de marchandises chez les Estrangers. Neantmoins comme il ne seroit pas raisonnable de laisser manquer lesdits Habitans d'aucunes choses, ledit sieur Agent consent que lors qu'il ne se trouvera point d'une marchandise, ou de plusieurs dans les magazins desdits Seigneurs, dont lesdits sieurs Habitans auront necessité, qu'en prenant certificat du Commis General

VII. Que ceux qui seront nommez pour mettre ladite taxe, visiteront aussi les sucres qui seront livrez par lesdits Habitans, Commis & Receveurs desdits Seigneurs, sur la bonté & qualité d'iceux; & qu'apres qu'ils auront esté une fois pesez & livrez en la maniere qui presentement s'observe au poids du Roy, ils ne pourront plus estre repesez ni vendus pour quelque cause ou sujet que ce soit, ainsi qu'il s'est toûjours observé, s'il ne paroist de fraude ou fourbe des Habitans.

VIII. Que les Seigneurs n'imposeront plus grands droits, que ceux qui se payent presentement.

IX Que les bois au dessus de la pointe de Sable & Cabsterre, demeureront communs à tous les habitans dudit quartier comme ils sont, sans prejudice neantmoins aux droits de ceux qui en ont autrefois obtenu concession

qu'il n'y en aura point, lequel il ne fera point de difficulté de delivrer, qu'ils se pourvoyent desdites marchandises chez Messieurs les Anglois, ou tel autre lieu que bon leur semblera.

VII. Sera nommé un ou plusieurs Visiteurs, gens de bien & de probité, pour les sucres, par ceux qui feront les taxes.

Les Commis ne seront tenus de recevoir aucuns sucres & indigots, qu'au poids du Roy, qu'ils ne soient par lesdits Visiteurs & eux jugez bons, valables & marchands; & estant livrez, ne pourront estre rendus à ceux qui les auront fournis, s'il n'apparoist fourbe ou fraude de la part du livreur.

VIII. D'accord, s'il y a titre justifiant.

IX D'accord, en justifiant que les choses se sont ainsi pratiquées.

x. Que les Habitans ne seront tenus d'aucune corvée, si ce n'est dans une urgente necessité.

Sera ledit sieur de Chambré prié de donner avis ausdits Seigneurs, des abus qui se commettent.

Deliberé dans la maison de ville, par les Officiers & Habitans de la Communauté de l'Isle de S. Christophle, le cinquiéme jour de Novembre mil six cens soixante-cinq ; Signé sur la minute demeurée au Greffe, du Mouchet, la Guarigue, le Tellier, Sannoy, de Loubard, Giraud du Poyet, Bonnemere, Cassé, Tallebot, la Caille, Auber, Bertrand, Hamel, le Couvey, Isaac, Bunel, Dillier, Sanson Ioly, Pierre le nud, Vaudrelbourg, Anjou, Limolle, Renoult, Ravary, Carra, Caseleus, Littré, Pierre Coutté, Parduit, Trepault, la Motte, Philippe Moulin, Darigrand, Refriger, Panneau, de Fremont.

DE BOVRG, Greffier.

x. Idem.

Signé CHAMBRE.

§ III.

La Compagnie acquiert les Isles de la Martinique, de la Guadeloupe, & de la Grenade.

N'Ayant pû rencontrer les Contracts de l'acquisition que la Compagnie a fait de l'Isle de la Martinique, & de tout ce qui appartenoit aux mineurs de Monsieur du Parquet; il faut se contenter de ce que j'en ay pû apprendre: Qui est que la Compagnie traita de toutes ces choses avec le Tuteur des enfans de Monsieur du Parquet: Que le prix a esté de 40000. escus, & que le Contract fut passé à Paris environ le temps de celuy de S. Christophle. Monsieur de Clodoré en prit possession par ordre de Monsieur de Chambré vers la fin de Novembre mil six cens soixante-cinq dans les formes accoustumées.

La seigneurie, fond & propriété de l'Isle de la Grenade & des Grenadins furent aussi venduës à la Compagnie par le Comte de Cerillac, pour le prix & somme de cent mille livres tournois, dont il receut vingt mille livres comptant, & les autres quatre vingts mille livres payables à deux termes de six mois en six mois, l'interest courant jusqu'à l'entier payement de la somme. Le Contract fut passé pardevant Ralu & Baudri Notaires du Chastelet de Paris le vingt-sept Aoust mil six cent soixante-cinq.

Pour ce qui regarde l'acquisition de la propriété & seigneurie de l'Isle de la Guadeloupe, l'estimation en ayant esté reservée par l'ordre exprès de sa Majesté, à Monsieur de Tracy, elle fut faite par luy-mesme sur le lieu en Avril mil six cens soixante-cinq, & toutes les pretentions de Madame de Champigny & de Messieurs ses enfans, c'est-à-dire la moitié en la proprieté & seigneurie de l'Isle de la Guadeloupe, & la totalité en celle de Marigalande & la Desirade, suivant & conformement au partage qui en fut fait entre Monsieur Houël son frere aisné, & elle, le vingt-cinquiéme d'Aoust mil six cens soixante-neuf; à la reserve neantmoins du Marquisat de Marigalande, de toutes ses habitations, moulins à sucre, & autres terres à eux appartenantes : lesquelles choses ne sont point comprises dans cette estimation ; & le tout fut aprecié à la somme de 120000. l. 50000. l. furent payées comptant par le Cassier de la Compagnie, desquels Madame de Champigny receut 40000. mille livres pour elle, à cause de la Communauté entre Monsieur de Boisseret son premier mary & elle, qui luy donnoit sur la moitié, droit de l'estimation faite par Monsieur de Tracy : & comme cette Dame estoit interessée dans la Compagnie pour la somme de vingt mille livres, la Compagnie demeura quitte à son egard.

Monsieur de Herblay fils aisné de la maison, receut dix mille livres, & s'interessa dans la Compagnie (du consentement de la parenté) pour luy & au nom de ses coheritiers, de la somme de vingt mille livres ; mais je croy que tout cecy ne fut achevé qu'au mois de may mille six cens soixante-huit. Les affaires de Monsieur Houël furent un peu plus contestées, & apres plusieurs demandes, & des reponses, des repliques & des dupliques assez longues pour en faire un livre, toutes les pretentions que Monsieur Houël faisoit monter à des sommes immenses, furent reduites par Monsieur de Tracy, à certains termes ; lesquels n'ayant pas contenté Monsieur Houël, il est seul de tous les Seigneurs particuliers demeuré ferme dans la resolution de ne pas vendre, & dans la jouïssance de tous ses droits, à la reserve du Gouvernement.

Voilà comme les affaires de ce monde roulent dans une continuelle vicissitude, changeant de face à tous momens. Les premiers Seigneurs ausquels l'on avoit figuré ce pays riche comme le Perou, & en avoient à peine joüy 25. ans, sans autre fruit que de belles esperances, gouvernans les peuples de ces Isles aristocratiquement, c'est-à-dire par des Lieutenans & des Capitaines, lors que le dereglement de leurs Commis, aussi-bien que leur peu d'experience & la mauvaise foy de ceux ausquels ils avoient confié leurs biens, les obligea à tout perdre, ou à vendre toutes les Isles à leurs propres sujets; lesquels devinrent, comme j'ay dé-ja dit, les Seigneurs en la place de leurs maistres.

L'estat des Isles devint alors comme Monarchique, estant regi par ses propres Seigneurs, lesquels ayant travaillé quatorze ou quinze ans à affermir, à bonifier & à fortifier leurs petits Estats, furent, sur quelques plaintes faites au Roy, rappellez à la Cour, pour y venir rendre compte de leur conduite.

En ce temps, la Compagnie de la terre ferme de l'Amerique se voyant puissante en vaisseaux, en argent, & en credit auprés du Roy & de Monsieur Colbert, se forma des idées plus vastes & plus dorées, que celles de ces Seigneurs particuliers, & se servit de l'occasion de leur desordre, & des plaintes que l'on faisoit contre eux pour engager sa Majesté à les obliger à leur vendre toutes ces Isles; luy promettant d'en faire valoir le commerce, & par leur bonne conduite procurer aux peuples qui y demeurent, la tranquilité que sa Majesté souhaite à tous ses sujets.

Ces Messieurs obtinrent du Roy tout ce qu'ils voulurent, & l'on fut fort surpris dans toutes les Isles, de voir (contre toute esperance) le tour de la Roüe achevé, & les Isles retournées dans leur premier principe, & à leur premier Gouvernement.

Jusques icy ces derniers Seigneurs n'y ont pas esté plus heureux que les premiers, quoy qu'ils y ayent fait incōparablement plus de depenses qu'eux: car ils y ont esté si mal servis par la plus grande partie de leurs gens, y ont rencontré de si fascheuses conjonctures, & y ont fait des pertes si considerables, qu'ils ont eu besoin de l'application & des soins particuliers du Ministre pour estre soustenus dans leurs affaires, & pour les restablir au point qu'elles sont à present.

§. IV.

Monsieur de Laubiere est envoyé en France, pour representer aux Directeurs l'estat de leurs affaires dans les Isles, aussi bien que celles des habitans.

LA Compagnie s'estant presque espuisée par les excessives dépenses faites pour l'entreprise de l'Isle de Cayenne, premier gouffre où ses finances ont commencé à s'abismer sans ressource ; Elle avoit esté obligée à débourser de grosses sommes pour commencer les payemens des Isles qu'elle avoit acquises ; & elle avoit fait des advances tres-considerables pour aider les habitans des Isles, aussi-bien que pour entretenir le commerce qu'elle avoit entrepris à l'exclusion des Estrangers, & elle attendoit avec raison des retours de toutes ces advances pour le continuer : Mais il se trouva que la plus grande partie de ce que les Commis pouvoient recevoir, se consommoit dans les Isles aux appointemens & aux subsistances des Officiers & de leurs serviteurs, aux bâtimens & aux fortifications, aux frais necessaires pour l'entretien de leurs vaisseaux & de leurs équipages ; & à mille autres petites dépenses impreveuës.

Le credit que les Commis de la Compagnie firent d'abord de leurs denrées aussi bien aux moins solvables (sans les connoistre) comme aux plus riches, leur en ayant fait prendre plus qu'ils n'en pouvoient payer, leur fit avoir plus de soin de faire une grande quantité de petun, que de le faire loyal & marchand. Les Commis de leur part ne furent pas assez diligens pour le recueillir de bonne heure, & mesmes n'eurent pas assez de barques pour l'embarquer à temps : & tous ces inconveniens, aussi-bien que le long sejour que firent les navires à la mer, obligerent les Directeurs à en jetter les trois quarts au fumier, qui furent estimez deffectueux & de nulle valeur. Il se trouva aussi un si grand nombre de mauvais payeurs dans les Isles, que la Compagnie à la fin de l'année s'y vit fort riche en debtes, mais sans retour des grandes despenses qu'elle avoit faites pour la subsistance de toutes ces Isles, & presque aussi peu aimée qu'elle l'estoit auparavant.

Cependant six de leurs vaisseaux ou barques, ayant esté prises & pillées, comme j'ay dit, par les Anglois en pleine paix aux environs des Isles, les Directeurs bien estonnez de tant de mauvais succez fort contraires aux belles esperances que l'on leur avoit données, s'appliquerent à penser serieusement aux moyens de se redimer de tant de maux, & firent certains reglemens, par lesquels ils croyoient non seulement restablir leurs affaires & en retrancher tous les abus, mais encore faire tout ce qui pouvoit contribuer à la felicité des Isles, & au bonheur particulier des habitans.

Premierement pour se délivrer d'une multitude de Commis, dont plusieurs les voloient impunement & causoient mille inquietudes aux habitans de toutes les Isles, ils se resolurent de ne plus vendre leurs marchandises qu'en gros, & dans leurs magasins generaux ; & pour donner lieu aux habitans de s'occuper & de gagner quelque chose sur eux, ils leur laissoient la liberté d'en faire le destail dans des magasins particuliers, moyennant dix pour cent au dessus de la taxe, au tauld fait par M. de Tracy.

Et parce qu'ils perdoient beaucoup au commerce des marchandises comestibles, sur lesquelles on leur faisoit des friponneries étranges, ils laisserent aux habitans la liberté entiere du commerce de toutes les provisions de bouche,

& de faire passer ce qu'ils auront besoin d'ailleurs pour l'entretien de leur famille, en payant seulement le fret.

3. Pour l'avantage particulier des Habitans, ils reduisirent le passage des engagez qui estoit de 50. livres, à 40. livres : mais quoy que les Directeurs eussent de tres-bonnes intentions, les 10. pour cent sur la revente en detail, les droits pretendus sur les serviteurs des Officiers, & plusieurs autres griefs vrays ou faux, firent oublier tout ce qu'il y avoit d'avantageux pour les habitans dans ces nouveaux reglemens : & tout ce qu'il y avoit d'esprits remuans, & de broüillons dans la Martinique, témoignoient ouvertement que tout cela n'estoit pas capable de les contenter, & qu'ils n'attendoient que l'occasion d'éclater avec plus de passion & de furie qu'ils n'avoient fait dans les premiers soûlevemens, ainsi que nous le verrons bien-tost.

Il faut remarquer qu'en ce mesme temps les Directeurs donnoient avis à tous les Gouverneurs des Isles, que le Roy estoit prest d'entrer en guerre avec les Anglois; qu'ils se tinssent sur leurs gardes, & qu'ils missent toutes choses en estat de deffense : de-sorte que le Gouverneur de la Martinique qui avoit affaire à un peuple fretillant, & qui ayant esté poussé à bout dans les 2. dernieres seditions, auroient pû prendre l'occasion de la guerre pour tenter quelque chose de plus fascheux, conceut tant de douleur de se voir en cet estat, qu'il pressa tout de nouveau pour son congé ; & n'eust esté le point d'honneur qui l'engageoit à ne point quiter dans la conjoncture de la guerre, & quelques lettres qu'il receut de la Cour qui l'engagerent d'y rester pendant ce temps, il auroit infailliblement abandonné le pays.

Il communiqua son déplaisir à Monsieur de Chambré, & luy remontra que (eu egard à la conjoncture du temps & des affaires des Isles,) on ne pouvoit prendre un meilleur moyen pour tout perdre que de ne pas faire observer les premiers reglemens de Monsieur de Tracy. Et bien-que Monsieur de Chambré comme Intendant des affaires de la Compagnie, de soûtenir & d'executer les volontez de ses maistres, comme il faisoit avec beaucoup de zele; il entra neantmoins dans les sentimens de Monsieur de Clodoré: & ils écrivirent tous deux fort franchement à la Compagnie, qu'il faloit qu'elle prist d'autres mesures. Et parce que les lettres qu'ils leur avoient dé-ja écrites sur ce sujet, n'avoient pas eu l'effet qu'ils desiroient, ils resolurent de leur envoyer Monsieur de Laubiere, Lieutenant au gouvernement de cette Isle, Gentilhomme paisible, sage & prudent, afin qu'il leur fist connoistre de vive voix, la disposition des habitans & le veritable estat de leurs affaires: afin qu'ils avisassent avec luy aux moyens de remedier à tous ces maux.

Ce Gentilhomme partit de S. Christophle vers la fin de Decembre 1666. emportant avec luy les memoires & les instructions que ces Messieurs avoient dressées, comme des moyens tres-assurez pour se garentir des maux dont la Compagnie & toutes les Isles estoient menacées: Mais il fut pris par les Anglois, & mené à Tanger en Barbarie. Les duplicata des memoires qu'il portoit ne laisserent pas d'arriver en France par d'autres voyes, & d'estre donnez à la Compagnie, qui ne manqua pas de faire tout ce qu'elle creut estre necessaire. Mais la guerre qui arriva incontinent apres arresta une partie de ses bons desseins.

J'ay en mes mains un memoire qui fut envoyé en ce temps aux Directeurs de la Compagnie par Monsieur de Clodoré, Gouverneur de l'Isle de la Martinique, que je ne puis mettre icy à cause du destail qu'il contient, & qui s'estendroit au moins à deux feuilles d'impression. Mais il suffit pour mon sujet de dire, qu'apres avoir clairement fait voir à ces Messieurs, tous les avantages que les Hollandois faisoient aux habitans, & les adresses desquelles ils se servoient pour se conserver le commerce des Isles, perdant sur leurs denrées, leur faisant long credit, leur passant des hommes gratis, leur amenant quantité de Negres & les donnant à tres-bon marché; exigeant mesme dans leur pays peu de droits d'entrée: & tout cela pour se recompenser au double sur le fret, &

sur

sur les choses que j'ay déja dittes cy-devant. Il leur remontre avec une franchise genereuse, que ne vouloir point se tenir à ce qui a esté reglé par Monsieur de Tracy, à l'egard des droits des Officiers, du fret des marchandises transportées, des taxes des denrées qu'ils veulent (contre ces reglemens) estre faites dans leurs magazins ou dans leurs vaisseaux, accordans 10. pour cent (outre la taxe) à ceux qui les voudront distribuer; que c'est exposer les affaires du Roy, les leurs propres, & celles de tous les habitans à une ruine totale.

Il deduit en suite avec une adresse merveilleuse, tous les inconveniens & tous les avantages qui se rencontrent sur toutes les manufactures du pays & de leur commerce; & conclud que si la Compagnie l'avoit voulu croire, elle auroit envoyé prendre possession de la seigneurie, y auroit établi des Gouverneurs, & auroit fait le commerce conjointement avec ceux qui y auroient voulu venir la premiere année; pendant laquelle on auroit examiné toutes choses, & on leur auroit mandé avec connoissance de cause, ce qui auroit esté de leur avantage & de leurs interests; les Officiers & les Commis auroient fait leurs apprentissages, sans que la Compagnie y eût rien perdu; au lieu que pour avoir voulu trop entreprendre, toute la dépense & la perte est tombée sur elle.

Vers la fin de Septembre mil six cens soixante cinq Monsieur de Chambré tira de l'Isle de Marigalande Monsieur des Roses, & luy donna le Commandement de l'Isle de Saint Martin, sous l'autorité de la Compagnie des Indes Occidentales.

Pendant que Monsieur de Laubiere est en chemin, Messieurs les Directeurs qui croyoient, par leurs derniers reglemens, avoir mis leurs affaires & celles des habitans dans la meilleure posture qu'elles pussent estre, firent encore de nouveaux efforts pour les maintenir dans ce bon estat, faisant partir des Ports de Diépe, de la Rochelle & de Bordeaux, plusieurs beaux navires chargez de toutes sortes de marchandises, de vivres & munition, à la reserve de la poudre, dont ils envoyerent une si petite quantité, qu'elle pouvoit à peine suffire pour une seule Isle. L'apparence qu'il y avoit d'une rupture entre les couronnes de France & d'Angleterre, leur fit aussi envoyer un bon nombre de canons, quelques armes, & 200. soldats pour renforcer les garnisons des Isles. 60. de ces soldats commandez par le sieur de Praille du Regiment de Poitou, debarquerent à la Martinique vers la fin de Decembre.

Environ ce temps Messieurs les Directeurs ayant eu advis du sieur de C. que les habitans de la Martinique se portoient à faire des sucreries, & avoient dé-ja planté quantité de cannes, firent faire plus de deux cent garnitures de chaudieres à sucre, & n'obmirent aucune chose pour les aider à s'enrichir & pour faire valoir le commerce de ces Isles. Mais nous verrons bien-tost le succés de tous ces desseins troublé & arresté par une fascheuse guerre entre la France & l'Angleterre.

§ VI.

Concordats renouvellez entre les François & les Anglois de l'Isle de Saint Christophle, le 20. Ianvier 1666.

C'Estoit une coustume dans l'Isle de saint Christophle à chaque changement d'Estat ou de Gouverneurs, de renouveller les anciens traitez ou concordats faits entre les François & Anglois qui habitoient cette Isle ; & d'y diminuer ou d'y augmenter des articles selon l'occurrence & la necessité des affaires, pour le bien & l'union des deux nations : de sorte qu'après que Monsieur de Chambré Agent General de la Compagnie, eut pris possession de cette Isle, & que Monsieur de Sales eut accepté le Gouvernement pour le Roy, sous l'autorité de la Compagnie ; il fut question de renouveller les anciens concordats entre les deux nations.

Messieurs de Sales & de Chambré eurent diverses conferences sur cette affaire avec le sieur Vvas, Gouverneur de la nation Angloise dans cette Isle, il y eut mesme des lettres écrites au Milord Vvillougby Lieutenant General des Anglois, qui estoit à la Barbade, & aux autres Gouverneurs des Isles Angloises, qui parurent fort disposez au renouvellement du traité fait avec Monsieur de Sales l'an 1660. Mais comme l'on estoit dans une conjoncture qui menaçoit d'une guerre entre les deux nations ; l'on conclud qu'il y seroit fait une mention expresse & particuliere de l'article contenu dans le concordat du vingt-huit Avril mil six cens vingt-sept, qui regarde la neutralité entre les deux nations en cas de guerre. Ce traité avoit esté conclud entre les deux Gouverneurs & Monsieur de Chambré : mais les Anglois qui avoient des nouvelles plus asseurées que nous de l'infaillibilité de la guerre, & d'ail-

leurs se sentans plus forts de six contre un François, les tenoient en suspend, sous pretexte d'attendre la ratification
du Milord Vvillougby, & differoient ainsi de jour à autre,
à ratifier ce qu'ils avoient promis & juré, quoy qu'ils
n'eussent aucune envie de le tenir.

Le sieur Vvats qui sçavoit le secret qui n'estoit pas encore connu des peuples, les tenoit jour & nuit sous les armes, & les fatigua si fort, qu'ils furent contraints de le
presser, par une requeste, de signer la neutralité. C'est ce
qu'en écrit Monsieur de Sales à Monsieur D. C. *Nous
sommes*, dit-il, *sur nos gardes, & les Anglois toutes les nuits
sous les armes; ce qui les fatigue grandement, & qui les a obligé
de se joindre ensemble, & de presenter une requeste à Monsieur
leur Gouverneur, pour faire en sorte que ce que nous avons fait ensemble pour la ratification des concordats, soit signé. Ce qu'il
ne veut pas faire avant la reponse & l'ordre du Milord Vvillougby, ou pour quelque autre nouvelle particuliere qu'ils ont entre-
eux: Ce que j'aime mieux, que de donner ma foy & ma parole
à des gens dont je ne suis pas asseuré de la leur, toutes fois & quantes qu'ils trouveront quelque belle occasion de se prévaloir de leur
avantage.*

Il y a bien de l'apparence que le sieur Vvats, Gouverneur des Anglois, n'avoit aucun dessein de ratifier la neutralité concluë, & qu'il ne signa cet accord que pour arrester
les menaces insolentes de ses habitans & de ses soldats, qui
se confiant en leur grand nombre, insultoient à nos François comme à des gens qu'ils tenoient dé-ja pour vaincus:
de sorte que ce procedé obligeant nos François à se tenir
sur leurs gardes & à se disposer à deffendre leurs biens &
leurs vies, faisant un effet tout contraire au dessein que ce
Gouverneur avoit de les surprendre, il se resout à la ratification, pour faire taire les siens, afin qu'ils laissassent dor-
mir les nostres dans une confiance qui luy auroit infailliblement facilité la victoire qu'il se promettoit.

Ie mets icy l'extrait du concordat passé entre Monsieur
le Chevalier de Sales, encore Gouverneur General des
quatre Isles, sous l'autorité de son Eminence de Malthe,

& Monsieur Vvats Gouverneur des Anglois dans l'Isle de Saint Christophle en l'année mil six cens soixante, parce qu'il fait mention de tous les autres concordats faits dans cette Isle entre les deux Nations Françoise & Angloise : & ensuite, le dernier qui a esté violé par le sieur Vvats, & qui a esté cause de la rupture & de tous les maux que la guerre a causé dans les Isles.

Extrait des articles & accords faits & conclus entre les deux Nations, Françoise & Angloise, residantes à Saint Christophle, par Monsieur le Commandeur de Sales pour les François, & le Colonel Guillaume Vvats, Gouverneur de la Nation Angloise; en l'année 1666.

Premierement a esté convenu.

QUe les articles faits entre les Gouverneurs, Capitaines de Naubuc, du Rossey, & Thomas Vvarnard, le 28. Avril 1626. ceux du 3. Octobre 1638. entre les sieurs de la Grange, Fromenteau, & ledit sieur Vvarnard ; ceux d'entre le Chevalier de Poincy & Vvarnard, du 24. Septembre 1644. comme aussi entre ledit sieur de Poincy & le sieur Roland Rich, Gouverneur des Anglois, le 18. Octobre 1649. tiendront pleine force & vertu, excepté ce qui est cy apres reservé.

II.

Que les vieilles marques, separations, & partages des terres seront continuées.

III.

Que les frontieres de la Rade de la pointe de Sable, seront cy apres reconnuës par une droite ligne, tirée du travers du figuier, les presentes marques de la terre, ainsi tout droit à la mer : un piller de Roche sera planté à droite ligne & les frontieres de la terre haute seront prises à un arbre fourchu, sur la pointe des Habitans François, est quart-sud-est sur le coupant de la montagne.

IV.

Que les Nations Angloises ont vrays & justes titres de la moitié des Salines, & des terres allentour appartenant posseder, & mesme d'icelles causeront une égale division, ou partage, pour estre fait lors qu'il sera trouvé à propos, & que les François joüiront aussi de la moitié de la Souffriere, & terres adjacentes.

V.

Que la liberté de couper du bois ne sera plus commune : Chacun en prendra & cherchera sur ses terres.

VI.

Que si quelques serviteurs ou esclaves se sauvent de chez leurs maistres, & se retirent dans l'autre Nation, & qu'il soit suffisamment prouvé qu'ils ayent esté employez plus de 24. heures par aucuns habitans, ou envoyez hors de l'Isle; la Nation qui offensera, payera à l'autre, du tresor, la quantité de deux mille livres de petun, poids Anglois; & seront encore obligez de rendre les serviteurs ou esclaves, à celuy à qui ils appartiennent.

VII.

Qu'aucun homme des deux Nations, quoy que libre, ne sera retenu par aucun habitant de l'autre, pour travailler, sans passeport du Gouverneur de la Nation d'où il demeure; à peine de deux mille livres de petun d'amende, payable par les contrevenans chacun à sa Nation.

VIII.

Que tous grands chemins en cette Isle, aussi bien que ceux qui portent aux Sallines, ou Souffrieres & autres places, lesquelles sont à present en usage, ou qui seront trouvez bons cy apres, pour estre faits, soit dans les terres Françoises ou Angloises, seront libres aux habitans des deux Nations, pour passer tant à pied qu'à cheval, & pour y faire passer des cabroüets, quand l'occasion s'en presentera.

IX.

Que si les peuples des deux Nations, Chrestiennes ou esclaves, font quelques larcins, choses injustes, ou usent de force sur aucune personne; le jugement sera referé à quatre Commissaires de chaque Nation; lesquels ne se pouvant accorder, les Gouverneurs desdites Nations, ou autres qui seront nommez de leur part, en ordonneront.

X.

Que les marchands, de quelque nation qu'ils soient, ne refuseront des marchandises qu'ils auront, soit sur la terre Françoise, ou Angloise, au mesme prix qu'ils les vendent à la Nation sur laquelle ils demeurent; à peine par le contrevenant, de deux mil livres de petun d'amende, & de mille à l'habitant qui aura payé plus que le prix payable à la nation où la faute est commise.

XI.

Il sera fait une publication & commandement de rendre les serviteurs, ou esclaves qui se rencontreront dans une Nation, appartenans à l'autre; parce que huit jours apres, s'il s'en rencontre, seront les delinquans punis comme à l'article septiéme.

XII.

Que chaque Nation plantera sur les lizieres & separations des quartiers, trois rangs de Raquettes, depuis le bord de la mer jusqu'à la montagne, ou au haut des terres où lesdites Raquettes pourront croistre : & ce pour éviter le dommage que les bestiaux peuvent faire d'une Nation à l'autre.

XIII.

Que tous les articles qui ne seront pas compris dans ce present accord, & autres cy-devant dits, seront tenus pour nuls, & les presens seront publiez comme estant conclus pour l'amitié des deux Nations, pour estre inviolablement observez de part & d'autre, comme faits d'accord & sans contrainte, pour entretenir & conserver une juste & vraye correspondance & amitié.

Ce dernier Concordat ayant esté renouvellé, l'on conclud sur la conjoncture de la guerre dont on estoit menacé, ce qui s'ensuit pour le bien des deux Nations.

Concordat des deux Nations Françoise & Angloise de Saint Christophle.

Du 20. Janvier, 1666.

A Esté resolu, conclu & arresté entre Monsieur Frere Charles de Sales, Chevalier de l'Ordre de Saint Jean de Jerusalem, Gouverneur general pour Sa Majesté des Isles de Saint Christophle, Sainte Croix, Saint Martin, & Saint Barthelemy, sous l'autorité des Seigneurs de la Compagnie des Indes Occidentales, assisté des principaux Officiers de la Nation Françoise soussignez.

Et honnorable homme, Colonel Guillaume Vvats, un des honnorables Conseillers de sa Majesté pour l'établissement de ses affaires en ses Colonies formées, Commandeur en chef & Gouverneur de la Nation Angloise dans l'isle de saint Christophle, & autres en dependantes, sous son Excellence Milord François Vvillougby de Parham, Capitaine general, & Gouverneur en chef de Vermonde, & autres Isles des Caraybes, par ordre exprés de sa Majesté Sacrée Charles Second Roy d'Angleterre &c. assisté aussi des principaux Officiers de la Nation Angloise.

Que tous les Concordats cy-devant faits entre lesdites deux Nations, seront de part & d'autre gardez & observez ponctuellement & de bonne foy, sans y rien changer, innover, alterer ni expliquer; mais selon leur force & estenduë, ainsi qu'il a esté fait jusques à present: & par special l'article du Concordat fait le vingt huit

Avril

Avril 1627. portant que s'il arrivoit aucune guerre entre les Couronnes de France & d'Angleterre, Messieurs les Gouverneurs en donneront avis l'un à l'autre : & quoy qu'il y eust guerre entre les Roys de France & d'Angleterre, neantmoins une Nation ne fera pas la guerre à l'autre sur cette Isle, s'ils n'ont ordre exprés de leurs Majestez : auquel cas seront obligez de s'en donner avis l'un à l'autre, le temps de trois fois vingt-quatre heures avant que de faire aucun acte d'hostilité, tant aux Rades que sur la terre. Ce que mesdits sieurs les Gouverneurs & lesdits Officiers de l'une & l'autre Nation ont juré, promis, & se sont obligez sous leur foy, conscience & honneur de sincerement, exactement & de point en point, faire garder & observer, à tous ceux qui seront sous leurs commandemens : & ce pour conserver, entretenir, & fortifier de plus en plus la bonne union, correspondance & amitié, qui a toûjours esté entre lesdites deux Nations. Cela fut fait, conclu & arresté, dans l'assemblée des deux Nations tenuë au corps de garde de la Pantecoste, les jour & an que dessus. Signé, le Chevalier de Sales, Vvats, & autres Officiers de part & d'autre desdites deux Nations.

Collationé par moy Conseiller du Roy en ses Conseils, Agent General de Messieurs de la Compagnie Royale des Indes Occidentales.

Sgné, A. DE CHAMBRE'

§. VII.

Messieurs de Clodoré & de Chambré deputent le sieur du Blanc vers le Milord Vvillougby, pour demander justice & reparation des torts faits à la Nation Françoise par les Anglois, & la confirmation du dernier Concordat.

LE Concordat ne fut pas plustost renouvellé & signé dans l'Isle de Saint Christophle par les deux Gouverneurs des deux Nations, & par l'Agent General de la Compagnie, que ce dernier passa en la Martinique, où s'entretenant avec le Gouverneur de cette Isle, sur les delays que Monsieur Vvats Gouverneur des Anglois apportoit à la ratification de ce Concordat, pretextant qu'il l'attendoit de jour à autre du Milord Vvillougby, ces deux Messieurs s'aviserent d'un expedient qui les tira tous deux de cette incertitude, & qui leur fit connoistre aussi-bien qu'aux Gouverneurs des autres Isles Françoises, les mauvais desseins des Anglois.

Tous nos Gouverneurs François avoient des ordres expres de la Compagnie, de rechercher par toutes les voyes raisonnables, la neutralité entre les deux Nations dans les Ant.-Isles. Et Messieurs de Clodoré & de Chambré, qui estoient les plus voisins de la Barbade, où le Milord faisoit sa demeure, se resolurent de luy envoyer un Gentilhomme exprès, pour luy demander justice des pilleries faites par les aventuriers de sa Nation sur les navires & sur les barques de la Compagnie, aussi-bien que sur celles de nos Insulaires François : & pour tascher à tirer de luy une reponse positive, sur la ratification du Concordat, & la neutralité signée par les deux Nations dans l'Isle de Saint Christophle.

Ils choisirent pour cette deputation Monsieur du Blanc, Gentilhomme plein d'esprit & de merite, Capitaine & Major de l'Isle de la Guadeloupe, & qui sçavoit parfaitement la Langue Angloise. Ils luy donnerent des instructions que j'ay entre les mains, mais un peu trop longues pour leur donner icy une place, & des pouvoirs suffisans pour traiter avec ce Milord de toutes les choses dont j'ay parlé cy-dessus. Ce Gentilhomme arriva à la Barbade le vingt-trois de Fevrier mil six cens soixante-six, stile François, où il fut receu d'une maniere qui merite bien d'estre décrite, aussi-bien que sa negociation avec le Milord Vvilloughby.

Messieurs de Clodoré & de Chambré donnerent chacun leurs Lettres de creance à Monsieur du Blanc, pour le Milord Vvilloughby : mais celle de Monsieur de Chambré ne m'estant pas tombée entre les mains, je mets icy celle de Monsieur de Clodoré, laquelle contient asseurement les mesmes choses.

Lettre de creance donnée à Monsieur du Blanc, pour le Milord Vvilloughby.

MONSIEUR,

N'ayant point receu de réponse de vostre part à une Lettre que je me donnay l'honneur de vous écrire le vingt-un Aoust dernier, dont je vous envoye le duplicata ; j'ay creu ou que vous ne l'aviez pas receuë, ou que la vostre ne m'a pas esté renduë & s'est perduë. Cela m'a obligé avec Monsieur l'Agent General de Messieurs de la Compagnie Royale des Indes Occidentales, de vous envoyer Monsieur du Blanc, Capitaine & Major de l'Isle de la Guadeloupe, à plusieurs fins. La premiere, pour vous reïterer l'instance que je vous ay faite par madite Lettre du vingt-un Aouſt, pour nous rendre juſtice des violences que l'on nous a faites, & qui vous apparoiſſent tant par ladite Lettre, que par les declarations & procez verbaux que vous fera voir ledit ſieur du Blanc. Comme l'on continue plus que jamais les deſordres, & que ce Capitaine James Vvalken Commandant une barque qui a mouillé à ma Rade, y a pris les vivres & rafraichiſſemens qu'il a voulu, & demeuré prés de deux fois vingt-quatre heures en cette Iſle; à la ſortie il a trouvé la barque du Capitaine Laberlotte, qu'il a pillée, nonobſtant mon paſſeport, & la barque du ſieur d'Orange avec le pillage d'un Canot.

Secondement, Monſieur, pour ſçavoir de vous ſi les traitez renouvellez à Saint Chriſtophle depuis peu, en ſeront ratifiez & confirmez, & voir ſi nous devons eſtre ſur nos gardes contre une Nation avec laquelle nous avons toûjours eſté amis : & de quelle maniere nous avons à l'advenir à nous comporter avec vous. Cela dépendra de la bonne juſtice que vous nous ferez, & que je vous demande de toutes ces incurſions, ſelon laquelle nous publierons devant Dieu & les hommes, voſtre ſincerité, ou le peu de cas qui aura eſté fait de nos juſtes plaintes. Vous me ferez la grace, s'il vous plaiſt, Monſieur, de m'en donner une reponſe tres poſitive, que j'envoiray à la Cour, comme tout ce que vous aurez convenu avec ledit ſieur du Blanc, auquel vous donnerez toute croyance, ayant des pouvoirs de traiter & convenir avec vous des choſes qui ſeront propoſées, & qui ſeront ratifiées où il appartiendra. C'eſt ce que je vous ſupplie tres-humblement de croire, & que je ſuis,

MONSIEVR,

Voſtre tres-humble & tres-affectioné ſerviteur,
DE CLODORE', Gouverneur de la Martinique.

A la Martinique ce 16. Fevrier 1666.

Ce Gentilhomme n'eut pas pluftoft mouïllé l'ancre devant la ville de Pont à la Barbade, que trois chaloupes vinrent confecutivement à fon bord. Il y avoit dans la premiere un Officier, qui demanda qui ils eftoient, d'où ils étoient, où ils alloient, & quelle eftoit leur intention ? Et Monfieur du Blanc ayant reparty, Que luy & fon équipage eftoit François, Qu'il eftoit envoyé pour faluër le Milord Vvillougby, & luy rendre deux Lettres de la part de Meffieurs de Clodoré & de Chambré ; l'Officier s'en retourna avec fa chaloupe à la ville, d'où une feconde partit incontinent avec deux autres Officiers, qui apres avoir fait les mefmes demandes, & avoir receu les mefmes reponfes, furent fuppliez par Monfieur du Blanc, de recevoir un homme qui iroit de fa part, fçavoir fi fon Excellence trouveroit bon qu'il defcendift pour le faluër. Cela fut auffi-toft accordé & executé de bonne grace. Peu de temps apres la troifiéme chaloupe arriva portant le Prevoft de cette Isle, & fon Lieutenant, qui apres avoir fait de grandes civilitez à Monfieur du Blanc, le prierent de prendre place dans leur chaloupe, pour venir à terre avec eux.

Monfieur du Blanc ayant accepté cette offre, fut conduit par le Prevoft & fon Lieutenant jufqu'à la maifon de ville, où le Gouverneur qui parloit bon François, le receut, luy fit un accueil fort favorable, & l'introduifit à l'audiance du Milord à travers une grande Salle, où il y avoit un grand nombre de Gentilhommes & Cavaliers de bonne mine & fuperbement veftus.

Le Milord qui eftoit accompagné de dix ou douze Colonels de fa nation, vint au devant de luy d'une maniere tres-civile, & apres que Monfieur du Blanc l'eut falué de la part de Meffieurs de Clodoré & de Chambré, il luy prefenta les Lettres dont il eftoit chargé ; & en fuite de quelques complimens de part & d'autre, il luy demanda fort franchement juftice des incurfions & des pilleries faites par les Corfaires de fa Nation, fur les vaiffeaux & les barques de la Compagnie, & fur des habitans fujets du

Roy tres-Chrestien son maistre. Le Milord écoutant ses plaintes avec beaucoup d'attention, il persista à demander la restitution tant des vaisseaux & barques, que des marchandises pillées contre toute sorte de droits ; le chastiment des coupables, & tous les interests ; offrant de justifier le tout par procez verbaux qu'il avoit apportez avec luy.

Le Milord qui n'avoit rien moins dans le cœur que ce qui paroissoit au-dehors, & qui vouloit endormir les François pendant une longue negociation, pour executer avec plus de facilité le complot fait avec le sieur Vvats, Gouverneur des Anglois dans l'Isle de Saint Christophle, d'exterminer la Nation Françoise dans toutes les Isles ; luy protesta qu'il vouloit donner toute la satisfaction possible à la Nation Françoise, & que quand il y auroit rupture entre les deux Coüronnes, qu'il ne desiroit point qu'elle passast dans l'Amerique : & que s'il vouloit parler de convention ou de traité, qu'il donnast des propositions par écrit, afin qu'il y pust faire reflexion à loisir, & voir s'il se pouvoit faire quelque chose de bon pour les peuples des deux Couronnes.

Monsieur du Blanc croyant que cette negociation pourroit produire quelque chose d'utile aux Colonies Françoises des Ant. Isles, promit au Milord d'y penser, & de luy faire des propositions. Le Milord luy donna temps jusqu'au Ieudy, & cependant luy fit presenter une belle haquenée, & l'invita de l'accompagner jusqu'à une maison de plaisance qu'il avoit à une lieuë de la ville. Le Gouverneur, huit ou dix Colonels, le Major, & quelques autres des plus qualifiez, furent de la partie.

Ils trouverent dans cette maison, qui est une des plus agreables de l'Isle, un magnifique festin preparé, au milieu duquel le Milord but, debout & teste nuë, la santé du Roy tres-Chrestien ; & ensuite couvert & assis, celles des Seigneurs de la Compagnie, de Messieurs de Clodoré & de Chambré. Monsieur du Blanc commença aussi celle du Roy de la Grand-Bretagne, & respectivement celle des personnes les plus qualifiées, & tout s'y passa fort joyeusement, & sans parler d'affaire.

A l'issuë du disner, apres quelques entretiens de choses indifferentes, Monsieur du Blanc prit congé du Milord, qui le conduisit jusques hors de la maison, & au bas des degrez de la Cour, un Gentilhomme du Milord & le Lieutenant du Prevost le conduisirent dans la ville, au logis du Prevost qui luy avoit esté preparé pour sa demeure & pour sa subsistance pendant son sejour. Mais Monsieur du Blanc ayant fort civilement refusé cette courtoisie, il fut conduit à la plus fameuse Hostellerie de la Ville, & l'on recommanda à l'Hoste de luy porter tout le respect, & de luy donner toute la satisfaction possibles. Il y fut visité du Gouverneur, des Officiers, & des plus honnestes gens de la Nation Françoise & Angloise.

Le Ieudy estant venu, le Milord s'estant rendu à la maison de ville, avec M. Vvillougby son neveu, & huit ou dix Colonels, il envoya querir Monsieur du Blanc, par Monsieur le Gouverneur & un Capitaine de Cavalerie. En arrivant à la maison de ville, le Milord sortit hors de la chambre, & vint au haut de l'escalier recevoir Monsieur du Blanc, avec un visage aussi familier & aussi guay, que s'il eust esté son meilleur ami. Il le prit par la main, le fit mettre à table à costé de luy, & le traita aussi splendidement & aussi joyeusement que la premiere fois.

Incontinent apres le disner, Monsieur du Blanc qui avoit son affaire en teste, arresta le cours de quelques entretiens indifferens ausquels le Milord & la Compagnie s'estoit engagé, & luy presenta les Articles pour le bien, l'union, & la paix, ou au moins pour la neutralité entre les deux Nations, tels qu'il les avoit conceus.

*Articles proposez par M. du Blanc, au Milord Wvil-
loughby, pour la conservation de la paix entre la
Nation Françoise & Angloise dans les Ant-Isles.*

I.

POur parvenir à un traité nouveau, il est necessaire que son Excellence ratifie celuy qui a esté fait à saint Christophle le vingt-six de Ianvier dernier, entre les deux Nations Françoise & Angloise; lequel son Excellence fera garder en toutes les autres Isles : Et en cas qu'il vinst ordre aux uns & aux autres de se faire la guerre, qu'ils seront obligez de s'avertir de bonne foy un mois auparavant, sans faire pendant ledit temps, aucun acte d'hostilité. Et en cas qu'il en soit fait pendant ledit temps, & dans tout celuy du traité, il sera reparé aussi-tost que l'on aura fait plainte.

II.

Quoy qu'il ne soit fait mention dans tous les Concordats faits entre les deux Nations, & mesme dans le dernier fait audit mois de Ianvier, que de trois fois vingt-quatre heures pour s'entr'avertir de rupture, en cas qu'il n'y arrivast ordre des Roys, il sera accordé un mois pour ladite Isle de Saint Christophle, & mesme pour les autres Isles.

III.

Et comme il n'y a rien qui puisse mieux maintenir la bonne correspondance & union, que le chastiment des coupables & des Forbans, Corsaires, & autres voleurs; que l'on n'en souffrira point dans les Isles, ports & terres les uns des autres : qu'on les fera punir comme voleurs, sans remission, si on peut les prendre; ce qui sera affiché dans toutes les isles & terres des deux Roys : & que si aucuns Corsaires, Forbans, & autres de l'une ou de l'autre Nation, au prejudice du traité, font quelque action qui deroge, on

pourra

pourra les prendre, s'en faisir à main armée & qu'on les envoyra en fuite, avec l'information, à celuy qui aura donné fa commiffion, ou au prochain Gouverneur, qui les punira fuivant la rigueur des Ordonnances.

IV.

Que le traité entre les Nations concernants les Careybes, fubfiftera à l'égard de la Dominique, pour ne s'en point emparer que du confentement des deux autres; ou pour mieux dire, qu'aucun ne puiffe s'y mettre & s'y fortifier. Et comme l'ufurpation qui s'en feroit par une Nation, donneroit lieu à l'autre d'y aller auffi, ce qui pourroit apporter de l'alteration dans l'union des Nations; le meilleur eft de la laiffer en l'eftat qu'elle eft, fans innovation de part & d'autre.

V.

Son Excellence obligera le Milord de la Iamaïque, de tenir ce traité, & de le faire obferver en toute l'eftenduë de fon Gouvernement.

Monfieur du blanc ayant fupplié le Milord (en luy prefentant ces articles) de luy determiner le jour qu'il auroit agreable de prendre pour luy faire une réponfe pofitive, il luy affigna le Samedy enfuivant, qui eftoit le vingt-fept de Ianvier, ftile François; l'affeurant qu'il feroit affembler fon Confeil pour deliberer fur fes propofitions, & qu'il le feroit avertir à l'heure que l'on trouveroit à propos de luy donner audiance.

Le Samedy fuivant fur les quatre heures apres midy, le Gouverneur vint querir Monfieur du Blanc, pour le mener à l'audiance à la maifon de ville, où le Milord eftoit affis au bout d'une grande table, & tous les Prefidens & les Confeillers autour de la table. Tous fe leverent pour faluër Monfieur du Blanc, & fe remirent incontinent.

Le Milord prenant la parole, luy demanda s'il avoit un pouvoir fuffifant pour traiter fur cette matiere, & le pria en mefme temps de luy faire voir l'Edit du Roy pour l'eſtabliſſement de la Compagnie, & la conceſſion des Isles Françoiſes ; & toutes ſes pieces luy ayant eſté miſes ſur le champ entre les mains, il pria Monſieur du Blanc de les luy laiſſer avec ſon pouvoir, pour les faire traduire en Anglois, afin de mieux comprendre & mieux connoiſtre les choſes, pour plus aſſurement deliberer entre-eux, & luy faire une reponſe bien ample ; luy promettant de luy en donner la réſolution dans trois jours.

Cependant Monſieur du Blanc fut viſité des principaux Officiers & Gentilhommes de cette Isle, & fut promené par les plus beaux endroits & les plus beaux quartiers ; & il aſſeure qu'il n'a jamais rien veu de plus agreable dans l'Europe. On luy fit voir dix ou douze maiſons ſuperbement baſties, aſſez amples, & aſſez ſomptueuſement meublées pour y loger des Princes avec leur train. Il y eſtoit magnifiquement traité, & toute cette Nobleſſe l'invitoit à paſſer une ſemaine avec eux, afin qu'ils euſſent la ſatisfaction de le traiter chacun à ſon tour. Mais tout cela n'avoit pour but que de gagner du temps.

Le Lundy qu'il devoit avoir ſa reſolution, le Milord l'envoya avertir qu'il ne la luy pouvoit donner ; par ce qu'il eſtoit incommodé, & d'ailleurs qu'il eſtoit occupé à faire des dépeſches pour Londre. Le Ieudy Monſieur du Blanc fut chez le Milord, & on luy dit qu'il eſtoit aux champs : Et s'y eſtant encore rendu le Samedy, le Milord le pria de remettre la partie au Lundy. Mais ce jour eſtant venu, le Milord luy demanda excuſe de ce qu'il eſtoit ſi tardif, & le ſupplia affectueuſement de ſejourner quelques jours davantage, pour voir la reveuë generale de la Cavalerie & de l'Infanterie qui ſe devoit faire le Ieudy ſuivant ; mais celuy-cy convaincu du procedé peu ſincere du Milord, luy repartit, qu'il ne le pouvoit faire ſans paſſer ſes ordres, & que le temps qui luy avoit eſté preſcrit eſtant expiré il y avoit ſix jours, il deſiroit partir, à moins que ſon autorité ne cauſa ſa detention.

Le Milord le voyant reſolu de partir, le pria encore à

dîner le lendemain Mardy 16. de May, l'assurant que sans faute il luy donneroit la reponse des Lettres qu'il luy avoit apportées, avec une resolution signée de sa main, prise sur les propositions qu'il luy avoit faites.

Le lendemain Monsieur du Blanc fut trouver le Milord chez luy à l'heure convenuë. L'on n'oublia rien de toutes les caresses, civilitez & honneurs que l'on luy put rendre : & apres que l'on l'eut splendidement traitté, le Milord luy donna deux Lettres pour Messieurs de Clodoré & de Chambré ; mais comme ce qu'elles contiennent est compris dans le resultat du Milord, j'obmets les Lettres, & mets icy ce resultat.

Copie du Resultat de Monsieur le Milord Vvillougby, sur la demande à luy faite, pour la reparation des torts & griefs soufferts par les François, de la Nation Angloise.

LE peu d'intelligence que j'ay dans vostre Langue, m'a donné occasion d'estre un peu long-temps à faire translater fidellement en Anglois, les papiers que vous m'avez délivrez ; afin que par ce moyen, vous puissiez recevoir de ma part toute la satisfaction que mon pouvoir & la justice vous en peuvent faire esperer.

Ausquels pour répondre, je vous asseure que j'ay un tres-grand ressentiment contre ceux qui ont interrompu l'amitié & la bonne intelligence dont nous estions icy demeurez d'accord ; & principalement contre Vvalker, l'action duquel, comme dit tres-bien Monsieur de Clodoré, est fort deshonnorable & pleine de fourberie, laquelle bien loin d'approuver, je vous asseure que je le feray si bien exami-

O o ij

ner, que s'il ne peut pas se justifier, je luy feray au plustost souffrir une punition égale à son forfait.

Pour ce qui regarde le tort que l'on dit avoir esté fait à la Burlote, & à Dorenge, j'estime le rapport que vous m'en faites tres-digne de foy ; mais nos loix ne condamnent personne sans l'entendre au préalable : c'est-pourquoy il faut donner commission à quelques honnestes personnes de toutes les Isles où l'on dit que ces choses ont esté faites, de se trouver en un lieu choisi pour ce sujet, afin d'en traiter avec autant des vostres que vous jugerez à propos ; & en suite du resultat de leur conference, faire telle réparation que la justice de vostre cause le requerera ; car le plus grand de mes souhaits, est qu'aucune occasion de rupture ne soit donnée de nostre part, parce que j'espere qu'il n'en sera pas donné de la vostre.

J'ay aussi un grand desir de vous donner une pleine & entiere satisfaction touchant le traité que vous me dites avoir esté fait à Saint Christophle le vingt-six de Ianvier dernier. Mais je vous asseure que ces papiers sont les uniques informations que j'en ay eu jusqu'à present ; c'est-pourquoy je ne puis donner la reponse sur un sujet dont je n'ay encore connoissance : mais aussi-tost que j'en auray eu nouvelle, je feray l'accomplissement, & mesme je porteray tous les autres à conserver autant que faire se pourra nostre aimable correspondance. Vostre proposition ou avis merite d'estre beaucoup consideré ; C'est-pourquoy je le recommanderay aux Commissaires, afin qu'ils y fassent une reflexion particuliere.

Pour ce qui est du dernier article par lequel vous me priez d'obliger le Gouverneur de la Iamaïque ; cette terre estant un autre Gouvernement & different du mien, je ne le puis pas faire : je ne doute pas que quand mes Commissaires feront paroistre aux vostres, que nous avons de justes complaintes contre quelques-uns de vostre Nation, le tort que nous aurons receu de leur part ou par leur moyen, je ne doute point, dis je, que pour lors la justice

Des Ant-Isles de l'Amerique. 293

de Monsieur de Clodoré & de Monsieur de Chambré ne paroisse, en faisant une satisfaction telle qu'il sera requis pour conserver l'amitié, la concorde & la bonne intelligence entre nous.

Je reserveray à la discretion des Commis l'injustice que vous dites avoir esté faite par le Capitaine Cope, & je vous asseure qu'aucune instruction de ma part ne pourra justifier son action.

A la Barbade le 23. Fevrier, stile Anglois, 1666.

Cette recollation fidellement & sincerement faite & presentée à Messieurs de Clodoré & de Chambré, le Ieudy douze de Mars, stile François, mil six cens soixante-six, par moy soussigné GORDELIER, *sieur* DU BLANC.

Le Milord luy disant adieu, l'asseura qu'il le feroit suivre par une barque, dans laquelle il envoyeroit deux Gentilhommes, pour conclure les traitez avec ces Messieurs; & à cause qu'il estoit nuit, on le pria de faire fanal, afin que la barque le pust suivre.

A son depart il fut conduit au bord de la mer par le Gouverneur de l'Isle, & deux Officiers de consideration, lesquels s'embarquerent avec luy dans la chaloupe, qui avoit sur son arriere six grands carreaux de velours bleu frangé d'or, sur l'un desquels l'on fit asseoir M. du Blanc; & les deux Officiers prirent place à ses costez: ils le conduisirent à sa barque, & l'aiderent à y monter; & en partant, il fut salué de onze coups de canons pour luy dire adieu.

Mais pour moy je ne puis concevoir pourquoy tant de ceremonie, pour déguiser une fourbe qui s'alloit découvrir d'elle-mesme par l'inexecution de la promesse de ce Milord, de le faire suivre par des deputez qui sont encore à venir.

Oo iij

BIEN que je ne me fente pas affez inftruit pour faire une defcription exacte de l'Ifle, que les Anglois qui l'habitent, appellent *Barbade*, & les François, *Barboude*, fituée au quatorziéme degré trente-cinq minutes au Nord de la Ligne : je croirois faire tort aux perfonnes curieufes, fi je les privois de quelques Remarques, que Monfieur du Blanc y fit pendant fon fejour au mois de Janvier mil fix cens foixante-fix. Et afin de n'y rien alterer, je les mettray icy dans le mefme ordre, & dans les mefmes termes qu'il les a efcrites.

Remarques faites par Monfieur du Blanc dans l'Ifle de la Barbade, ou Barboude.

LA principale ville qui eft nommée le Pont, contient environ quinze cent maifons, toutes fort bien bafties de briques & de pierres de taille, enjolivées de vitres, de galeries, & d'autres agrémens à la mode Angloife. La plus-part de fes Bourgeois font marchands, tenants boutiques ouvertes, & auffi richement garnies que dans Londre.

La ville fe peut fortifier, parce qu'à peu de frais on peut faire aller la mer à l'entour, par des canaux portants bateaux, & mefme de grands navires, qui la pourroient défendre & rendre imprenable.

La Rade eft excellente, & lors qu'un navire y échoüe,

Des Ant-Isles de l'Amerique. 295

il va sur la vase & ainsi il se sauve.

Ses principaux forts consistent en trois plate-formes, dont les deux principales sont sur les deux pointes qui commandent la Rade. Dans une il y a neuf pieces de canon, & dans l'autre vingt-deux : La troisiéme est scituée sur une pointe de dessous le vent, que l'on appelle le Fort Royal, où il y a trante pieces de canon ; & il faut que tous les navires qui mouillent à la rade, passent devant ce Fort plus proche qu'à la portée du canon.

La Rade a flux & reflux de deux pieds de diminution.

Il y a deux Bourgs, d'environ deux cens maisons, scituez sur deux pointes qui avancent en mer ; & en divers endroits il y a des forts.

Cette Isle a un tres grand nombre de moulins à vent qui brisent les cannes de sucre, & il s'y en fait une si grande quantité, qu'ils en chargent 200. navires tous les ans. Ils ont aussi des rafineries, & envoyent beaucoup de sucre tout rafiné en Europe. Les habitans de la campagne sont incomparablement mieux logez que ceux des villes, & leurs maisons semblent autant de Palais capables de loger des Princes.

L'Isle est depourveuë de rivieres, mais pour peu que l'on creuse dans la terre, l'on trouve par tout des eaux aussi bonnes que celles des fontaines ; & mesme tout proche de la mer.

Dans toute l'estenduë de cette Isle, la plus haute montagne n'excede pas nos moindres collines, & les charretes, & plus de cinquante carosses, qu'il y a dans cette Isle, vont par tout sans incommodité.

L'Isle abonde en bœufs & moutons, & toutes sortes de volaille, & l'on y peut manger de toutes ces choses à aussi bon marché qu'en Angleterre.

Les forces de cette Isle sont de dix-huit à vingt-mille fantassins, & environ trois mille chevaux.

Il peut sortir de la ville de Pont, quatre mille chevaux. Ceux qui les montent sont marchands ; mais fort bien à cheval, y ayant dans cette Isle des Capitaines tres-habiles, qui les exercent de temps en temps.

Tout le monde de la campagne est aussi propre & aussi leste que dans Londre.

Il y a dans cette Isle un Vice-Roy, & dessous luy un Gouverneur.

Il y a dans cette Isle plus de quarante mille Esclaves, ausquels les Maistres donnent à chacun deux livres de lard, ou de bœuf par semaine, sans le pain pour leur subsistance.

ESTAT

ESTAT
DE LA
RELIGION
DANS LES ANT-ISLES.

CHAPITRE SECOND.

J'Ay si amplement parlé de l'estat de la Religion des Colonies Françoises des Ant-Isles, dans le second livre de mon Histoire, Traité septiéme, Chapitre second, §. premier; que je me serois contenté de ce que j'en avois dit, si deux choses ne m'avoient engagé, dans la qualité que je prends d'Historien des Ant-Isles, & à conserver l'honneur des anciens Missionaires qui y ont travaillé les premiers, & y travaillent encore avec édification; & à garentir la Compagnie des Indes Occidentales, du blasme qui luy pourroit estre imputé, pour les desordres préjudiciables à la Religion, lesquels on pretend s'y estre glissez depuis qu'elle y est establie.

P p

§ I.

Justice renduë par l'Auteur, aux Missionaires des Ant-Isles.

Sans doute que la modestie de tous les Missionaires de nos Ant-Isles, prendra fort peu de part à la justice que je m'efforce de leur rendre, en taschant d'empescher que l'on enseveliffe la memoire de leurs travaux; puis qu'ils ont un objet incomparablement plus relevé, que le vent d'un peu de gloire qu'ils peuvent recevoir en ce monde. Mais n'ayant pû voir sans deplaisir, aussi bien que plusieurs personnes, que l'on leur ostast ce qui leur est dû, pour le donner à d'autres : j'ay apprehendé que mon silence en cette occasion, fist les mesmes impressions sur les esprits de ceux qui sçavent ce qui s'est passé dans l'Amerique, que le livre du sieur Chaulmer a fait dans celuy de tous ceux qui ne l'ayant pû lire sans douleur, m'en ont fait des plaintes.

Ce Livre est intitulé *Suite du Nouveau Monde Chrétien, ou de l'histoire des Missions*, composé par le sieur Chaulmer.

Cet Auteur dans tout ce livre teste levée, parle de ce nouveau monde, comme si les RR. PP. Iesuites en avoient esté les seuls Apostres & les seuls Missionaires, lesquels ne sont neantmoins arrivez dans ces Isles, qu'en l'année mil six cens trente-neuf, sans dire un seul mot des Capucins, des Iacobins, des Carmes, & de plusieurs Prestres seculiers, qui dés l'an mil six cens vingt-six, y ont travaillé avec grande édification, & qui y ont essuyé toutes les peines

& toutes les rigueurs qui ont accompagné les douze premieres années des établiffemens des Colonies dans les Ant. Isles.

Vn tres grand nombre d'entre-eux y ont ceffé de vivre dans l'actuelle predication de l'Evangile : & je dois donner ce temoignage à la verité, que de ma seule connoiffance, il en eftoit mort plus de trente en opinion de sainteté, avant que les RR. PP. Iefuites y euffent mis le pied.

Cet Auteur en parlant de ces Miffions dit, *En l'année 1651. que les RR. Peres Palleprat, Daubergeon & Gueimen arriverent dans ces Isles, y trouverent trois Miffions fort bien eftablies, & plufieurs autres dont l'on jettoit les premiers fondemens. La plus avancée eftoit celle de Saint Sauveur, ou Sainte Croix; la feconde celle de Saint-Martin, la troifième celle de Saint Barthelemy, la quatriéme celle de Marigalande, & la cinquième celle des Irlandois dans l'Isle de Saint Chriftophle.*

Il fait enfuite rouler fon Nouveau Monde Chreftien, fur les travaux des Reverends Peres Iefuites dans ces cinq Miffions, fans dire un mot de tous ceux dont je viens de parler. Ie ne le blafme pas d'avoir rendu cette juftice aux Reverends Peres Iefuites, de dire qu'ils cultivent ces Miffions avec toute l'édification imaginable, & y font beaucoup de fruit; mais il me femble qu'il devoit dire en mefme temps, que c'eftoit conjointement avec les autres Miffionaires, qui les ont dés long-temps precedez dans ces pieux exercices; & qui les continuent avec eux, chacun felon le talent que Dieu leur departit.

Si cet Hiftorien avoit pris la peine de lire les livres qui ont efté écrits fur le fujet des Miffions du Nouveau monde, il ne fe feroit pas expofé à fouffrir le reproche que le refpect & la veneration que j'ay pour ces anciens Miffionaires, m'oblige de luy faire dans celuy-cy. I'en avois déja fait un livre il y avoit plus de quinze ans, & j'en ay fait encore deux il n'y a que quatre ans. Les Reverends Peres Carmes en ont auffi fait un de leur Miffion dans les Isles, dans lefquels il fe pouvoit inftruire de tout ce qui luy eftoit neceffaire pour faire juftice à tout le monde; mais n'ayant voulu voir que les relations des Reverends Peres Iesuites, qui ne parlent ordinairement que d'eux ; il ne faut pas s'estonner s'il n'en peut pas dire autre chose.

Le sieur Chaulmer sçaura donc, que les Reverends Peres Iesuites susnommez, arrivans dans ces Isles, en l'année 1651. firent avec beaucoup de zele & d'édification, tout ce que les autres Missionaires tant seculiers que reguliers, avoient fait de temps en temps dans ces cinq Missions dont il parle.

Le soin de la Mission de Sainte Croix est demeuré à nos Religieux depuis l'an 1658. celles de S. Martin & de S. Barthelemy ont esté abandonnées au premier Cousat de S. Christophle; & la Mission de Marigalade est cultivée par les RR.PP. Carmes, qui y ont esté establis par Monsieur Hoüel, quelque temps apres que cette Isle a esté habitée par les François. Il me reste donc avant que de m'engager a dire en détail ce que je sçay de toutes ces Missions, à considerer cette Eglise d'Irlandois, d'Anglois & d'Infidelles convertis à la Foy, qu'il fait composer cette année dans Saint Christophle par le Reverend Pere Destriches, & monter avec beaucoup d'exageration, jusqu'à trois mille personnes.

Ie puis icy asseurer sans faire tort aux pieux travaux des Reverends Peres Iesuites, que cette Eglise dont le nombre des personnes n'a jamais monté jusqu'à mil ou quinze cens au plus, a esté composée, puisqu'il se faut servir de son terme, plus de 12. ans avant que les Reverends Peres Iesuites eussent mis le pied dans Saint Christophle, par les Reverends Peres Capucins, & cultivée par eux-mesmes avec grand fruit ; & par quelques-uns des nostres, comme par les Reverends Peres Pelican, & Nicolas de Saint Dominique, & enfin par plusieurs Prestres Irlandois gens de grande édification ; & qui tous faisoient de grands fruits parmy les heretiques.

Il est vray que le Reverend Pere Destriches Iesuite, qui estoit un homme fervent & charitable, estant Irlandois de Nation, a esté incomparablement plus chery de tous les Irlandois & Anglois, que tous les autres Missionaires; qu'il y a travaillé tres-utilement, & a souffert des peines incroyables, allant chercher dans Mont-saraft ces pauvres gens qui y furent persecutez, & enfin chassez par les Anglois à cause de la Religion Catholique, & dont une partie furent tres-inhumainement degradez dans l'Isle des Crabes, pour les y faire perir par la misere & par la faim. Quelques-uns d'entre-eux firent un pipery ou rasdeau; & s'estant mis dessus avec leur bagage, & exposez à la mer pour gagner quelques autres terres, y perirent.

Ie luy laisse dire tout ce qu'il luy plaist des Missions aux sauvages de nos Isles, sans dire un seul mot du Reverend Pere Raimond, Breton de nostre Ordre, qui dés l'an mil six cens trante-huit, a travaillé sans aucune relâche à les instruire, avant que ces bons Peres fussent partis de France; non plus que du Reverend Pere Beaumont qui luy a succedé, & continue actuellement cette Mission avec succés. Tout cela n'est rien dans l'esprit du sieur Chaulmer, pourveu qu'il fasse ses bons amis les seuls Apostres de toute le terre : & comme il est vray qu'ils travaillent par tout, il seroit excusable s'il avoit donné pour titre à son livre, Les Missions des Reverends Peres Iesuites, & je n'aurois aucun droit de le reprendre.

§ II.

Missions faites dans les Isles de Sainte Croix, par divers Ecclesiastiques reguliers & seculiers, & l'establissement des Freres Prescheurs dans cette Isle.

IE ne pretens pas vous faire icy vne histoire fort exacte de ce qui s'est passé dans les premieres Missions de cette Isle, mais seulement vous presenter ce que ma memoire m'en a pû suggerer, lors que l'on m'a mis en main le petit livre du sieur Chaulmer ; c'est à dire dans le mesme temps que j'achevois celuy-cy. Ie sçay que peu de temps apres que cette Isle fut conquise en l'année 1650. par le sieur Vaugalan, sous Monsieur le Chevalier de Poincy, deux Reverends Peres Iesuites dont je suis tres-mari d'ignorer les noms, parce qu'ils estoient gens de pieté & de merite, furent à la requeste de Monsieur de Poincy, faire la Mission dans cette Isle, & y firent tout le fruit & le progrez spirituel que l'on pouvoit attendre des gens de cette qualité : mais le premier qui estoit un homme d'une grande vertu, y estant mort en opinion de sainteté ; le second se retira à Saint Christophle, dans un temps qu'elle avoit bien besoin de secours.

Quelque temps apres, les Reverends Peres Carmes y firent de temps en temps quelque Mission ; mais cela n'alloit qu'à subvenir precisement aux choses absolument necessaires au salut, & à quelque consolation qu'ils donnoient aux habitans pendant le peu de sejour qu'ils faisoient dans cette Isle.

Il y eut aussi quelques Prestres seculiers qui y travaillerent fort utilement ; mais comme cette Isle, dont le sol est merveilleux, avoit produit de plus grands arbres, l'air dans ce commencement en eſtoit ſi mal-ſain, que tous ces bons Preſtres, auſſi-bien que pluſieurs habitans y mouroient, ou s'en retournoient malades à Saint Chriſtophle; deſorte que cette pauvre Iſle demeura aſſez long temps autant deſtituée de ſecours ſpirituel, qu'elle l'eſtoit du temporel, comme j'ay dit ailleurs; juſques à ce qu'un bon Prétre nommé Torreau s'y ſacrifia genereuſement, & y ſubſiſta aſſez long temps, cultivant ſeul cette vigne avec une ferveur & une charité tres-utile aux habitans de cette Iſle: mais la maladie du pays l'ayant attaqué, & voulant aller trouver quelque remede à Saint Chriſtophle, il mourut en chemin, au grand regret des habitans de cette Iſle. Sa mort acheva de décrier cette terre, & elle fut comme abandonnée, juſqu'au Gouvernement de Monſieur du Bois.

Monſieur du Bois qui n'avoit pas moins de zele pour ſon ſalut & celuy de ſes habitans, que pour le temporel de l'Iſle dont Monſieur de Poincy luy donnoit la conduite; le ſupplia inſtamment de luy procurer des Religieux qui s'y vinſſent eſtablir avec luy, pour entretenir le culte divin, adminiſtrer les Sacremens, & aſſiſter les habitans juſqu'à la mort.

Monſieur de Poincy trouvant la propoſition de ce Gentilhomme raiſonnable, ſe mit incontinent en peine de luy en procurer, & il s'adreſſa premierement aux Reverends Peres Ieſuites, qui luy refuſerent tout net. Il fut enſuite aux Carmes qui luy avoient de tres-grandes obligations, & qui neantmoins le payerent de la meſme monnoye: ſi-bien que ne ſçachant plus à quel Saint ſe voüer, il s'en plaignit au frere Nicolas de noſtre Ordre, qui eſtoit alors à Saint Chriſtophle pour quelque affaire domeſtique. Ce bon frere voyant l'affection de M. de Poincy, le conſola, l'aſſeurant qu'il nous eſtoit venu de France quatre braves Religieux qui ne demandent que de l'employ; & qu'il eſtoit aſſeuré que ni la crainte du travail qu'il faut prendre dans cette Iſle, ni des maladies, ni de la mort, ne les empeſcheroient pas d'y aller, & d'y travailler d'une maniere que luy & tous les peuples en seroient satisfaits; & que s'il en écrivoit à nos Superieurs, il en auroit toute sorte de satisfaction : & ce bon Seigneur fut si satisfait de l'offre de ce bon frere, qu'il s'écria devant tout le monde, *Voila de veritables Missionaires, qui n'apprehendent pas la mort, & de vrais amis qui cherchent l'occasion de me servir, quoy qu'ils ne soient pas dans mes Isles.* Il en écrivit par le premier navire au Reverend Pere Fontaine, Prefet de nostre Mission, qui ne manqua pas de se rendre à Saint Christophle, dés le Caresme de l'année 1660. avec le Reverend Pere du Bois : mais ayant trouvé Monsieur de Poincy malade, ils ne luy purent parler d'affaire; de-sorte qu'il se contenta d'envoyer à Sainte Croix le Reverend Pere du Bois, qui est un homme robuste, zelé, fervent, charitable & tres-sobre, afin de reconnoistre cette Isle; & voir de quelle maniere il s'y faloit prendre pour y servir Dieu & le prochain avec édification.

Pendant que ce bon Religieux estoit à Sainte Croix, & y travailloit avec succés, Monsieur de Poincy mourut; & le Reverend Pere Fontaine fut malheureusement noyé, comme j'ay déja dit dans mes premiers livres : si-bien que les choses ayant changé de face, le Reverend Pere du Bois revint à la Guadeloupe, pour rendre compte au Reverend Pere Beaumont, eleû en la place du Reverend Pere Fontaine, de ce qu'il y avoit à faire dans cette Isle; & sur son rapport, nos Peres conclurent dans une assemblée qui fut faite dans la Guadeloupe à ce sujet, qu'il faloit faire un établissement à Sainte Croix.

Cette affaire estant resoluë le Reverend Pere Beaumont & du Bois partirent en Octobre de l'année 1660. & en arrivant à S. Christophle, trouverent que Monsieur de Sales avoit succedé à la charge de Monsieur de Poincy, aussi bien qu'au desir qu'il avoit de nous establir dans l'Isle de Sainte Croix. Ils parlerent incontinent d'affaire, & conclurent les articles du Contract de nostre establissement, qui fut passé à Saint Christophle au mois d'Octobre 1660. & dont voicy les principales Clauses.

Convention

Convention faite entre Monsieur de Sales, & les Religieux de Saint Dominique, pour leur establissement dans l'Isle de Sainte Croix.

I.

QV'il sera donné aux Religieux de Saint Dominique, une place de six cens pas de large, sur trois mille pas de chache, à chacher du bord de la mer aux montagnes, de laquelle ils disposeront comme proprietaires.

II.

Que dans tous les quartiers où l'on establira des Chapelles, lesdits Religieux y auront une place de 600. pas de large sur 600. pas de chache, & qui demeurera à leur profit, tant qu'ils desserviront lesdits quartiers.

III.

Qu'il sera donné pour chaque Religieux quatre mille livres de sucre ou de petun, à leur choix, pour pension, & que pour le premier, il en aura cinq mille livres.

IV.

Que les habitans pourront esteindre ladite pension en donnant dix negres pour chaque Religieux.

V.

Qu'on ne pourra envoyer des Religieux qu'autant que les Seigneurs ou les Habitans en demanderont.

VI.

Que les Seigneurs ou Habitans auront permission de mettre si bon leur semble, d'autres Ecclesiastiques dans l'Isle, mais en cas qu'ils le fassent, ils ne les pourront placer plus prés d'une lieuë desdits Religieux, & que les quartiers où lesdits Religieux seront establis, qui sont celuy du Nord & celuy du Sud, ne leur pourront en aucune façon estre ostez.

VII.

Que l'on sera obligé de fournir ausdits Religieux, des ornemens, jusqu'à ce que les pensions soient esteintes par les dix negres.

VIII.

Que lesdits Religieux auront droit de pesche & de chasse autour & dans toute l'Isle.

IX.

Que lesdits Religieux & leurs domestiques, tant blancs que noirs, ne payeront aucuns droits Seigneuriaux; mais qu'en cas qu'ils loüassent leurs places, ceux qui seront dessus les payeront.

X.

Que lesdits Religieux seront exempts de garde & de corvée.

XI.

Que l'on donnera un cheval pour le soulagement du Reverend Pere du Bois, qui y doit estre envoyé le premier.

Si-tost que le Contract fut passé, le Reverend Pere du Bois partit pour aller prendre possession absoluë de cette mission. Il commença à y exercer ses fonctions au mois de Novembre 1660. preschant, catechizant, enseignant, & secourant les malades avec une ferveur apostolique, & une charité admirable. Sa vie estoit si austere, que Monsieur du Bois dans l'apprehension de le perdre, le pressa si fort de moderer un peu ses austeritez & de prendre quelque meilleure nouriture, qu'il l'obligea à se retirer dans une petite chaumine; où il commençoit à mener une vie peu conforme aux sentimens de la chair & du sang, lors que nostre Superieur jugea à propos de luy envoyer un compagnon, tant pour le soulager, que pour avoir soin de cet établissement, & de tout le temporel, auquel le Pere du Bois n'avoit aucune inclination.

Le Reverend Pere le Clerc, qui a un peu plus d'aptitude à ces choses exterieures que luy, fut choisi pour cet employ. Il arriva à Sainte Croix le huit de May de l'année mil six cens soixante & un, où il trouva le bon Pere du Bois dans sa petite Case, menant une vie terrible, & ne beuvant que de l'eau chaumache, qu'il faloit aller querir bien loin. Cela le surprit, & l'obligea sans perdre de temps, à chercher un lieu propre pour y faire une habitation : & apres qu'il eut parcouru tous les quartiers de l'Isle, il s'arresta au Fort Flamend, sur le bord de la riviere Salée, où avec beaucoup de peines, il défricha une fort belle habitation. Mais comme cette place n'estoit pas conforme au contract, Monsieur de Sales en fit une concession particuliere, de laquelle je ne sçay ny la datte, ny la teneur; nos Peres ayant si peu de soin de m'escrire l'estat de leurs Missions, que je suis obligé de mandier à des Estrangers, ce que je devrois apprendre d'eux.

Le bon Pere du Bois voyant un Missionnaire dans cette Isle, qui avoit de la capacité, & de la force pour suffire à ce qu'il y avoit d'Habitans, estendit sa charité jusques dans les Isles de saint Martin & de saint Barthelemy, qui n'avoient ny Prestres, ny Religieux, & qui estoient comme abandonnees, & sans aucun secours spirituel. Il les preschoit, les catechisoit, leur administroit les Sacremens, & assistoit leurs malades à la mort. Mais comme son principal talent estoit la controverse, il passoit aux Isles des Vierges, de l'Anguille, de la Couleuvre, d'Antigoa, & autres Isles Angloises, cherchant des Heretiques, parmy lesquels il faisoit un fruit merveilleux : de sorte que le Reverend Pere le Clerc demeura prés de cinq ans seul, contraint de subvenir aux cinq quartiers de l'Isle, qui sont, le Nord, le Sud, celuy de S. Iean, la Riviere Salée, & la Pointe de Sable : Ils sont tous assez éloignez les uns des autres; & les peines qu'il eut autour des malades ne sont pas concevables.

Il est vray qu'en l'année mil six cens soixante-deux il fut secouru par le Reverend Pere Oudry. Mais son secours ne dura gueres : Car celuy-cy estant un peu delicat, eut une rude secousse d'une grande maladie, qui l'obligea bien viste de retourner à la Guadeloupe, où il pensa mourir. Ce fut à l'occasion de trois Fripons, dont l'histoire ayant esté bien averée, merite bien d'estre inserée icy. Ces trois Galands se moquans du Dimanche & de la Messe, demanderent à leurs voisins s'ils vouloient venir pescher avec eux, lesquels repondirent qu'il faloit aller à la Messe, estant le Dimanche de la Trinité. Nos Galans respondirent en libertins, La Trinité vous donnera-t-elle à disner ? venez, venez, vous irez une autre fois à la Messe. Les voisins ne le voulans pas faire, ces trois malheureux y furent, & trouvant quantité d'une sorte de petits poissons que l'on appelle *Callieus*, dans la Lame, ils en prirent autant qu'ils voulurent ; & apres en avoir mangé, ils en apporterent à leurs voisins qui estoient de retour de la Messe, & en mangerent comme les autres ; mais avec cette difference, qu'ils ne ressentirent aucun mal, & nos trois Fripons tomberent malades, & moururent en vingt-quatre heures : de sorte que le Reverend Pere Oudry ayant esté contraint de courir toute la nuit tantost à l'un, tantost à l'autre, il s'echauffa si bien, qu'il en tomba grievement malade.

Ce qui me reste à dire de cette Mission est si peu de chose, qu'il ne vaut pas la peine de me reserver à le dire dans un autre endroit ; ainsi il ne se faut pas estonner, si je passe en ce rencontre les termes que je me suis prescrits.

En mil six cens soixante-sept, les Reverends Peres du Bois & le Clerc ayant esté rapellez par nos Superieurs, les Reverends Peres Antonin Comminge de Bruge, & Albert Perot du Convent de Rennes furent envoyez en leurs places. Le dernier qui estoit fervent & zelé comme un Apostre, y tomba malade, & y mourut au mois d'Aoust de la mesme année, le jour de nostre P. S. Dominique. Le P. du Bois fut contraint d'y retourner ; mais il ne demeura gueres avec le P. Antonin, qui par un zele & une charité un peu trop fervente, embrassant plus de travail qu'il n'en pouvoit porter, devint perclus de tous ses membres, & fut contraint de se retirer en son Convent de Bruge. Les Peres Guimard & Chatagnat y furent envoyez à leur place. Je ne sçay pas combien ils y ont demeuré, ni ce qu'ils y ont fait.

En l'année mil six cent soixante-cinq, le Reverend Pere du Bois établit dans cette Isle une Confrairie de la Charité, où il y a douze Confreres habitans, dont six alternativement par semaine, portent les corps morts sur leurs espaules à l'Eglise, & les mettent dans la fosse. Ils les vont prendre jusques dans les maisons mesmes des pestiferez, & ils font dire un service tous les mois pour tous les freres qui meurent, & un autre pour ceux qui se mettent dans cette Confrerie. Il y en a une semblable à saint Christophle, qui rendit de grands services pendant la peste, allant querir les corps dans les maisons, où la pluspart seroient pourris sans la charité de ces bons Confreres ; & l'on remarqua que pas un d'eux ne fut frappé de la peste.

En l'année mil six cent soixante-six Monsieur du Bois fit venir dans cette Isle un jeune Prestre seculier, tres honneste homme, qui y travailla aussi avec eux ; mais fort peu de temps.

En l'année mil six cens soixante huit M. du Bois y fit encore venir un jeune Benedictin qui se disoit Prieur de Sainte Croix de Provins : mais l'on ne croit pas qu'il y soit demeuré.

Il faut encore dire icy, avant que de finir ce Paragraphe, au sujet des Missions des Ant-Isles, que les premiers Directeurs ayant esté d'abord persuadez par des personnes qui ne vouloient pas que leurs mœurs fussent éclairées par des Religieux, de prendre des Prestres seculiers pour remplir les Missions, & pour desservir les Eglises des Isles. Ces Messieurs un peu mieux intentionez qu'eux, chercherent les meilleurs, & furent pour cet effet à Saint Nicolas du Chardonet qui est une école de vertu, où ayant demandé des Missionaires pour les Ant-Isles, ces bons Ecclesiastiques leur accorderent leur demande avec joye ; & ils y envoyerent d'abord un tres-vertueux Prestre de cette maison, nommé du Grad, & quelques autres dont j'ignore les noms, qui partirent de France en grande devotion de bien employer leur zele dans l'Amerique. Mais à leur arrivée ils trouverent que les travaux de la Zone torride estoient bien moins supportables que ceux de la France, & la maniere de vie des Missionaires de ces lieux, bien differente de celle des Missionaires de Paris. Ils estoient neantmoins resolus d'y faire des establissemens pour des Prestres Missionaires : Mais ayant fait quelques propositions un peu amples pour les commencer, ils trouverent des gens si serrez, qu'ils furent contraints de se retirer, & d'abandonner cette Mission.

Les Directeurs persistant dans le dessein que l'on leur avoit inspiré, ont depuis cherché de tous costez des Prestres seculiers, entre lesquels il s'en est trouvé quelques-uns de grande édification. Mais comme les bons Ecclesiastiques sont autant recherchez en France qu'ils y sont necessaires, & que ces Messieurs avoient assez de peine à en trouver autant & de tels qu'il leur en faloit ; ils ont esté obligez de prendre ceux qu'ils ont pû rencontrer, pour les envoyer dans les Isles, & les y entretenir avec bien de la dépense : & je suis certain que s'ils avoient dépensé la moitié de ce que ces bons Prestres leur ont cousté, pour des Religieux ; ils en auroient eu de reste pour subvenir à toutes les necessitez spirituelles des Isles. Et que l'on dise tout ce que l'on voudra, je m'asseure que le propre interest de la Compagnie leur fera avoüer que je parle sans interest.

Celuy qui a donné des memoires à Clousier pour faire la *Relation de ce qui s'est passé dans les Isles & terres fermes* &c. tombe presque dans le mesme defaut que le sieur Chaulmer. Car apres s'estre contenté d'un petit mot pour tous les Missionaires des Ant. Isles, il s'épanche comme un torrent sur les loüanges des Reverends Peres Jesuites, & leur fait *faire dans les Isles une Eglise florissante d'un grand nombre ramassé de differens lieux d'infidelles & de mécreans*, tout de mesme que si les autres Missionaires n'avoiët aucune part à l'instruction de ces pauvres Infidelles. Ces Reverends Peres sont trop justes pour desirer que je laisse passer une telle flaterie. Car bien qu'ils s'appliquent avec un zele & une charité qui édifie toutes les Isles, à l'instruction de ces pauvres esclaves, l'on ne peut nier que plusieurs des Missionaires des autres Ordres ne partagent leurs travaux aussi-bien que leur merite en cette occasion. Cet Auteur dit encore assez hors de propos, *Que les Peres Jesuites & les Jacobins Reformez ont deux grands établissemens à la Martinique; les premiers y ont d'ordinaire quatre Prêtres, les derniers deux*; quoy-qu'il soit vray que les Peres Jacobins Reformez pendant tout le Gouvernement de Monsieur de Clodoré & mesme long temps apres, ayent toûjours esté trois ou quatre Religieux dans cette Isle, sur des établissemens qui n'ont jamais égalé ceux des mediocres habitans, & qui à peine leur fournissent les choses necessaires à la vie, à leurs véstemens, & à entretenir fort pauvrement leurs petites Eglises : & que les Peres Jesuites qui ont douze fois autant de biens qu'eux, n'ont esté pendant tout ce temps que deux, & assez rarement trois. Je sçay ce qui fait parler cet Auteur de la sorte, & l'on sçait que j'ay assez de sujet de repliquer pour luy fermer la bouche : mais je me contente de me tenir sur la juste défensive, pour ne rien dire en recriminant.

§ III.

Sentiment de l'Auteur, sur une Lettre qui luy a esté escrite touchant l'estat spirituel de la Religion Catholique dans les Ant-Isles

Plusieurs personnes zelées pour le bien spirituel des Ant-Isles, ont fait des plaintes, que je croy mesme avoir esté jusques aux oreilles des Directeurs, touchant les desordres spirituels que l'on pretend s'estre glissez dans ces Isles, depuis l'établissement de la Compagnie des Indes Occidentales. Il y a eu mesmes des Missionnaires qui m'en ont écrit, & apres les avoir reduits à cinq chefs, m'ont prié de faire connoistre au public dans les Livres que j'écris, que ce n'est point à eux que l'on en doit imputer le blasme. Je suis fort persuadé de leur zele & de leur innocence : mais comme je ne pourrois éviter d'estre injuste en les justifiant, si je laissois tomber toute la faute sur la Compagnie, laquelle ayant trouvé plusieurs de ces abus commencez, n'en doit pas estre déclarée absolument coupable. Et ainsi pour faire justice aux uns & aux autres, je suis obligé de dire icy sincerement mes pensées sur une Lettre qui m'a esté écrite des Isles sur cette matiere, laquelle venant d'une personne zelée & un peu ardente, je ne la voudrois pas garantir d'un peu d'exageration. En voicy la teneur.

Mon Reverend Pere,

„ Afin que l'on ne donne pas le blasme à vostre Ordre, ny
„ aux autres Missionnaires des Ant-Isles, des desordres qui
„ arrivent, & qui infailliblement s'augmenteront à l'advenir

nir, dans toutes les Isles, pour y avoir receu d'autres per-"
sonnes que de la Religion Catholique, Apostolique & Ro-"
maine; il est important que Vostre Reverence sçache, &"
fasse sçavoir au public dans le Livre qu'elle compose, que"
tous les Religieux ont fait tout ce qu'ils ont pû pour empé-"
cher le progrez d'un si grand mal; en attendant que la"
Compagnie, qui n'est peut-estre pas informée de tout ce"
qui se passe, se resolve selon les intentions du Roy & de"
Monsieur Colbert, de remedier aux abus qui se sont glis-"
sez depuis quelques années dans les Isles, touchant la Re-"
ligion. J'ay compris tous ces desordres en cinq Articles,"
qui meritent bien que l'on y fasse reflexion. "

I.

L'on permet indifferemment à toutes sortes de person-"
nes, de quelque Religion qu'elles soient, de s'établir dans"
les Isles en qualité d'Habitans. Dans l'Isle de la Martini-"
que il y a des Iuifs qui ont des habitations & des moulins"
à sucre, & des hommes & des femmes esclaves Chrestiens"
& Catholiques. Dans toutes les Isles il y a un tres-grand"
nombre de gens de la Religion plus puissans en fond de"
terre & en Esclaves, que les Catholiques Romains. "

II.

Que les personnes de la Religion pretenduë Reformée,"
n'ont aucun soin de seconder la peine que prennent les"
Missionaires pour instruire leurs Negres, & les rendre ca-"
pables de recevoir le Baptesme, & les autres Sacremens de"
l'Eglise: Au contraire qu'ils en élevent quelques-uns dans"
leur fausse creance, & laissent mourir les autres sans Bap-"
tesme, & en entretiennent plusieurs dans un concubinage"
perpetuel sans se mettre en peine de les faire marier; ils ne"
veulent pas mesme obeïr à l'ordre qu'on leur a donné plu-"
sieurs fois d'avoir des François Catholiques dans leurs ca-"
ses, qui ayent soin de faire prier Dieu à leurs negres, de"
les faire aller à la Messe; & si on leur faisoit justice, il fau-"
droit les priver du droit de posseder des esclaves; puisque"
cette permission n'est accordée aux Catholiques qui habi-"

„ tent les Isles, que par une dispense particuliere en veuë de
„ cette instruction, & de leur conversion à la Foy, qu'ils
„ sont obligez de leur procurer, ou de perdre le droit de
„ les posseder.

III

„ Que ces Messieurs de la Religion commencent d'exercer
„ presque leur fausse religion, puis qu'ils font des mariages
„ autorisez par quelques Gouverneurs, qu'ils baptisent
„ leurs enfans dans leurs maisons, & les laissent assez souvent
„ mourir sans baptesme : qu'ils s'assemblent tous les Di-
„ manches dans quelques maisons pour y faire leurs prieres
„ & autres exercices : que dans les navires de la Compagnie,
„ ils chantent à haute voix leurs Pseaumes, ce qui ne leur est
„ pas permis dans les vaisseaux du Roy ; & ils estouffent la
„ voix du Prestre qui dit la Messe, & interrompent les prie-
„ res des Catholiques.

IV.

„ Ils sont élevez aux Charges publiques, tant de la mili-
„ ce, que du negoce : ce sont eux qui commandent les deux
„ tiers des vaisseaux de la Compagnie, & ont en leurs mains
„ les meilleures commissions pour la distribution des mar-
„ chandises.

V.

„ Qu'il y a un quartier dans l'Isle de la Guadeloupe fort
„ peuplé, où il n'y a ni Prestres, ni Eglises ; ce qui empé-
„ che les Catholiques de s'y establir, pour ne se pas exposer
„ à un danger evident de mourir sans confession : mais les
„ Huguenots n'estant pas retenus par la crainte de ce danger,
„ s'y establissent d'autant plus volontiers qu'ils y ont plus
„ de liberté d'y exercer leur Religion. Les negres & escla-
„ ves de ces heretiques sont à plaindre en ces quartiers où il
„ n'y a point de Prestres ; car comme ils n'entendent pres-
„ que jamais parler de Dieu, ils vivent & meurent sans estre
„ capables de le recevoir. Les François Catoliques qui les ser-
„ vent en qualité d'engagez pour trois ans, sont aussi dignes
„ de compassion, parce que mourants presque tous dans le
„ temps de leurs trois ans, de deplaisir ou de rage, à cause

du mauvais traitement de leurs Maiſtres, ils meurent toû- "
jours ſans confeſſion. "

Voila les termes de la Lettre de ce bon Eccleſiaſtique, leſquels pris preciſement, pourroient faire croire que la Compagnie eſt ſeule coupable de tous ces déreglemens; & qu'ils
ne ſe ſont gliſſez dans le pays, que depuis qu'elle y eſt eſta-
blie: ce qui n'eſt pas abſolument veritable; & pour luy rendre la juſtice que je luy dois, je diray ſincerement ce que je
ſçay ſur tous ces Articles.

Il eſt vray que long-temps auparavant que la Compagnie
fuſt en poſſeſſion de ces Iſles, il y avoit des Heretiques to-
lerez par toutes les Iſles: mais en tres petit nombre; leſquels s'eſtant accreus par la connivence de quelques Gouverneurs, ont toûjours tenté de faire ce que l'on dit de ceux-
cy: Mais ils en ont eſté empeſchez par le zele des Miſſionai-
res, qui s'y ſont fortement oppoſez.

Il y a plus de vingt ans que des Gouverneurs avoient donné des charges de Capitaines à des Huguenots: Mais les
plaintes que l'on en fit à la Reine Mere d'heureuſe memoire,
en empeſcha les ſuittes; & c'eſtoit une choſe tres-rare dans
toutes les Iſles, de leur en voir poſſeder, tant dans la police que dans les Armes. Pour le regard des Juifs, ils eſtoient
dans la Martinique long-temps auparavant la Compagnie:
mais ils n'y avoient aucunes habitations, & ne penſoient pas
meſme a en demander; ils ſe contentoient de faire la gargo-
terie & le regratage: Mais le commerce leur ayant eſté
oſté depuis que la Compagnie eſt en poſſeſſion des Iſles;
quelques-uns de ces Iuifs eurent l'effronterie de demander
que l'on leur permiſt d'avoir des terres & des habitations
comme les autres habitans, ou qu'on leur fiſt payer plus
d'un million de tabac qui leur eſtoit deû; & la Compagnie
ne s'eſtant pas clairement expliquée ſur cette requeſte, il fut
permis à deux Iuifs de faire des habitations, ſans conſequen-
ce, & à condition qu'ils donneroient quelques negres à
l'hoſpital qui ſe commençoit dans la Martinique; mais je

crois que l'on a dé-ja remedié à ce defordre.

Quant aux charges des Capitaines des navires de la Compagnie poſſedées par des Heretiques, j'en trouve une plainte faite à la Compagnie par le Gouverneur de la Martinique, un peu apres l'arrivée des Officiers de la Compagnie dans cette Isle, en ces termes : *Nos Capitaines de vaiſſeaux eſtant pour la plus grande part de la Religion pretenduë, font neantmoins leurs prieres à haute voix, quoy-que dans le Chaſteau de l'Avant ; c'eſt à quoy ie vous ſupplie de donner ordre. Il y va de l'honneur & de la gloire de Dieu, qu'une Compagnie tres-Catholique ſous l'autorité d'un Roy tres-Chreſtien, ne permette pas un culte heretique dans ſes maiſons quoy-que flotantes. I'en ay eſté ſcandalizé auſſi-bien que pluſieurs paſſagers. Les Anglois & les Hollandois ne ſouffrent iamais que nous diſions la Meſſe, ni chantions Veſpres dans leurs vaiſſeaux ; il eſt iuſte que ces bons ſeigneurs n'ayent pas plus de privileges qu'ils en donnent aux autres.*

Ces commiſſions données aux perſonnes heretiques pour la diſtribution des marchandiſés, eſt un mal qui s'eſt accreu depuis que la Compagnie a poſſedé ces Isles, & la cauſe de ce malheur n'eſt pas difficile à trouver ; car ces Meſſieurs de la Compagnie n'ayant pour but que le commerce, & d'acquerir de grandes richeſſes par ſon moyen, ils n'ont point cherché d'autres perſonnes que ceux qu'ils ont eſtimé les plus propres pour le faire reüſſir : & comme tous nos ports de mer ſont remplis de Capitaines, de Pilotes, & de Marchands huguenots qui ayant l'ame toute enſevelie dans la navigation & dans le negoce, s'y rendent plus parfaits que les Catholiques ; il ne ſe faut pas eſtonner s'ils ſe ſont ſervi de ces ſortes de gens, pour remplir les charges & les commiſſions qu'ils avoient à donner ; & les heretiques n'ont pas auſſi manqué de ſe ſervir de cette occaſion pour mettre les choſes dans l'eſtat que me l'écrit ce bon Eccleſiaſtique.

Mais j'ay appris du Reverend Pere Algand de noſtre Ordre, & de pluſieurs autres fraiſchement revenus de ces Isles, que dés l'année paſſée, il a eu des ordres ſi preſſants de la Cour pour remedier à cet abus, que l'on a déja ſujet d'en benir Dieu, & de le prier pour celuy qui les a procurez.

Voila tout ce que ma memoire me peut preſentement fournir touchant les Miſſions de toutes ces Isles; & s'il y a quelqu'un qui en veuïlle ſçavoir davantage, je le ſupplie d'avoir recours à mes deux premiers livres, où il trouvera tout ce qu'il pouvoit deſirer ſur ce ſujet des Miſſions des Ant-Isles, & du culte qui eſt rendu à un ſeul Dieu en trois perſonnes, auquel ſoit gloire & honneur au Siecle des Siecles. Ainſi ſoit-il.

FIN.

TABLE

DES TRAITEZ, DES CHAPITRES, ET des Paragraphes contenus en cette troisiéme partie de l'Histoire Generale des Ant-Isles de l'Amerique.

PREFACE 1

TRAITE' PREMIER
Establissement de Compagnie de la France Equinoctiale.

CHAPITRE PREMIER.

§. 1. *Monsieur de la Barre voulant establir une Colonie dans l'Isle de Cayenne, forme par ordre du Roy vne Compagnie,* 9

§ 2. *Le Roy establit Monsieur de la Barre Lieutenant General de cette Colonie; & fait ensuite Monsieur de Tracy Lieutenant General sur toute l'Amerique, & luy donne ordre de commander toute la flote,* 14

Commission de Monsieur de Tracy. 15
Lettre du cachet du Roy. 22

§ 3. *Départ de la flote, son arrivée à Madere, & ce qui s'y passa,* 24

§ 4. *La flote passe aux Isles du Cap-verd, & arrive à Cayenne : & les Hollandois composent avec Messieurs de Tracy & de la Barre.* 28

Articles & Conditions selon lesquelles les Directeurs Guerin Spranger, & Conseillers residans à l'Isle de Cayenne, delivrent à son Excellence Alexandre Prouville de Tracy, & Monsieur de

TABLE.

La Barre, l'Isle de Cayenne, avec les terres circonvoisines. Le tout accordé & souscrit par les deux parties, 31

§ 5. Monsieur de la Barre prend possession du Fort de Ceperou, & Monsieur de Tracy fait arborer la Croix dans l'Isle de la Cayenne. 33

TRAITE' SECOND.
Establissement de la Compagnie des Indes Occidentales.

CHAPITRE PREMIER.

Le Roy fait le projet de la Compagnie des Indes Occidentales, & les Proprietaires sans y penser favorisent ce dessein, 36

§ 1. Le Roy oblige par un Arrest de son Conseil, les Proprietaires des Ant-Isles, à rapporter les Contracts de leurs acquisitions pour estre remboursez, 39

Extrait des Registres du Conseil d'Estat, 40

§ 2. La Compagnie formée presse la verification de l'Edit, qui nonobstant l'opposition de quelques-uns, est verifié.

Edit du Roy pour l'establissement de la Compagnie des Indes Occidentales, 43

CHAPITRE SECOND.
Affaires des Ant-Isles.

§ 1. Monsieur de Tracy est bien receu dans la Martinique, où il administre la Iustice avec une merveilleuse dexterité, 67

Ordonnance que Monsieur de Tracy fit publier à la Martinique, le dix-neuf Iuin mil six cens soixante-quatre, 71

§ 2. Monsieur de Tracy ébauche dés la Martinique, l'affaire la plus delicate des Ant-Isles, & la termine à la Guadeloupe, par le renvoy des Seigneurs à la Cour. 76

CHAPITRE TROISIEME.

Les Anglois s'emparent de l'Isle de Sainte Lucye contre les traitez de paix, sur de faux pretextes. 81

§ 1. Histoire d'un Metif nommé Vvaernard, establi Gouverneur de l'Isle de la Dominique par le Milord Vvilloughby, 82

Commission de Thomas Vvaernard par le Milord Vvilloughby, 85

TABLE.

Les Anglois & les Sauvages prenent l'Isle de Sainte Lucie, par une composition qui n'est pas gardée, 86

Réponse à la Lettre du Milord Vvilloughby, Lieutenant General pour sa Majesté Britannique dans l'Amerique Meridionale, 88

CHAPITRE QVATRIEME.

Estat des Ant-Isles, depuis l'arrivée de Monsieur de Tracy, jusqu'au Gouvernement de la Compagnie, 91

§ 1. Le Roy deffend le commerce avec les Hollandois, par un Arrest de son Conseil, 91

§ 2. Monsieur de Tracy pourvoit à la seureté de la Guadeloupe, & de Marigalande : ses soins à y rendre la iustice, 93

§ 3. Estat des Ant-Isles depuis l'interruption du commerce avec les Hollandois, lesquels cherchent des inventions pour y rentrer, 97

CHAPITRE CINQVIEME.

Voyage de Monsieur de Tracy à la Grenade, 102

§ 1. Monsieur de Tracy establit Monsieur Vincent Gouverneur de la Grenade, 103

Ordonnance concernant les Karaibes, 104

§ 2. Les Sauvages entreprennent de faire la guerre aux François, 106

Description de l'Isle de la Grenade, tirée des memoires de Monsieur de Tracy, 109

§ 3. Les miseres aussi-bien que les mécontentemens des habitans s'augmentent, & Monsieur de Tracy écrit en Cour en leur faveur, 112

CHAPITRE SIXIEME.

Estat de l'isle de Sainte Croix, gouvernée par Monsieur du Bois, tant sous la seigneurie des Chevaliers de Malthe, que sous la Roya-

le

TABLE.

la Compagnie des Indes Occidentales, 114

§ 1. Promotion de Monsieur du Bois au gouvernement de l'isle de Sainte Croix, par Monsieur de Poincy, 114

§ 2. Apres la mort de Monsieur le Baillif de Poincy, Monsieur le Chevalier de Sales continuë Monsieur du Bois dans le Gouvernement de l'Isle de Sainte Croix. 117

§ 3. Soulevemens de quelque particulier de cette Isle, appaisez par la diligence du Gouverneur. 121

CHAPITRE SEPTIEME.

Estat de l'Isle de la Tortuë, ou de la coste de Saint Domingue, 126

§ 1. Le sieur Elyazoüard Anglois, s'empare de l'isle de la Tortuë, & des Avanturiers de cette isle ; tuë un serpent prodigieux, 127

§ 2. Action cruelle & barbare d'un Capitaine Espagnol, vangée par des avanturiers François sous une commission Angloise, 130

§ 3. Elyazoüard s'enfuit de la Tortuë, sur le bruit de l'arrivée du sieur du Rossé, qui s'en empare, & les Anglois font inutilement quelques efforts pour s'en rendre les maistres, 134

CHAPITRE HVITIEME.

Histoire de Monsieur d'Ogeron, 139

§ 1. Monsieur d'Ogeron repasse en France, & retourne de France en l'Amerique, où il fait quelques habitations apres diverses avantures, 143

§ 2. Le Roy & la Compagnie establissent Monsieur d'Ogeron Gouverneur de l'isle de la Tortuë & de la coste de Saint Domingue ; sa conduite pour la faire valloir, & son adresse à reprimer les seditions, 148

TRAITE' TROISIEME.

Du gouvernement des Ant-Isles par les nouveaux seigneurs de la Compagnie des Indes Occidentales, 154

TABLE.
CHAPITRE PREMIER.

Les Directeurs choisissent des Gouverneurs & des Officiers, & font l'estat de leurs apointemens & de leurs depenses, 154

Extrait de l'estat de la depense, que la Compagnie des Indes Occidentales a ordonné estre faite par chacun an, pour l'entretien & subsistance des Gouverneurs, Officiers, & Commis de l'isle de la Martinique, 158

§ 1. *Le depart & le voyage de la flotte de la Royale Compagnie des Indes Occidentales, pour aller prendre possession des Ant-Isles,* 160

Description de la ville de Saint Yague, 163

§ 2. *Arrivée des vaisseaux à la Martinique, qui causent une courte joye aux habitans,* 165

§ 3. *Monsieur de Tracy met la Compagnie en possession de l'isle de la Martinique, y fait reconnoistre le Gouverneur, & reçoit le serment de fidelité des Estats de cette isle,* 168

Reception de Monsieur de Clodoré au Gouvernement de la Martinique. 172

Prestation de serment par les Estats de l'isle de la Martinique,

Extrait des Registres du Conseil souverain de l'isle de la Martinique, 172

Sermens prestez entre les mains de Monsieur de Tracy par le Conseil souverain de la Martinique, le dix-neufviéme de Fevrier mil six cens soixante-cinq, 174

Reglemens faits à la Martinique par Monsieur de Tracy le dix-septiéme Mars mil six cens soixante cinq, 176

§ 4. *Sedition au quartier du Prescheur à la Martinique, reprimée par Monsieur de Clodoré, Gouverneur de cette isle, & la punition des seditieux,* 186

CHAPITRE SECOND.

Estat des Ant-Isles, jusqu'à l'acquisition de celles qui dependent de Malthe,

Murmure general dans toutes les Isles contre la Compagnie, nonob-

TABLE.

stant les secours qu'elle avoit envoyez, 194

§ 1. Le Vice-Amiral Ruitter apres ses conquestes du Cap-verd vient battre les Anglois de la Barbade, & passe aux isles Françoises: sa reception dans l'isle de la Martinique, 197

§ 2. M. de Clodoré fait la guerre aux negres marons ou fugitifs, & en ce mesme temps Monsieur de Chambré crée la Compagnie auxiliaire dans la Guadeloupe, 202

§ 3. Erection des Hospitaux dans la Guadeloupe & dans la Martinique, 204

Extrait des instituts & establissemens de l'Hospital de S. Iean Baptiste dans l'isle de la Martinique, tiré de ses Registres, 207

§ 4. Monsieur de Themericourt pourveu du Gouvernement de Marigalande, arrive aux isles, & prend possession de son Gouvernement, 215

§ 5. Divers soulevemens dans l'isle de la Martinique, appaisez par Messieurs de Clodoré & de Chambré, 218

§ 6. Messieurs de Clodoré & de Chambré font construire un fort à la Martinique, pour contenir les peuples dans leur devoir, 221

§ 7. Grande sedition dissipée par la diligence de Monsieur de Clodoré, au quartier de la Case pilote, 224

§ 8. premiere revolte de la Cabsterre de la Martinique, 23

Avis de Monsieur de la Barre sur une sedition à la Martinique, 234

§ 9. Messieurs du Lion & de Chambré envoyent du secours à Monsieur de Clodoré, & le second allegue des raisons de ces soulevemens, 238

§ 10 Pirateries des Anglois dans les Ant-Isles; ils abandonnent l'isle de Sainte Lucie, & prennent celle de Tabac & de Saint Eustache sur les Hollandois, 245

TRAITE' QVATRIEME.

De ce qui s'est passé, tant dans l'acquisition & prise de possession des Isles dependantes de Malthe, que de celles de la Martinique, Guadeloupe, & de la Grenade;

TABLE.

CHAPITRE PREMIER.

La Compagnie traite des Isles dependantes de Malthe, avec Monsieur le Chevalier de Lomellini, Ambassadeur extraordinaire de cet Ordre, 246

Traduction de la Bulle de son Eminence de Malthe, donnée à Monsieur le Chevalier de Lomellini son Ambassadeur extr. ordinaire prés de sa Majesté tres-Chrestienne, 248

Extrait des Registres des deliberations de la Compagnie des Indes Occidentales, 250

§ 1. Monsieur de Chambré prend possession de l'isle de Saint Christophle, & des autres Isles, par des Procureurs, 251

§ 2. Resolution de quelques difficultez qui arriverent à la prestation du serment de fidelité, 254

Advis de Monsieur le Chevalier de Sales, pour la derniere réponse de Monsieur de Chambré aux habitans de Saint Christophle, le vingt-quatrième de Decembre mil six cens soixante cinq, 257

Extrait des minutes du Greffe de la Basterre de Saint Christophle, 259

§ 3. La Compagnie acquiert les isles de la Martinique, de la Guadeloupe, & de la Grenade, 266

§ 4. Monsieur de Laubiere est envoyé en France, pour representer aux Directeurs l'estat de leurs affaires dans les isles, aussi-bien que celles des habitans, 269

§ 5. Concordats renouvellez entre les François & les Anglois de l'isle de Saint Christophle, le vingtième de Ianvier mil six cens soixante-six, 275

Extrait des articles & accords faits entre les deux Nations, Françoise & Angloise, residantes à Saint Christophle, par Monsieur le Commandeur de Sales pour la Nation Françoise, & le Colonel Guillaume Vvats Gouverneur de la Nation Angloise, en l'année mil six cens soixante six, 277

Concordat des deux Nations Françoise & Angloise de Saint Christophle du 20. Ianvier 1666. 280

TABLE.

§ 6. *Messieurs de Clodoré & de Chambré deputent Monsieur du Blanc vers le Milord Vvillougby pour demander justice & reparation des torts faits à la Nation Françoise par les Anglois, & la confirmation du dernier concordat,* 282

Lettre de creance donné à Monsieur du Blanc, pour le Milord Vvillougby, 283

Articles proposez par Monsieur du Blanc au Milord Vvillougby, pour la conservation de la paix entre la Nation Françoise & Angloise dans les Ant Isles, 288

Copie du Resultat du Milord Vvillougby sur la demande à luy faite pour la reparation des torts & griefs soufferts par les François de la Nation Angloise, 291

Remarques faites par Monsieur du Blanc dans l'Isle de la Barbade ou Barboude, 294

CHAPITRE SECOND.

Estat de la Religion des Ant-Isles, 297

§ 1. *Justice renduë par l'Auteur aux Missionaires des Ant-Isles,* 298

§ 2. *Missions faites dans les isles de sainte Croix, par divers Ecclesiastiques reguliers & seculiers, & l'establissement des Freres Prescheurs en cette isle,* 302

Convention faite entre Monsieur de Sales, & les Religieux de S. Dominique, pour leur establissement dans l'isle de sainte Croix, 305

§ 3. *Sentiment de l'Auteur, sur une lettre qui luy a esté écrite touchant l'estat Spirituel de la Religion Catholique dans les Ant-Isles,* 312

FIN DE LA TABLE